DIE RECHTSPRECHENDE GEWALT

Wegmarken des Rechtsstaats in Deutschland

Eine Einführung

Von

DIETER BRÜGGEMANN

Oberlandesgerichtsrat

Berlin 1962

WALTER DE GRUYTER & CO.

vorm. G. J. Göschen'sche Verlagshandlung / J. Guttentag, Verlagsbuchhandlung / Georg Reimer / Karl J. Trübner / Veit & Comp.

Archiv-Nr. 27 38 62 1
Satz und Druck: A. W. Hayn's Erben, Berlin SO 36

Meinem Vater

Vorwort

Ein Propädeutikum über die Grundtatsachen und Grundfragen der Gerichtsbarkeit wendet sich, wie verständlich sein wird, nicht oder doch nicht in erster Linie an den Fachgenossen. Daß es sich an „die Gebildeten unter ihren — der Gerichtsbarkeit — Verächtern" wende, läge näher zu sagen, wäre aber dennoch zu eng. Es wendet sich an die Aufgeschlossenen aller Grade, die die Sache des Rechtsstaats als die Sache der Demokratie begreifen wollen.

Der Eckpfeiler der rechtsstaatlichen Ordnung ist die unabhängige Rechtspflege. Daß sie es ist, scheint allgemein bekannt und anerkannt. Aber mehr als eine recht ungefähre Vorstellung von diesem Faktum darf man gleichwohl nicht voraussetzen. Denn sonst wäre die alarmierende Beobachtung nicht zu erklären, warum eigentlich die Rechtspflege unserer Tage um ihrer unabhängigen Ergebnisse willen wieder und wieder berannt wird, als gälte es, eine abständige Reminiszenz des Verfassungsgesetzgebers zurechtzubiegen auf das konformistische Maß der öffentlichen Meinung. Zu zeigen, warum diese gärende Situation so ist — ja fast unausweichlich so ist —, dem Interessierten Anregungen zum Nachdenken, einer in den Rechtsstaat hineinwachsenden Generation das Rüstzeug zum Gewinnen eines eigenen Standpunkts zu geben, will die vorliegende Schrift versuchen. Sollte sie auch dem Rechtskundigen den einen oder anderen Zusammenhang verdeutlichen helfen, so wäre ihr Zweck damit schon mehr als erfüllt.

Die Blickrichtung auf den Nichtjuristen zwang zu einer vom Juristisch-Technischen weithin gelösten Darstellung. Sie zwang aber auch zu einer Beschränkung auf wenige große Linien. Füllt doch der Stoff in seiner wissenschaftlichen Breite ganze Bibliotheken. Von da her ist es ein immer neues Wagnis gewesen, die Kunst des Weglassens nicht über jene Grenze hinaus zu treiben, wo der Anspruch des Dargebotenen auf kritische Sachtreue Schaden litte. Sollte dieses Wagnis nicht ausnahmslos gelungen sein, so bittet der Verfasser um Nachsicht: wenn Jurist sein die Liebe zur Exaktheit bis ins Detail bedeutet, wird man ihm glauben dürfen, wie hart ihm der Verzicht auf die Darlegung von Kontroversen, das Einflechten von abrundenden Einzelheiten, die Wiedergabe des ganzen Gewirrs modifizierender Abstriche in Rand- und Spezialfragen Seite um Seite geworden ist.

Eine Einzelheit sei jedoch an dieser Stelle zur Steuer der Gerechtigkeit nachgetragen, weil sie erst nach Abschluß der Drucklegungsarbeiten bekannt wurde. Sie betrifft den Seite 93/94 erörterten Fall der sogenannten H-Spaltung im Bonner Kilb-Prozeß. Der dort geäußerte Vorbehalt hat sich durch Zeugenaussagen vor dem zur Klärung der Angelegenheit eingesetzten parlamentarischen Untersuchungsausschusses bewahrheitet. Danach beruhte jene „H-Spaltung" auf einer schlichten (schematischen) Drittelung des Familiennamenbestandes im stadt-bonner Adreßbuch, aufgeteilt auf die drei erstinstanzlichen Strafkammern. Ob der Weg sehr glücklich war, stehe dahin; an der abschließenden Würdigung auf Seite 94 ändert sich deshalb nichts.

Der Apparat an Zitaten ist bewußt in engen Grenzen gehalten. Auch das möchte sich als ein Akt darstellerischen Notstandes rechtfertigen. Anmerkungen nach Art eines Handbuchs hätten, angesichts des weitgespannten Themenkreises, den Text überwuchern müssen, ohne dem angesprochenen Leserkreis Wesentliches zu geben. So wollen denn schließlich die Schrifttumshinweise nicht mehr als Brücken sein zu den Gedankengängen anderer, kompetenter Autoren, von denen der Verfasser als bescheidener Praktiker vielfache Anregung und Belehrung empfangen hat.

Im Juni 1962.

Inhaltsübersicht

Schrifttum

Die einschlägige Literatur ist nahezu unübersehbar. Im nachfolgenden kann daher nur das für die Gegenwart Wichtigste repräsentativ herausgegriffen werden. Die Anführung beschränkt sich auf Werke monographischen Charakters; soweit Aufsätze aus der Fachpresse als Quellen zu erwähnen waren, sind sie in den Anmerkungen des Textes zitiert.

Arndt, Adolf
Das Bild des Richters
(Schriftenreihe der Juristischen Studiengesellschaft Karlsruhe, Nr. 27)
Karlsruhe 1957
Das nicht erfüllte Grundgesetz
(Recht und Staat, Heft 224)
Tübingen 1960

Bachof, Otto
Grundgesetz und Richtermacht
(Tübinger Rektoratsrede 1959)
Tübingen 1959
Begriff und Wesen des sozialen Rechtsstaates
(Veröffentlichungen der Vereinigung der Deutschen Staatsrechtslehrer, Heft 12)
Berlin 1954

Baur, Fritz
Justizaufsicht und richterliche Unabhängigkeit
Tübingen 1954

Beradt, Martin
Der deutsche Richter
Frankfurt (Main) 1930

Bettermann, Karl August
Verwaltungsakt und Richterspruch
(in: Gedächtnisschrift für Walter Jellinek)
München 1955

Bockelmann, Paul
Richter und Gesetz
(in: Festschrift für Smend)
Göttingen 1952

Calamandrei, Piero
Lob der Richter, gesungen von einem Advokaten
(deutsch von Hans Hinterhäuser)
München 1956

Darmstädter, Friedrich
Die Grenzen der Wirksamkeit des Rechtsstaates
Eine Untersuchung zur gegenwärtigen Krise des liberalen Staatsgedankens
Heidelberg 1930

Döhring, Erich
Geschichte der deutschen Rechtspflege seit 1500
Berlin 1953
(mit reichhaltigen weiteren Literaturnachweisungen)

Eichenberger, Kurt
Die richterliche Unabhängigkeit als staatsrechtliches Problem
Bern 1960

Evers, Hans Ulrich
Privatsphäre und Ämter für Verfassungsschutz
Berlin 1960

Friesenhahn, Ernst
Über Begriff und Arten der Rechtsprechung
(in: Festschrift für Thoma)
Tübingen 1950

Geiger, Willi
Die Grundrechte in der Privatrechtsordnung
Stuttgart 1960

„Die Grundrechte", hrsg. von Bettermann-Nipperdey-Scheuner
Band I; II; III, 1; III, 2; IV, 1
Berlin 1954 ff.

Heydte, Friedrich August Frhr. v. d.
Richterfunktion und „Richtergesetz"
(in: Gedächtnisschrift für Walter Jellinek)
München 1955

Hippel, Fritz v.
Die Perversion von Rechtsordnungen
Tübingen 1955

Huber, Hans
Niedergang des Rechts und Krise des Rechtsstaates
(in: Festschrift für Giacometti) 1953
Staat und Verbände
(Recht und Staat, Heft 218)
Tübingen 1958

Imboden, Max
Montesquieu und die Lehre der Gewaltentrennung
(Schriftenreihe der Juristischen Gesellschaft Berlin, Heft 1)
Berlin 1959

Kern, Eduard
Der gesetzliche Richter
(Öffentlich-rechtliche Abhandlungen, hersg. von Triepel, Kaufmann, Smend, Heft 8)
Berlin 1927

Leibholz, Gerhard
Der Status des Bundesverfassungsgerichts
Jahrbuch des öffentlichen Rechts n. F., Bd. 6 (Seite 109 ff.)
Tübingen 1957
Demokratie und Rechtsstaat
(Schriftenreihe der Landeszentrale für Heimatdienst in Niedersachsen Reihe A Heft 5) 1957

Marcic, René
Vom Gesetzesstaat zum Richterstaat
Wien 1957

Menger, Christian-Friedrich
Der Begriff des sozialen Rechtsstaats im Bonner Grundgesetz
(Recht und Staat, Heft 173)
Tübingen 1953

Sarstedt, Werner
Presse und Justiz
(Recht und Zeit, Rechtswissenschaftliche Studien zu Gegenwartsfragen, hrsg. von Erdsiek, Heft 8)
Schloß Bleckede 1948

Scheuner, Ulrich
Die neuere Entwicklung des Rechtsstaats in Deutschland
(in: 100 Jahre deutsches Rechtsleben, Festschrift zum 100jährigen Bestehen des Deutschen Juristentages)
Karlsruhe 1960

Schmidt, Eberhard
Politische Rechtsbeugung und Richteranklage
(in: Justiz und Verfassung, Sonderveröffentlichungen des Zentraljustizamts für die Britische Zone, Heft 4)
Hamburg 1948
Öffentlichkeit oder publicity?
(in: Festschrift für Walter Schmidt)
Berlin 1959
Die Sache der Justiz
(Kleine Vandenhoeck-Reihe Nr. 118/119)
Göttingen 1961

S c h o r n , Hubert
Die Präsidialverfassung der Gerichte aller Rechtszweige
Münster 1957
Der Richter im Dritten Reich
Frankfurt (Main) 1959

S m e n d , Rudolf
Zum Problem der Öffentlichkeit und des Öffentlichen
(in: Gedächtnisschrift für Walter Jellinek)
München 1955

V e r h a n d l u n g e n des Deutschen Juristentages
37. Juristentag (Köln 1949) zum Thema
„Die Rechtspflege im Bonner Grundgesetz"
Referate von Jahrreiß und Zinn
Tübingen 1950
40. Juristentag (Hamburg 1953) zum Thema
„Empfiehlt es sich, die vollständige Selbstverwaltung aller Gerichte im Rahmen des Grundgesetzes gesetzlich einzuführen?"
Gutachten von Ridder
Referate von Ipsen und Arndt (Adolf)
Tübingen 1954
42. Juristentag (Düsseldorf 1957) zum Thema
„Empfiehlt es sich, die verschiedenen Zweige der Rechtsprechung ganz oder teilweise zusammenzufassen?"
Gutachten von Baur
Referate von Ule und Arndt (Herbert)
Tübingen 1957 ff.

W a g n e r , Albrecht
Der Richter (Geschichte — Aktuelle Fragen — Reformprobleme)
Karlsruhe 1959
— mit ausführlichem Tatsachenmaterial, besonders auch statistischer und rechtsvergleichender Art —

W e b e r , Werner
Spannungen und Kräfte im westdeutschen Verfassungssystem
2. Aufl., Stuttgart 1958
Die Verfassung der Bundesrepublik in der Bewährung
Göttingen 1957
Das Richtertum in der deutschen Verfassungsordnung
(in: Festschrift für Niedermeyer)
Göttingen 1953
Die Teilung der Gewalten als Gegenwartsproblem
(in: Festschrift für Carl Schmitt)
Berlin 1959
— mit ausführlichem Schrifttumsnachweis —

W e i n k a u f f, Hermann
Richtertum und Rechtsfindung in Deutschland
(Sonderdruck aus „Berliner Kundgebung des Deutschen Juristentages")
Tübingen 1952

W e r n e r, Fritz
Das Problem des Richterstaates
(Schriftenreihe der Juristischen Gesellschaft Berlin, Heft 2)
Berlin 1960

W i e a c k e r, Franz
Gesetz und Richtermacht
Zum Problem der außergesetzlichen Rechtsordnung
(Schriftenreihe der Juristischen Studiengesellschaft Karlsruhe, Heft 34)
Karlsruhe 1958

W i n t r i c h, Josef
Über Eigenart und Methode verfassungsgerichtlicher Rechtsprechung
(in: Festschrift für Laforet)
München 1952
Aufgaben, Wesen, Grenzen der Verfassungsgerichtsbarkeit
(in: Festschrift für Nawiasky)
Karlsruhe 1954

Lesenswert endlich auch heute noch, obwohl in Einzelheiten überholt:

S c h i f f e r, Eugen
Die deutsche Justiz
2. Aufl., München u. Berlin 1949

Verzeichnis der benutzten Abkürzungen

(soweit nicht im Text erläutert)

Zeitschriften und andere periodische Sammelwerke

AöR	Archiv für öffentliches Recht (Band, Seite)
AP	Arbeitsrechtliche Praxis
BetrBer	Der Betriebsberater (Jahrgang, Seite)
BGH (BGHZ)	Entscheidungen des Bundesgerichtshofs in Zivilsachen — Amtliche Sammlung — (Band, Seite)
BGHSt	Entscheidungen des Bundesgerichtshofs in Strafsachen — Amtliche Sammlung — (Band, Seite)
BVerfGE	Entscheidungen des Bundesverfassungsgerichts — Amtliche Sammlung — (Band, Seite)
BVerwGE	Entscheidungen des Bundesverwaltungsgerichts — Amtliche Sammlung — (Band, Seite)
DJZ	Deutsche Juristenzeitung — bis 1933 — (Jahrgang, Seite)
DRiZ	Deutsche Richterzeitung (Jahrgang, Seite)
DVBl	Deutsches Verwaltungsblatt (Jahrgang, Seite)
FamRZ	Ehe und Familie (Jahrgang, Seite)
GoltdArch	Goltdammers Archiv für Strafrecht (Jahrgang, Seite)
JR	Juristische Rundschau (Jahrgang, Seite)
JW	Juristische Wochenschrift — bis 1939 — (Jahrgang, Seite)
JZ	Juristenzeitung (Jahrgang, Seite)
MDR	Monatsschrift für Deutsches Recht (Jahrgang, Seite)
MinBl	Ministerialblatt (Jahrgang, Seite)
NJW	Neue Juristische Wochenschrift (Jahrgang, Seite)
ÖV	Die Öffentliche Verwaltung (Jahrgang, Seite)
PrOVGE	Entscheidungen des Preußischen Oberverwaltungsgerichts — Amtliche Sammlung — (Band, Seite)
RAnz	Reichs- und Preußischer Staatsanzeiger (Jahrgang, Nummer)
RG (RGZ)	Entscheidungen des Reichsgerichts in Zivilsachen — Amtliche Sammlung — (Band, Seite)
RGBl	Reichsgesetzblatt (Jahrgang, Teil, Seite)

RGSt	Entscheidungen des Reichsgerichts in Strafsachen — Amtliche Sammlung — (Band, Seite)
SJZ	Süddeutsche Juristenzeitung — bis 1950 — (Jahrgang, Seite)
ZSchlichtW	Zeitschrift für Schlichtungswesen (Jahrgang, Seite)

Sonstige

AO	Abgabenordnung
BayVerwGH	Bayerischer Verwaltungsgerichtshof
GVG	Gerichtsverfassungsgesetz
LVG	Landesverwaltungsgericht
RVO	Reichsversicherungsordnung
StPO	Strafprozeßordnung
VGO	Verwaltungsgerichtsordnung
ZPO	Zivilprozeßordnung

Einleitung

„Rechtsprechende Gewalt", eines der konstituierenden Elemente des Bonner Grundgesetzes, geht zurück auf Montesquieu. Als Wortprägung, weniger als Aussage: der große Klassiker der Lehre von der Gewaltenteilung würde das, was er die richterliche Gewalt — pouvoir judiciaire — nannte, in der Machtfülle des bundesdeutschen Richtertums schwerlich wiedererkennen. Er hatte die richterliche Gewalt allein um der Gewähr der Gesetzlichkeit im Rechtsgang willen seinem System der Gewaltenteilung einbezogen, und dieser Rechtsgang war der schlichte Prozeß des Bürgers in der Rolle des Klägers, Verklagten, Angeklagten. Pouvoir, Macht, Gewalt eignete ihr nur in einem höchst abgeleiteten Sinne. Sie war „presque invisible", ein „en quelque façon nul". Reale Machtkonstellation galt für Montesquieu das Widerspiel von gesetzgebender und vollziehender Gewalt, von Ständen und Königtum. In deren Spannungsfeld, auf das Gleichgewicht der Macht zwischen diesen beiden Gewalten gründete er die Freiheit des Bürgers. Noch als die französische Revolution mit den Montesquieuschen Thesen auf republikanische Weise Ernst machte, war von irgendwelcher Rechtskontrolle der vollziehenden Gewalt durch Gerichte betontermaßen nicht die Rede.

Das Werk „De l'Esprit des Lois", in dessen 11. Buch der Entwurf der Gewaltenteilung enthalten war, erschien 1748. Genau 100 Jahre später hielt die Gewaltenteilung ihren endgültigen Einzug in Deutschland. Die Justiz wurde mündig, aber ihr Wirken blieb in der windstillen Zone einer auf das Fachliche beschränkten Spruchtätigkeit. Zu den bestimmenden Faktoren im Leben der Verfassung zählte sie noch weniger als in Frankreich. Es hat weitere 100 Jahre gedauert, bis die Geschichte ihr eine späte Gerechtigkeit hat widerfahren lassen. Im Bonner Grundgesetz (GG) ist die Demokratie den Weg vom Honoratiorenstaat zur Funktionärsdemokratie gegangen; von dem klassischen Bau Montesquieus ist nicht viel mehr gerettet als das, was Ernst Forsthoff ein stilisiertes Verfassungsprinzip genannt hat. Doch wenn hier und heute noch etwas der überkommenen Gewaltenteilung einen inneren Sinn gibt, dann ist es das Amt der Gerichte. Zu ihren Gunsten ist sie reiner durchgeführt denn je. Gesetzgebende und vollziehende Gewalt dagegen erscheinen mannigfach verzahnt und auch in ihrem verfassungsrechtlichen Status nicht mehr scharf voneinander abgehoben: wo sie die Frage ihrer Gegen- und Eigenständigkeit zur Verfassungsfrage erheben, müssen sie die rechtsprechende Gewalt zum Schiedsrichter anrufen.

Das drängt die Vorstellung von der „Dritten Gewalt" auf. Der Ausdruck wird synonym für rechtsprechende, für richterliche Gewalt gebraucht, obwohl er nicht sehr glücklich ist. Er wirkt schlagwortartig — eine führende juristische Zeitschrift des Bundesgebiets konnte unlängst in einer Glosse rhetorisch fragen: „Wo bleibt der Abbé Sieyès für die Dritte Gewalt?" — und kommt einer gewissen Vorliebe der Zeit für plakatierende Zahlenmystik („Dritte Kraft", „Vierter Stand", „Fünfte Kolonne") entgegen. Montesquieu als Gewährsmann für diesen Terminus anzurufen hieße ihm Zwang antun. Er hat von der „dritten" Gewalt nur in einfacher Aufzählung gesprochen, wenngleich darin auch ein Körnchen Rangeinstufung mitschwang.

Heute, wo der Widerstreit von Macht und Recht so sehr viel brennender entzündet ist als in der Epoche eines geruhsamen Konstitutionalismus, wäre nicht einmal vom Rang her die Bezeichnung „Dritte Gewalt" länger aufrechtzuerhalten.

Unter den früheren, noch ganz nach dem Montesquieuschen Bilde geformten Verfassungen mochte der Richter auf eine „dritt"rangige, weil lediglich funktionale Verantwortung beschränkt sein. Funktion zu sein entsprach ganz der im Grunde mechanistisch-aufklärerischen Denkart, aus der die Idee der Gewaltenteilung überhaupt geboren war. Ein In-Schach-Halten der Macht durch ein System von Gewichten und Gegengewichten — a system of checks and balances, wie die angelsächsische Rechtssprache es noch heute nennt —: die Legislative allein gibt die Gesetze, ist aber von ihrem Vollzug in jeder Form ausgeschlossen; die Exekutive allein führt sie aus, hat aber der Feststellung von Recht und Unrecht sich zu enthalten; die Gerichte allein wenden sie auf den einzelnen Streitfall an, ohne doch ihre Sprüche vollstrecken zu können; jede dieser Funktionen des Staates auf die andere angewiesen, aber jede von jeder unabhängig. So etwa ließe sich Gewaltenteilung auf eine kurze Formel bringen. In diesem System von gleichwohl hoher rechtlicher Konsistenz hat ein Jahrhundert geglaubt, die Macht bändigen zu können. Der Irrtum wurde offenbar, als sich zeigte, daß es auf einer unrichtigen Voraussetzung gebaut war. Denn der Mensch ist nicht von Natur gut und vernünftig, wie die Aufklärung vermeint hatte, und daher auch nicht der menschliche Gesetzgeber, von dem die Aufklärung nur gute und vernünftige Gesetze hatte erwarten wollen. Das Unrecht im Gewande des Gesetzes hat den Richter als Diener des Gesetzes, als bloßes Glied einer Dreiheit funktionaler Bezüge, ad absurdum geführt. Gerade er ist es allein noch, in dem das Recht, das gegen das Gesetz stehende, überdauernd Fleisch und Blut wird. Er ist damit zum Gegenspieler der Macht geworden. Seine Verantwortung ist in stärkstem Grade sittlich bestimmt. Er wacht über der vollziehenden Gewalt. Er begrenzt das Einflußstreben der Kollektive. Er hütet die verfassungsmäßige Ordnung und ihre Werte der materialen Gerechtigkeit gegenüber den gesetzgebenden Instanzen. Sein Amt ist es, „den Menschen gegen den Staat, den Staat gegen den Menschen, und den Menschen gegen den Menschen zu verteidigen" (Theodor Heuß). Er ist der Garant der bürgerlichen Freiheit.

Man hat die Geschichte der Freiheit als die Geschichte des Abendlandes bezeichnet, wie denn, nach dem Wort von Karl Jaspers, politische Freiheit nur im Abendlande versucht worden ist. „Freiheit" meint die Autonomie der ihrem Gewissen verantwortlichen menschlichen Person. Vor der Würde ihres Ursprungs wird mahnend deutlich, wie akademisch das Freiheitsgefühl im westlichen Abendland unserer Tage geworden ist. Der Mensch des industriellen Zeitalters ist geneigt, eher in Kausalitäten als in Verantwortlichkeiten zu denken[1]). Seine Flucht in die Sicherheit droht zur Flucht vor der Freiheit zu werden. Die rechtsprechende Gewalt aber ist an ihren Auftrag gebunden, und so fällt auf sie in gleichem Maße wie auf die Freiheit der Schatten des Unzeitgemäßen. Sie wird zur Last, weil sie die Pflicht zur Freiheit (Alexander Rüstow) symbolisiert. Bestenfalls wird sie als Mittel zum Zweck von Fall zu Fall hingenommen. An dieser Stelle, an dem Zwiespalt von Auftrag und öffentlicher Geltung, öffnet sich auch der tiefste Grund der immer wieder berufenen sogenannten Justizkrise. Freiheit ist unbequem. Rechtspflege ist unbequem und in der Regel unbeliebt. Sie kostet viel und „zahlt sich nicht aus"; sie macht es wenigen recht (weil jedermann von Gerechtigkeit mindestens soviel zu verstehen glaubt wie der Richter); sie verärgert den Unterlegenen stets und den Obsiegenden schon deshalb, weil er erst Zeit, Geld und Nerven hat opfern müssen, um zu dem ihm doch so selbstverständlich Zustehenden zu kommen. Zwar sind die Rufe „Klassenjustiz" und „Dirne der Politik" verstummt. Der Einebnung der Gesellschaft folgte die Ergänzung der Richterschaft aus allen Schichten des Volkes, und von einer allzu großen Anfälligkeit gegenüber den politischen Intentionen der Staatsführung kann im Zeichen der Verfassungsgerichtsbarkeit vollends nicht die Rede sein. Aber eben dies: daß die Rechtsprechung dem „Geist der Zeit" und der öffentlichen Meinung nicht einfach zu Willen ist, weil sie sich jenseits des Augenblicks auf die Werte von Wahrheit und Recht verpflichtet weiß, macht sie suspekt. Der Deutsche sieht in seinen Gerichten immer noch ein Stück Obrigkeit, der seine verkniffene Opposition gilt —

---

[1]) Darauf hat neuerdings Eduard Spranger hingewiesen (Aufsatz zur Kulturkrise in dem Sammelband: „Wo stehen wir heute?", Bertelsmann 1960, S. 15).

dem unabsetzbaren Richter nicht anders als dem unabsetzbaren Landesherrn.

Unabsetzbar: damit tritt eines der bemerkenswertesten Phänomene der Gegenwart in das Blickfeld. Es ist die mit allen Sicherungen der Verfassung umkleidete Unabhängigkeit eines ganzen Standes, für die Sache und für die Person, inmitten einer Welt sich verhärtender Abhängigkeiten. Solche Erscheinung will sich legitimieren. Sie ruht nicht allein auf einer ehrwürdigen Tradition. Die Unabhängigkeit der Richterschaft ist bewahrt worden in den Jahren des Unrechts. Hitler hat die Justiz in ihrer Gesamtheit bis zuletzt nicht gleichschalten können, wie wenig er es für opportun hielt, auch nur einen der von ihm so gehaßten Richter zu liquidieren. Ihre moralische Integrität ist bewahrt worden in den Jahren des Hungers danach, als sie der einzige Zweig des öffentlichen Dienstes war, zu dem die Bestechung keinen Zugang hatte. Die Rechtspflege ist der Ort strengster Sachbezogenheit — wohl der einzig verbliebene neben der Wissenschaft, der darum das GG die gleiche Unabhängigkeit zugesteht.

Weil sie es ist, darum wird ihr Fehlgreifen im Spruch ja auch von jeher als besonders gravierend empfunden. Und ein Fehlurteil wird immer eine der schwersten Belastungen für die moralische Autorität der Staatsgewalt bleiben, auch wenn man sich vor Augen hält, daß seiner gewiß vereinzelten Zahl eine erdrückende Mehrheit von tagtäglich gefällten richtigen Urteilen gegenübersteht. Die Bürde dieser Arbeit rechtfertigt nicht, aber sie erklärt. Die rechtsprechende Gewalt ringt mit ihr mehr und mehr. Denn ihr Aufgabengebiet weitet sich über die Maßen.

Die Daseinsform der modernen Industrienation hat die Menschen näher aneinanderrücken lassen. Reibungsflächen und Reibungsmöglichkeiten haben sich vervielfacht. Man braucht nicht einmal länger an die Wohnungsnot in einer durch Bombenkrieg und Flüchtlingselend zusammengepferchten Bevölkerung zu denken. Lediglich das Szenarium hat gewechselt. Die Technik steigert die Konfliktslagen des Zusammenlebens nahezu im Quadrat ihres Wachstums. Unfälle, Wettbewerbs- und Urheberrechtsverletzungen, Friktionen des hochempfindlichen Produktions- und Versorgungsmechanismus, Spannungen und Machtkämpfe in einer arbeitsteilig organisierten Gesellschaft, alles dies fordert die ordnende Macht des Rechts in ehedem ungekanntem Ausmaß. Ganze Gerichtszweige, zahlreiche Sondergerichtsbarkeiten haben neu geschaffen werden müssen. Es ist unschwer zu ermessen, wieviel stärker gegenüber früher die Gerichte in den Lebensrhythmus der industriellen Massengesellschaft verflochten sind. Helmuth Coing macht darauf aufmerksam[1a]), je mehr wir lernten, Naturvorgänge und vor allem wirtschaftliche Abläufe zu beherrschen, um so größere Bedeutung komme menschlichen Entscheidungen zu,

[1a]) in „Die dritte Gewalt" DRiZ 1958, 280.

um so wichtiger sei es daher auch, diese Entscheidungen nicht willkürlich ergehen zu lassen, sondern sie an das Gesetz zu binden und unter die Kontrolle unabhängiger Gerichte zu stellen.

Die Gerichtszweige stehen in ihrer Vielfalt vor aller Augen. Als die mater der Rechtspflege erscheint die vom GG so benannte Ordentliche Gerichtsbarkeit. Sie ist die älteste und früher einzige, „die Justiz", die Gerichtsbarkeit in bürgerlichen Rechtssachen und in Strafsachen. Einen gewissen Ehrenrang hat sie bis heute bewahrt; Rechtsstreitigkeiten über Enteignungsentschädigung und über Schadensersatz aus Pflichtverletzungen von Beamten hat das GG ausschließlich ihr — und nicht den Verwaltungsgerichten, vor die sie ihrem Gegenstand nach gehören würden — zugewiesen. Mehr als vier Fünftel aller Berufsrichter sind in ihr tätig. Nach der Zahl der beschäftigten Richter, wenn auch in weitem Abstand, folgt der jüngste Zweig der Rechtspflege, die Sozialgerichtsbarkeit; alsdann die Verwaltungs-, die Arbeits-, die Finanzgerichtsbarkeit. Zu der vertikalen Gliederung tritt die horizontale. In den bisher genannten Gerichtszweigen ist nur das jeweils oberste Gericht ein solches des Bundes, während die nachgeordneten Instanzgerichte von den Ländern errichtet sind. Ganz überwiegend stehen die Richter im Landesdienst. Die heute voll verselbständigte Disziplinargerichtsbarkeit dient nicht so sehr rechtsstaatlichen Belangen des Bürgers als den internen Standesrechtsfragen des öffentlichen Dienstes. Über allen einzelnen Gerichtsbarkeiten steht endlich die Verfassungsgerichtsbarkeit, mit Aufgaben eigener Art in der Zuständigkeit des GG oder, in den Ländern, der Länderverfassungen. Doch bleibt in aller dieser Fülle das Ganze vor den Teilen. Art. 92 GG faßt das verschlungene Mosaik zu diesem Ganzen sichtbar zusammen: er spricht von der — einen — rechtsprechenden Gewalt.

Von ihr handelt die vorliegende Schrift im Blick auf das Ganze des Rechtsstaates.

Was herkömmlich zu den Merkmalen des Rechtsstaates zählt, wird den nachfolgenden Kapiteln zu entnehmen sein. Sein Wesen, an dem er erkannt wird, ist die Achtung und der Schutz der Würde des Menschen. Seine Erscheinungsform ist dem Wandel unterworfen. Der mittelalterliche Rechtsstaat ist ein anderer als der liberale, dieser wiederum ein anderer als der soziale Rechtsstaat. Der Rechtsstaat des Mittelalters war der Ständestaat christlicher Deutung. Am reinsten verkörperte ihn das Heilige Römische Reich deutscher Nation, am reinsten daher auch seine Übersteigerung. Er ist in seinen juristischen Fesseln erstarrt, um schließlich an ihnen zu ersticken. Seine Ablösung durch den liberalen Rechtsstaat vollzog sich im Gefolge einer Revolution — der französischen von 1789 —; sie schuf den Rechtsstaat des Bürgertums. An der Wende vom liberalen zum sozialen Rechtsstaat steht wiederum eine Revolution, die man die industrielle zu nennen sich gewöhnt hat. Jede dieser Entwicklungsstufen hat das Bild des Menschen im Bilde des Rechts aus ihrer Weltsicht heraus bestimmt[2]). Auf jeder dieser Entwicklungsstufen hat der Ausgleich von Autorität und Freiheit neu gesucht werden müssen. Jede Generation muß den Rechtsstaat in seinen Grenzen neu bestimmen.

Der neuzeitliche Rechtsstaat schafft und schützt den Freiheitsraum des Individuums in seiner Personhaftigkeit. Er tut es — und kann es nur tun — in einer Verantwortlichkeit, die ihm gemäß ist, der des Rechts, dem er als Staat sich unterwirft. Der Zugang zum Recht wiederum, der strengsten Disziplin von allen, die das menschliche Zusammenleben betreffen, führt durch die Wahrheit. An diesem Punkt berührt sich die Jaspers'sche These, daß Freiheit nur durch Wahrheit möglich sei, mit der alten Erkenntnis von der Justitia als dem fundamentum regnorum. Keine der drei Gewalten im Staat aber ist so ausschließlich dem Dienst am Recht im Einsichtigmachen der Wahrheit verpflichtet wie die rechtsprechende Gewalt. Keine übt diesen Dienst in gleicher Freiheit wie sie. Denn die Wahrheit des Rechts verbindlich sprechen kann nur, wer, wie der Richter, von Weisungen unabhängig und keiner anderen Instanz als dem Gewissen verantwortlich ist. Die rechtsprechende Gewalt ist das Gewissen des Rechtsstaats. An dem wachsenden Innewerden, mit der der Rechtsstaat dieses sein Gewissen in den Dienst einsetzt, wird sein Gang durch die Geschichte sichtbar.

Es ist in Deutschland ein mühseliger Gang gewesen. Der Rechtsstaat der Vereinigten Staaten war von vornherein ein klassisch vollendeter; seine Konzeption und, mit ihr, die der rechtsprechenden Gewalt haben kaum eine bessernde Hand zu erfahren brauchen. Wir haben die Entwicklung bewußter vollzogen. Es ist wenig bekannt, daß das Wort „Rechtsstaat" eine dem deutschen Sprachraum eigentümliche Schöpfung ist: Weder in dem französischen „règne de la loi" noch in dem englischen „rule of law" lebt jene blutvolle, leidvolle Dichte, die wir mit unserem Rechtsstaatsbegriff verbinden. Ist der Weg zu Ende gegangen? Wir wissen, daß Freiheit heute nur noch eine Chance ist. Auch die rechtsprechende Gewalt ist in diesem Sinne nicht mehr als die Chance, die sie bietet.

Es ist die Chance, die unlängst ein deutscher Publizist ihr nachgerühmt hat: „Die unbehinderte Möglichkeit zur Korrektur von Fehlern der Mächtigen ist fast noch wichtiger, als daß diese selbst sich vor Fehlern hüten."

---

[2]) Gustav Radbruch hat darüber 1926 seine vielbeachtete Heidelberger Antrittsrede gehalten (abgedruckt u. a. in der „Kleinen Vandenhoek-Reihe" Nr. 51/52).

I. Abschnitt

Der Kampf um den Rechtsstaat

1. Kapitel

Rechtsstaat gegen Polizeistaat

1.

Das Wort „Polizeistaat" hat keinen guten Klang. Es weckt Vorstellungen von Pickelhaube und Schnüffelkommissionen. Man setzt es gleich mit hybridem Gottesgnadentum, aber auch mit totalitärer Herrschaftsausübung. Der Polizeistaat gilt als der Widerpart des Rechtsstaats schlechthin.

Die Gerechtigkeit gebietet, sich hier vor einer Begriffsvertauschung zu hüten. Wenn die absolute Monarchie von „Polizei" sprach, so meint das etwas anderes als der moderne Polizeibegriff. Polizei war, in der Ausdrucksweise jener Zeit, die Summe der auf die Förderung des Wohles der Untertanen gerichteten Tätigkeit des Landesherren, Herzstück seines absoluten jus politiae, und darum sprachlich der (inneren) Politik, sachlich etwa dem verwandt, was wir mit Regierungskunst im besten und weitesten Sinne umschreiben. So verstanden ist der geschichtliche Polizeistaat — der absolutistische — weit entfernt von einem System des Gummiknüppels. In der Hand eines korrupten Monarchen konnte das schrankenlos gedachte jus politiae gewiß auch mißbraucht werden und die landesherrliche Polizeigewalt nun wirklich zur Geißel der Untertanen entarten. Duodezfürsten nach dem Beispiel des Landgrafen von Hessen-Kassel, der seine Landeskinder nach Amerika verkaufte, stellten sich aber schon damals außerhalb der sittlichen Anschauungen ihrer Zeit. Ihrem Wesen nach war die rechte Ausübung der „Polizei" auf allen Feldern der öffentlichen Wohlfahrt eine Aufgabe von hohem ethischem Rang; Generationen von Regenten, nicht zuletzt Friedrich der Große und sein Vater, haben sie sehr ernst genommen.

Der Polizeistaat hat sich selbst erst erkannt, als seine Zeit erfüllt war. Metternichs Kunst hatte einem erschöpften Europa auf ein Menschenalter den Frieden gesichert. Daß dieser Erfolg, wie es schien, nur noch mit der Unterdrückung aller freiheitlichen Regungen im Innern erkauft werden konnte, kennzeichnet die ausweglose Zuspitzung polizeistaatlicher Regierungsweise unter dem Gesetz, unter dem sie einst angetreten war. Aus dem Jahrzwölft zwischen 1818 und 1830 stammt das Gegensatzpaar Polizeistaat : Rechtsstaat[1]). Von dort auch datiert die affektbetonte Verwendung des Wortes Polizeistaat in der seitherigen Thematik. Dennoch gilt, daß der Rechtsstaat zwar gegen den Polizeistaat, aber im Prozeß des Entwachsens aus ihm entstanden ist: der Polizeistaat ist, nach den Worten Otto Mayers, der große Zuchtmeister auf den Rechtsstaat gewesen.

Man sollte besser von „Obrigkeitsstaat" sprechen.

2.

Im Obrigkeitsstaat gibt es keine Bürger, nur Untertanen. Der Untertan ist dem Willen der Obrigkeit in allem unterworfen. Er ist zwar Gegenstand ihrer fortwährenden Fürsorge, aber eben doch einer recht oktroyierten, von der „guten Einrichtung der bürgerlichen Verfassung" her bestimmten Fürsorge, im ganzen mehr deren Gegenstand, Objekt. Ein Urteil des Bundesverwaltungsgerichts[2]) aus dem Jahre 1954 hat den Obrigkeitsstaat an diesem seinem archimedischen Punkt noch einmal beispielhaft demonstriert. Es ging um den Rechtsanspruch auf Fürsorgeleistungen. Nach früher einhelliger Auffassung gab es einen solchen nicht. Die Behörde erfüllte, wenn sie Wohlfahrtsunterstützung gewährte, nur ihre Obliegenheit der Allgemeinheit gegenüber, einen Notstand im öffentlichen Interesse zu verhindern; der Wohlfahrtsunterstützungsempfänger war lediglich Objekt ihrer Tätigkeit, deren Ergebnisse ihm nicht anders denn kraft „Reflexwirkung" zuflossen, ohne daß er selbst auf Gewährung der Unterstützung hätte klagen können. Bis dann das Bundesverwaltungsgericht entschied, der Unterstützungsbedürftige habe einen eigenen, vor den Verwaltungsgerichten verfolgbaren Leistungsanspruch. Die Begründung ging dahin: der Unterstützungsbedürftige habe teil an der durch das Grundgesetz gewährleisteten allgemeinen Menschenwürde. Diese verbiete, ihn länger als bloßes Objekt staatlicher Fürsorge anzusehen. Mit der Menschenwürde seien ihm zugleich Leben und Gesundheit geschützt; seine Stellung als Bürger eines demokratischen Gemeinwesens, der als Wähler die Staatsgewalt mitgestalte, fordere es, daß er mindestens

[1]) Den Begriff „Rechtsstaat" hat in den zwanziger Jahren des vorigen Jahrhunderts der Tübinger Staatsrechtslehrer Robert v. Mohl eingebürgert.

[2]) BVerwGE 1, 159.

für seine physische Existenz dem Gemeinwesen als Träger eigener Rechte gegenüberstehe.

Der Staat, der es nur mit Objekten seines Wirkens zu tun hat, entscheidet auch über das Ob, das Wann und Wie seines Wirkens. Irgendwelche Rechte ihm gegenüber hat der Untertan nicht, mindestens in der staatsrechtlichen Doktrin. Es gibt keine Ebene des Rechts, wo beide sich begegnen könnten. Auf der Höhe des Absolutismus stand selbst die Tätigkeit der landesherrlichen Gerichte unter dem nachdrücklichen Vorbehalt, daß der Landesherr jederzeit befugt sei, die einzelne schwebende Sache an sich zu ziehen und sie durch einen Machtspruch zu entscheiden. Eben hier, in der Kabinettsjustiz, hat der Obrigkeitsstaat seine letzten Grenzen erreicht.

Von hier aus ist er aufgerollt und in einem 70 Jahre währenden erregenden Schauspiel überwunden worden. Der Prozeß beginnt mit der Aufklärung. Vorkämpfer des künftigen, kaum erst geahnten Rechtsstaats waren die Gerichte, die sich gegen Machtsprüche zu wehren begannen. Einmal zum Widerstand angetreten, haben sie das Recht gegen die Staatsallmacht Stück für Stück behauptet. Der deutsche Idealismus hat die Entwicklung vom Philosophischen, eine zeitgenössische Generation großer Rechtsdenker — Savigny, Feuerbach — sie von den rechtshistorischen und rechtsphilosophischen Grundlagen her vorangetrieben. Was die Barrikade im Jahre 1848 bis auf Reste zum Einsturz brachte, war nur noch ein Gebäude auf, trotz Hegel, längst morsch gewordenen Fundamenten.

3.

Der Inquisitionsprozeß in Strafsachen mochte der polizeistaatlichen Welt sich noch widerspruchslos einfügen. Dort, wo ein bürgerlicher Rechtsstreit zwischen zwei Parteien geführt wurde, war das überkommene Bild von dem Gang zum Gericht mit gleichen Waffen und von dem Richter als dem Urteiler über Recht und Gegenrecht nie ganz verblaßt. In dem Bilde lebte die tiefwurzelnde Vorstellung, daß der Staat nicht mehr an Autorität in Anspruch nehmen dürfe, als den Rechtsfrieden zu gebieten (die Selbsthilfe zu verbieten), Gericht halten zu lassen und die Vollstreckung des ergangenen Spruches zu gewähren.

Wir können das Gewicht dieser bildhaften Bewußtheit über das Erstarken der absolutistischen Omnipotenz hinweg nicht hoch genug einschätzen. Vielleicht wäre wenig davon geblieben ohne den Rückhalt, den der stete Blick auf die Ordnungen des Reichskammergerichts bot. Das Reichskammergericht war in seinen Richtern schon früh persönlich unabhängig — 1495: Berufung auf Lebenszeit, 1555: Unabsetzbarkeit, festes Gehalt —; der Jüngste Reichsabschied von 1654 brachte die sachliche Unabhängigkeit unter der denkwürdigen Formel, daß „den Prozessen ihr freyer, stracker und ungehinderter Lauff gelassen werden solle". Keine Staatsgewalt sollte in ein vor dem Reichskammergericht schwebendes Verfahren eingreifen dürfen, namentlich nicht der Kaiser oder sein Reichshofrat. Modern wie diese Ordnungen uns heute anmuten, verdankten sie ihr Dasein damals zwar vornehmlich dem eifersüchtigen Streben der Reichsstände, die kaiserliche Gewalt nach Kräften einzuschränken. Doch so gewiß Kaiser und Reichshofrat sich nicht immer an das Verbot des Eingreifens nach dem Jüngsten Reichsabschied von 1654 gehalten haben, blieb der „stracke, ungehinderte Lauff der Prozesse" dennoch für das Verhältnis von Obrigkeit und Rechtspflege der gültige Richtpunkt. Er blieb es auch in den Landesstaaten (Brandenburg kannte eine gleiche Formel schon 1534), wo doch die ewige Finanzmisere an eine ausreichende Dotierung und damit an eine persönliche Unabhängigkeit der Richter selbst bei den Obergerichten nicht denken lassen konnte. Einzig das junge Kurfürstentum Hannover machte mit der Unabhängigkeit der Rechtspflege in denkwürdiger Weise Ernst. Das an seinem Beginn errichtete Oberappellationsgericht zu Celle wurde nicht nur etatsmäßig glanzvoll ausgestattet, sondern auch auf eine Unabhängigkeit, ja geradezu auf den Ungehorsam gegenüber jedweder Einflußnahme gerichtsfremder Autoritäten mit einer Feierlichkeit verpflichtet, daß der Kurfürst selbst und seine Nachfolger zeit ihres Regierens auf dem englischen Thron sich hieran ausnahmslos gebunden haben.

In den Landesstaaten betrachtete sich der absolute Landesherr als der oberste Richter. Er hielt selbst Gericht, wie dies etwa für Friedrich I. von Brandenburg-Preußen noch aus der Zeit seines Königtums überliefert ist. Im Strafverfahren hatte er die Befugnis der Bestätigung, Schärfung und Milderung von Urteilssprüchen[3]). Man täte ihm Unrecht, wollte man bestreiten, daß er bei diesem seinem richterlichen Amt sich nicht von dem sicheren Empfinden für die Heiligkeit des Rechts habe leiten lassen. In eigener Sache zu entscheiden hätte er abgelehnt. Wir haben mannigfache Belege (Hannover 1711, Preußen 1713) dafür, wie streng der Landesherr sogar seinen Gerichten anbefahl, in Prozessen des landesherrlichen Fiskus nur das Recht zur Richtschnur zu nehmen. Daß der Fiskus den Bürger entschädigen müsse für das, was die Administration ihm an Eingriffen in die schon damals bekannten wohlerworbenen Rechte zugefügt hatte, entwickelte sich geradezu zum Kontrapunkt absolutistischen Staatsdenkens.

[3]) Das Bestätigungs- und Milderungsrecht des Gerichtsherrn bei den Wehrmachtgerichten ist bis 1945 ein letzter Überrest hiervon geblieben.

Der in die Geschichte eingegangene strafschärfende Spruch eines Landesherrn geschah im Todesurteil Friedrich Wilhelms I. gegen Katte, den das Kriegsgericht zu lebenslänglicher Festung verurteilt hatte; er erging nach reiflichem Entschluß unter der ausdrücklichen Begründung, „es sei besser, daß ein Mensch stürbe, als daß die Gerechtigkeit aus der Welt komme". Wo der Landesherr als Organ der Rechtspflege tätig wurde, ergingen seine Entscheidungen „von Rechts wegen". Seine Gerichte gebrauchten diese Formel ausdrücklich. Sie bezeugte, daß der Spruch als ein richterlicher, von der Staatsräson unbeeinflußter, eben als Wahrspruch zustande gekommen sei. Eine ehrwürdige Reminiszenz, ist sie noch heute unter einem jeden Urteil des Bundesgerichtshofs zu lesen.

Im Gegensatz hierzu standen die Machtsprüche. Sie ergingen aus der Macht des Landesherrn, kraft seines Aufsichtsrechts über die Gerichte eine jede Rechtssache an sich zu ziehen, wenn er glaubte, daß diese die Erledigung verzögerten oder unsachlichen Erwägungen zugänglich gewesen seien. Im aufgeklärten Absolutismus führten sie sich durchweg zurück auf sogenannte Suppliken von Untertanen, die ihr Recht vor Gericht nicht erhalten zu haben glaubten und sich an den Landesherrn mit der Bitte um disziplinäres Eingreifen wandten. Die preußischen Herrscher, vor allem Friedrich der Große, hatten die Verbesserung des Rechtsganges in ihren Landen von je als eine ihrer wichtigsten Aufgaben aufgefaßt. Sie waren von da her geneigt, solchen Suppliken, auch wo sie die darin liegende Gefahr des Mißbrauchs früh erkannten und sie einzudämmen suchten, noch im Einzelfalle nachzugehen. Und immer waren es hierbei die kleinen Leute, die sie gegen vermeintliche Willkür der, wie sie argwöhnten, im Dienste der Großen amtierenden Justiz schützen zu müssen glaubten. Das abermals geschichtliche Beispiel, das zugleich die Wende in der Geschichte der Machtsprüche heraufführte, ist der Fall des Müllers Arnold.

Die Legende hat sich statt seiner des Müllers von Sanssouci bemächtigt und Friedrich dem Großen ein Vorhaben angedichtet, das allerdings ein fiskalisches Machtexempel wie aus dem Lehrbuch gewesen wäre. In Wahrheit hat der König nicht nur nicht daran gedacht, dem Müller die Mühle wegzunehmen, sondern hat ihm ihre Unterhaltung sogar tatkräftig ermöglicht, „weil sie dem Schlosse eine Zierde mache". Noch die überlieferte Antwort des Müllers: „Ja, wenn das Kammergericht in Berlin nicht wäre", vor dem der König sich gebeugt haben soll, hat die Umprägung zu dem: „Il y a des juges à Berlin"[4]) sich gefallen lassen müssen. Die wirkliche Geschichte des Müllers Arnold läßt die Rollen in jeder Beziehung vertauscht

---

[4]) durch Andrieux, der (1787) die Erzählung des Müllers von Sanssouci für ein Schauspiel bearbeitete.

erscheinen. Arnold war seiner Gutsherrschaft, dem Grafen v. Schmettau, den jährlichen Zins für die gutseigene und von ihm gepachtete Wassermühle seit 1771 schuldig geblieben. Er begründete die Zahlungssäumnis damit, daß ihm von dritter Seite, nämlich von dem Oberlieger seines Mühlengrundstücks, dem Landrat und Gutsbesitzer v. Gersdorff, das Wasser für den Betrieb seiner Mühle entzogen worden sei. Die Gutsherrschaft klagte in mehreren Prozessen gegen Arnold und siegte ob. Die Gerichte stellten sich auf den Standpunkt, daß Arnold den geschuldeten Pachtzins zahlen müsse und daß es seine Sache sei, sich bei v. Gersdorff schadlos zu halten. Im Jahre 1779 wurde Arnold schließlich gerichtlich zur Räumung gezwungen. Nunmehr wandte er sich mit einer Supplik an den König, dem er in den schlesischen Kriegen einmal einen ortskundigen Dienst erwiesen hatte. Friedrich beauftragte den Obersten v. Henking als Kommissar, die Sache an Ort und Stelle zu untersuchen. Henkings Bericht brachte ihn zu der Überzeugung, Arnold sei Unrecht geschehen. Als jetzt die Neumärkische Regierung in Küstrin, das zuständige Instanzgericht, mit der Sache abermals befaßt wurde und wiederum zu Ungunsten Arnolds entschied, gab Friedrich dem übergeordneten Kammergericht „ordre, die Sache ganz kurz abzumachen", wobei er nicht im unklaren ließ, in welchem Sinne er die Erledigung wünsche. Das Kammergericht fügte sich dem königlichen Wunsche nicht und entschied gegen Arnold. Noch stand die Anrufung der dritten Instanz, des Obertribunals, offen. Friedrich ließ dessenungeachtet die an dem Spruch beteiligten Richter des Kammergerichts zitieren, stellte sie in beleidigender Grobheit zur Rede, warf ihnen in aller Form Rechtsbeugung vor und veranlaßte anschließend ihre Verhaftung. Das Criminalkollegium des Kammergerichts wurde von ihm unter massiven Drohungen angewiesen, gegen die Verhafteten das Urteil zu sprechen, „mindestens auf Cassation und Festungshaft". Doch das Criminalkollegium weigerte sich: eine Rechtsbeugung liege nicht vor. Nachdem auch der dienstvorgesetzte Minister v. Zedlitz sich zu einem Einschreiten gegen die Richter im Sinne des Königs außerstande erklärt hatte, erließ dieser am 1. 1. 1780 einen Machtspruch. Die Richter wurden kassiert und zu einjähriger Festungshaft verurteilt; außerdem hatten sie im Verein mit dem Landrat v. Gersdorff an Arnold vollen Schadensersatz zu leisten. Die Festungshaft wurde vollstreckt (doch ließ der König die Richter nach achtmonatigem Vollzug auf freien Fuß setzen).

Dieser grobe Mißgriff der Allerhöchsten Majestät[5]) rief einen Sturm der Entrüstung hervor. Friedrich hatte den Bogen überspannt; das allgemeine Empfinden am Vorabend der französischen Revolution duldete derartige absolutistische Übergriffe nicht mehr. Sie haben sich denn auch je-

---

[5]) Sie hatte sich von pseudosozialer Einseitigkeit bestimmen lassen: ein Zug, der in der oft kritisierten Schuldnerfreundlichkeit der modernen Gesetzgebung deutlich wiederkehrt. Wohlfahrtsstaat und aufgeklärter Absolutismus haben eine gemeinsame geistesgeschichtliche Wurzel. Es ist das „größte Glück der größten Zahl".

denfalls für bürgerliche Rechtsstreitigkeiten in Preußen nicht wiederholt[6]). Der Nachfolger Friedrichs des Großen beeilte sich, noch im Jahre seiner Thronbesteigung den Machtspruch von 1780 rückgängig zu machen. Im Jahre 1792 konnte das Kammergericht es wagen, dem Kronprinzen Friedrich Wilhelm in einer berühmt gewordenen Ansprache vor dem versammelten Instructions-Collegium, auf Fälle wie die des Müllers Arnold anspielend, durch den Mund des Kammergerichtsdirektors v. Kircheisen einen Fürstenspiegel über die Grenzen königlicher Machtbefugnisse gegenüber der unabhängigen Rechtspflege vorzuhalten.

Machtsprüche in Rechtssachen haben zumeist das ihnen von Suarez, dem Vater des preußischen Allgemeinen Landrechts, vorausgesagte Schicksal gehabt. Sie haben sich auf die Dauer nicht halten lassen. Das gilt nicht weniger von den Machtsprüchen in Strafsachen. Auch hier hat selbstbewußte richterliche Unbeugsamkeit den Kampf eröffnet.

Abermals war es das preußische Kammergericht. Es hatte im Jahre 1792 gegen den Prediger Schulz aus der neumärkischen Gemeinde Gielsdorf wegen Verletzung des Wöllnerschen Religionsediktes zu urteilen. Schulz vertrat einen aufklärerischen Pantheismus, predigte auch in bürgerlicher Kleidung („Zopfschulz"), war aber bei seinen Gemeindegliedern sehr beliebt. Das bigotte Regiment Friedrich Wilhelms II. machte ihm den Prozeß. Da das Verfahren nicht so lief, wie der König es wünschte, befahl eine Allerhöchste Ordre die Vorlage des Urteils binnen vier Wochen mit einem unmißverständlichen Hinweis, daß ein auf Kassation lautender Spruch erwartet werde. Das Kammergericht kehrte sich nicht daran und erkannte für Recht, „Schulz sei als Prediger zu dulden". Daraufhin bestätigte der König das Urteil unter der Strafschärfung der Kassation. Gleichzeitig verfügte er die Bestrafung der Richter. Sie wurden sofort zu gefeierten Märtyrern. Der Nachfolger, Friedrich Wilhelm III., mußte alsbald nach seinem Regierungsantritt die Revision des Machtspruchs anordnen.

Nach 1800 führte die Krone nur noch Nachhutgefechte. In den Demagogenverfolgungen ging es um den Restbestand, einmal um die landesherrliche Kompetenz-Kompetenz, zum anderen um den Vorbehalt, für die Aburteilung der Inkulpaten ministerielle „Spezialkommissionen" einsetzen zu dürfen. Kompetenz-Kompetenz bedeutete die Zuständigkeit, zu bestimmen, wann eine Angelegenheit aufhöre, Verwaltungssache zu sein, und beginne, der Jurisdiktion der Gerichte zu unterstehen. Als im Jahre 1819 der Turnvater Jahn verhaftet und auf die Festung Küstrin verbracht worden war, erfuhr das Kammergericht hiervon und bestand höheren

---

6) Legalisiert wurde diese Entwicklung freilich erst durch die preußische Allgemeine Gerichts-Ordnung von 1815, welche ausdrücklich bestimmte, daß die Gerichte bei der Findung des Rechts keinerlei Rescripte oder Machtsprüche zu beachten hätten.

Orts darauf, daß ihm die Behandlung der Sache nach den bestehenden Gesetzen ohne Verzug übergeben werde: der Staatskanzler Graf Hardenberg beschied das Kammergericht dahin, „es liege noch keine Justizsache vor; die Gerichte hätten sich in die polizeilichen Verhaftungen nicht zu mischen, bis die Administration die Sache dem Gericht übergebe"[7]). 20 Jahre später konnte der preußische Justizminister Mühler den Gerichten nur noch theoretisch die Befugnis streitig machen, über die Zulässigkeit des Rechtswegs in eigener Amtsgewalt zu entscheiden. Für die Demagogenprozesse waren urspünglich die berüchtigten Spezialkommissionen zuständig gewesen. Eine Kabinettsordre von 1833 gab nach und setzte an ihre Stelle das Kammergericht. Sie band dieses zwar an Weisungen des Justizministers „unangesehen, ob und wann die Kriminal-Ordnung hiervon abweiche": tatsächlich sind die Vorschriften der Kriminal-Ordnung stets beachtet worden. Friedrich Wilhelm III. hatte noch 1834 einen Naumburger Oberappelationsgerichtsrat „wegen frechen und unehrerbietigen Tadels staatlicher Einrichtungen" seines Amtes enthoben. Als sein Nachfolger im Jahre 1846 das gleiche Exempel an Richtern des Oberlandesgerichts Paderborn statuieren wollte, die in einer politischen Sache zwei mißliebige Freisprüche gefällt hatten, konnte er eine solche Maßregelung schon nicht mehr wagen und mußte davon ablassen.

In der Sterbestunde des Polizeistaats steht die Unabhängigkeit der Rechtspflege in den Grundzügen gesichert da. Die frühkonstitutionellen Verfassungen hatten sie lediglich anzuerkennen und zu bestätigen; Preußen, als letztes, garantierte sie durch Gesetze von 1849—1851. Sie ist das Rückgrat des Rechtsstaats geworden und geblieben.

4.

Der werdende Rechtsstaat hat sich selbst in weitergehenden Zielen begriffen. Wollte man den Bürger aus der Untertanenstellung herauslösen, so war es notwendig, eine Ebene zu schaffen, auf der Staat und Bürger sich in gleicher Bindung an eine außer und über ihnen stehende Autorität trafen. Diese Autorität — die höchste, die man damals zu erkennen meinte — war das Gesetz in der Krönung durch die Verfassung. Die Forderung nach Gesetzesgebundenheit der Verwaltung hatte eine Trennung von Gesetzgebung und Verwaltung zur Voraussetzung und eine gerichtsförmige Kontrolle der Verwaltung zur Folge. Materiale Rechtswerte kamen hinzu: verfassungsgesetzliche Garantie der Grundrechte, das Verbot der Bestrafung außer auf der Grundlage eines zur Zeit der Tat bereits geltenden

[7]) Jahn hat daraufhin noch bis 1824 ohne gerichtliches Verfahren in Haft gesessen.

Gesetzes, das Verbot der Verhaftung ohne den Schutz des Gesetzes im richterlichen Haftbefehl, das Verbot der wiederholten Untersuchung ein und desselben Straffalles nach rechtskräftigem Abschluß eines gesetzmäßigen Strafverfahrens. Die Rechtsstaatsidee wurde zum Postulat einer konsequenten Gesetzlichkeit.

Die Oberherrschaft des Gesetzes war altes Gedankengut der Aufklärung. In der rationalen Vernunft des Gesetzgebers hatte sie Montesquieus System entscheidend geformt. Von der Aufklärung her fand sie Eingang in das preußische Allgemeine Landrecht von 1794. Der Absolutheitsanspruch des Gesetzes, hier auf deutschem Boden erstmals ausgesprochen, war zwar einstweilen kaum mehr als ein Programmsatz. Erfahrungen mit den Kabinettsordern der Reaktion jedoch ließen Rechtlosigkeit immer mehr als Gesetzlosigkeit erscheinen. Die aufkommende Industrie erstrebte Befreiung von bevormundenden Fesseln; voran der mit Macht einsetzende Eisenbahnbau machte Enteignungen im größten Stil erforderlich. Auch diese Triebkräfte einer neuen Zeit waren mit dem patriarchalischen Verwaltungsdenken des Polizeistaats nicht mehr zu meistern. So entstanden im Laufe eines Menschenalters und im Zeichen verfassungsfroher Rechtsgewißheit die grundlegenden Einzelgesetze, die die Kräfteverhältnisse des liberalen Rechtsstaates der frühen Periode, seine Idee und seine Dynamik kraftvoll widerspiegeln. Sie hatten gemeinsam, daß in die Individualsphäre des Bürgers nur auf der Grundlage einer Ermächtigung im Gesetz eingegriffen werden dürfe. Gewerbefreiheit und Eigentumsgarantie setzten die neuen Marksteine. Die sie regelnden Gesetzes waren — am Beispiel Preußen — die Allgemeine Gewerbeordnung von 1845 und das Gesetz über die Enteignung von Grundeigentum von 1874, dem für den Bau von Eisenbahnen und die Anlage von Bergwerken besondere Gesetze von 1838 und 1865 vorausgegangen waren. Als der Norddeutsche Bund gegründet wurde, war es für ihn schon Lebenselement, der breiten Strömung das Bett zu vertiefen. Die Gewerbeordnung von 1869 — es ist die heute noch bundesrechtlich geltende — baute die preußische von 1845 weiter aus. Die Emanzipation der Juden wurde durch ein Gesetz von 1868 eingeleitet, die Freizügigkeit durch Gesetz von 1867 garantiert, die freie Advokatur in der Rechtsanwaltsordnung von 1879 eingeführt, das rechtsstaatliche Verfahren in Zivil- und Strafprozeß mit den Justizgesetzen vom gleichen Jahre von Reichs wegen verbindlich. Seit 1863, mit Baden beginnend, war schließlich in den deutschen Staaten die Verwaltungsgerichtsbarkeit eingesetzt worden. In Preußen folgte sie 1872/1875, in Württemberg 1876, in Bayern 1878.

Was mit dem Kampf um die Unabhängigkeit der Rechtspflege begonnen hatte, wurde mit der Errichtung der Verwaltungsgerichte, 100 Jahre später, zum Abschluß gebracht. Etwa mit dem Jahre 1880 hat der liberale, der erste moderne Rechtsstaat sich auf deutschem Boden durchgesetzt.

2. Kapitel

Rechtsstaat gegen Legalstaat

1.

Der liberale Rechtsstaat des 19. Jahrhunderts kreist um das Gesetz als den obersten Rechtswert. An das Gesetz, beschlossen unter Mitwirkung der Volksvertretung, sollte auch und vor allem der Staat gebunden sein. „Der Staat" war im nachabsolutistischen Deutschland die staatliche Verwaltung. Der Liberale fürchtete nichts so sehr, und gegen nichts glaubte er so entschieden sich sichern zu müssen, wie administrative Willkür. Sie bedrohte seine eben errungene Freiheit; Willkür aber witterte er hinter jedem behördlichen Ermessen. Für ihn war der Sinn des Gesetzes nicht so sehr Gerechtigkeit als vielmehr Berechenbarkeit. Wo an einen bestimmten Tatbestand sich genau bestimmte Rechtsfolgen knüpften, weil ein Gesetz es so vorsah, da schien Willkür nicht mehr möglich. Liberalem Geist entsprach es, diese Seinsweise auch im bürgerlichen Rechtsleben gültig zu machen. Je präziser das Gesetz, um so überzeugender bot es berechenbare Sicherung. Sicherung nicht als Sicherheit, sondern als Absicherung gegen alles, was an rechtlichen Unwägbarkeiten sich nicht kalkulieren läßt.

Der Gesetzesbegriff, so verstanden, verlor schnell an materialem Gehalt. Er wurde formal bis zur Wert-losigkeit. Die Existenz des Gesetzes war Selbstwert. Sein alleiniger Geltungsgrund war die Beschlußfassung der gesetzgebenden Körperschaften in dem dafür vorgesehenen Verfahren, bezeugt durch die Publikation im Gesetzblatt. Der Gesetzgeber selbst war in dem, was er beschließen wollte, nicht beschränkt. Recht war, was in der Form des Gesetzes sich darstellte. Das ausgehende Jahrhundert stand im Zeichen des Gesetzespositivismus.

Die Gegenwart, die ganz überwiegend eine andere Auffasung vom Rang des Gesetzes hat, verbindet mit dem Ausdruck nahezu schon ein Unwerturteil. Mit welchem Recht? Perfektion und Inflation der Gesetzgebung haben einen kaum je dagewesenen Stand erreicht. Vom Krypto-positivismus zum Neo-positivismus ist nur ein Schritt. Kein Gesetz, zu dem, heute verkündet, nicht schon morgen der Referentenkommentar aus dem Ministerium erschiene. Kein Gesetz auch, das seine Wichtigkeit nicht durch eine Vielzahl von Durchführungsbestimmungen zu unterstreichen suchte. Selbst die Aktion zur „Entrümpelung" veralteter Gesetze bestätigt noch, wie ungewollt positivistisch wir dem Gesetz nach wie vor gegenüberstehen.

Die Einsicht, daß die wertneutrale Gesetzlichkeit des Staates nicht die einzige, vollends nicht die letzte Form des Rechtsstaats sei, hat in Deutschland einen wenig glücklichen Stern gehabt. Sie hätte reifen können in den

Brüchen und Verwerfungen, die das innerstaatliche Leben der Nation seit dem Einschnitt des ersten Weltkrieges erschütterten. Aber das Zwischenspiel der neu etablierten Ordnung von Weimar ließ darüber täuschen, daß das übernommene rechtsstaatliche Leitbild eines funktionalen Gleichgewichts zwischen dem Gesetzgeber und der durch Gesetz gezügelten Verwaltung seit langem fragwürdig geworden war, weil es im Grunde gebunden war an die integrierende Kraft der Krone. Ein Menschenalter lang blieb es bei den Erkenntnissen Einzelner. Ihre Warnungen, daß das Festhalten an dem reinen Gesetzesdenken steril zu werden und den Staat der Legalität mehr und mehr vom Rechtsstaat hinwegzuführen drohe, drangen nicht durch. Das Ergebnis war die Wehrlosigkeit dieses Staates gegenüber der „legalen“ Machtergreifung durch die Diktatur.

2.

Die Zeit vor dem ersten Weltkrieg war freilich kaum dazu angetan, Zweifel an der Gleichsetzung von Rechtsstaat und oberster Herrschaft des Gesetzes zu wecken. Das oberste Gesetz des Kaiserreiches, die Bismarcksche Reichsverfassung, war als staatsmännisches wie als legislatorisches Werk für ihre Zeit gleich überragend — Theodor Heuß hat sie einmal ein kunstvoll ausgewogenes Organisations- und Machtinstrumentarium genannt —; sie ließ ernsthaften Verfassungskonflikten wenig Raum; gerade in ihrer kunstvollen Ausgewogenheit schien ihre Rechtsstaatlichkeit zum guten Teil begründet. Auf dem Boden dieser Verfassung erreichte die Reichsgesetzgebung ihre klassische Blüte. Der Bogen großer Kodifikationen spannt sich von den Reichsjustizgesetzen (1879) über das Bürgerliche Gesetzbuch (1900) bis zur Zusammenfassung des gesamten Sozialversicherungsrechts in der Reichsversicherungsordnung von 1911. Es waren eindrucksvolle Zeugnisse gesetzgeberischen Könnens, nicht zuletzt im Auslande anerkannt, stellenweise dort sogar zum Vorbild eigener Regelungen genommen. Nun erst das Rahmenwerk der weiteren Gesetze, die, damals entstanden, bis in unsere Zeit die rechtliche Grundordnung des Wirtschaftslebens bilden: Handelsgesetzbuch, GmbH-Gesetz, Genossenschaftsgesetz, Scheckgesetz, Börsengesetz, Hypothekenbankgesetz, Depotgesetz, Gesetz über den Versicherungsvertrag, Abzahlungsgesetz, Zwangsversteigerungsgesetz, Grundbuchordnung, die gesamten Gesetze zur Regelung des gewerblichen Rechtsschutzes und des Schutzes des geistigen Eigentums: sie alle sind in einem Zeitraum von wenig mehr als 30 Jahren geschaffen worden. Die wirtschaftliche Expansion erlebte ihren ersten Höhepunkt, und sie fand einen Gesetzgeber, der seiner Aufgabe sichtbar gewachsen war. Seine Sorgfalt, sein Gefühl dafür, was einem Gesetz anstehe, seine Fähigkeit zu kristallklarer Grenzziehung ohne Dehnbarkeiten und „Ausnahme“techniken sind seitdem nie wieder erreicht.

Die Rechtsordnung war die Gesetzesordnung, der Rechtsstaat der Gesetzesstaat. Mit ihm, mit „seinem“ Rechtsstaat konnte das Bürgertum, das ihn trug, zufrieden sein.

3.

Risse in dem Gebäude wurden dennoch früh sichtbar. Noch lebte die Generation der Regierenden, die das Steuer des Obrigkeitsstaates hatte abgeben müssen; sie setzte den Kampf um die Prärogative mit den Mitteln der neuen Ordnung fort. Gesetze eigneten sich, geschickt eingebracht und durchgebracht, vorzüglich zum Werkzeug regimineller Machtbehauptung. Kulturkampf und Sozialistenverfolgung wurden mit Gesetzen angeführt. Der vornehmlichste Mißbrauch des Gesetzes, das Tendenz- und Maßnahmengesetz, kündigt sich an. Ihm gegenüber stellte sich die Gewissensfrage an die Justiz und im engeren an die Strafjustiz, wie sie es mit solchem Kampf„recht“ der herrschenden Schichten halten wollte. Zum ersten Male seit der imponierenden Festigung ihrer Position hat sie an dieser ihrer wirklichen Aufgabe versagt — sie hat sie nicht einmal gesehen.

Die Gründe sind verschiedener Art. Der Geist des Positivismus, bloßer Erkenntnis und Auslegung des gegebenen Gesetzesbestandes verhaftet und darin den aufblühenden exakten Wissenschaften verschwistert, hatte seit der Mitte des Jahrhunderts die Ausbildung des Juristennachwuchses je länger je ausschließlicher beherrscht. Über ihn hinauszudenken war der Richterschaft von 1880 schon nicht mehr gegeben. Ein anderes kam hinzu. Die Elite aus den Jahren des Kampfes um die richterliche Unabhängigkeit war nicht mehr. An ihre Stelle waren Epigonen getreten, die das Erreichte bewahrten. Den Kampf um die Gerechtigkeit weiterzuführen mangelte ihnen das Wichtigste, was sie hätten haben müssen: das Gefühl eines hochgesinnten Standes. Die Justiz, und insbesondere die preußische, war seit der Restaurationszeit Stufe um Stufe hinter Verwaltung und Heer zurückgesetzt worden. Die Reaktion sah in ihr die Verkörperung der eigenen Niederlage gegen den Rechtsstaat: jetzt enthielt sie ihr an sozialer Wertgeltung vor, was der aufgeklärte Absolutismus ihr noch an Achtung gezollt hatte. Bismarcks Haß gegen den freisinnigen Kreisrichter aus der Konfliktszeit tat ein Übriges. Überall, in der Besoldung, in den Aufstiegsmöglichkeiten, den (damals sehr wichtigen) Ordensverleihungen, dem Rang im öffentlichen Leben sah die Richterschaft sich benachteiligt. Für jeden sichtbar, stempelte schon die Dürftigkeit ihrer Dienstgebäude die Justiz zum Aschenbrödel im Staate. Der Adel hatte sich nie sonderlich zum Richteramt hingezogen gefühlt. Jetzt war die Folge eine Abwanderung auch der Söhne des gebildeten Bürgertums in die Verwaltung und in die Diplomatie, und ein breites Einströmen kleinbürgerlichen Nachwuchses. Dieser wiederum glaubte vielfach nichts Besseres tun zu können, als dem

Stande die vermißte soziale Gleichstellung mit dem königlichen Landrat, dem königlichen Staatsanwalt durch Beweise „loyaler“ Haltung zu schaffen. Es blieb nicht aus, daß die Strafgesetze, voran die Strafbestimmungen in jenen Tendenzgesetzen, mit einer uns heute empörenden Strenge gehandhabt wurden. Das böse Wort von der Klassenjustiz kam auf. Auch in der Folgezeit wurden die notvollen Gärungen auf dem Grunde der damaligen Gesellschaft von der Rechtsprechung ignoriert. Streiks bekämpfte man durch den Strafrichter[1]); dem Tarifvertrag hatte das Reichsgericht noch im Jahre 1903 die rechtliche Anerkennung versagt[2]).

Daß der Rechtsstaat mit bloß legalstaatlichen Denkformen nicht zu begreifen sei, war das Anliegen einer Gruppe von Juristen, die im ersten Jahrzehnt nach 1900 als sogenannte Freirechtsschule unter Führung von Hermann Kantorowicz und Ernst Fuchs hervortrat. Was sie forderte, erschien ihrer Zeit unerhört. Es war die „freie“ Rechtsfindung unter dem Blickpunkt der Eigengesetzlichkeit des einzelnen Falles, vor allen Dingen des gerechten Ausgleichs der Interessen: wo nötig, auch ohne und selbst gegen das geltende Gesetz. „Interessenjurisprudenz gegen Begriffsjurisprudenz“ hieß es vergröbernd. Abgeklärter klang, was ein Vertreter der gemäßigten Richtung, Hans Reichel, als das Ziel aufstellte. Der Richter sollte „kraft seines Amtes verpflichtet sein, von einer Vorschrift des Gesetzes bewußt abzuweichen dann, wenn jene Vorschrift mit dem sittlichen Empfinden der Allgemeinheit derart in Widerspruch stehe, daß durch die Einhaltung derselben die Autorität von Recht und Gesetz erheblich ärger gefährdet sein würde als durch deren Außerachtsetzung“. Das Wort, geschrieben an der Schwelle des ersten Weltkrieges[3]), gewann allzu bald bittere Aktualität.

4.

Am 4.8.1914, wenige Tage nach Kriegsausbruch, erging das Gesetz über die Ermächtigung des Bundesrats zu wirtschaftlichen Maßnahmen. Der Bundesrat[4]) war danach „ermächtigt, während der Zeit des Krieges

---

[1]) Wobei die Obrigkeit sich nicht scheute, mit unwürdigen Polizeikniffen strafbare Handlungen zu provozieren: Beispiel bei Winnig, Vom Proletariat zum Arbeitertum (52. Tausend), S. 131.

[2]) RGSt 36, 236 ff.

[3]) Gesetz und Richterspruch (1915), S. 142.

[4]) Man kann ihn mit dem Bundesrat des Bonner Grundgesetzes nur bedingt vergleichen. Er war im kaiserlichen Deutschland das Organ der verbündeten Regierungen (d. h. der Staaten, die sich zum Norddeutschen Bunde und demnächst zum Deutschen Reich zusammengeschlossen hatten), Träger der Souveränität und auf Grund der in ihm versammelten administrativen Sachkunde eine hervorragend aktionsfähige Verfassungskörperschaft.

diejenigen gesetzlichen Maßnahmen anzuordnen, welche sich zur Abhilfe wirtschaftlicher Schädigungen als notwendig erwiesen". Es war das erste Ermächtigungsgesetz der neueren Zeit und leitete eine Entwicklung ein, die den Rechtsstaat in steigendem Maße sich selbst entfremdete.

Der Bundesrat hat bis zum Ende des Krieges von seiner Befugnis ausgiebig Gebrauch gemacht. Er hat seine Kompetenz zur „Abhilfe wirtschaftlicher Schädigungen"[5]) über ihre Grenzen hinaus überdehnt; er hat sie mit mehr als zweifelhafter Berechtigung auch nachgeordneten Stellen übertragen. Beides sind Selbstherrlichkeiten eines jeden Notgesetzgebers, Entartungserscheinungen, die sich fast zwangsläufig einfinden, wenn die Gewaltenteilung suspendiert ist und die Exekutive sich das Recht zur vereinfachten Gesetzgebung beilegen läßt. Die gesamte Kriegswirtschaft wurde auf diese Weise durch Bundesratsbekanntmachungen organisiert und reglementiert. Es war eine Flut von Vorschriften, die auf die Bevölkerung niederging. Vieles war notwendig, anderes verfehlt schon im Ansatz — alles aber ordnungsmäßig veröffentlicht und mit der Kraft des Ermächtigungsgesetzes selber Gesetz, als solches den uneingeschränkten Gehorsam verlangend.

Der Gehorsam war schon bald nicht mehr zu erfüllen. Wer dennoch versuchte, jegliches Verordnete strikt zu beachten (Friedrich Naumann wurde es nachgesagt), brachte sich an den Rand des Hungertodes. Eine der schwersten Sünden wider rechtsstaatlichen Geist gewann Gestalt: Gesetze zu erlassen, die Unzumutbares verlangen und die deshalb schließlich ignoriert werden, vom Regierenden nicht weniger als von den Regierten. Schließlich fand kein Bürger durch das Gestrüpp der Reglementierungen mehr hindurch. Wurde er belangt, so galt gegen ihn der rohe Satz der bis dahin herrschenden Strafrechtsdogmatik, daß Unkenntnis des Gesetzes nicht vor Strafe schütze. Den Ungewandten nicht, den Ortsfremden nicht, den falsch Beratenen nicht. Die Verhältnisse in der Kriegsstrafrechtspflege spitzten sich so zu, daß auf Betreiben des Abgeordneten Schiffer die Bundesratsbekanntmachung vom 18. 1. 1917 erging, wonach bei Zuwiderhandlungen gegen Kriegswirtschaftsvorschriften die Strafbarkeit wegfiel, wenn der Beschuldigte in unverschuldetem Irrtum über das Bestehen oder die Anwendbarkeit der übertretenen Vorschrift die Tat für erlaubt gehalten hatte.

Schiffer, der spätere Reichsjustizminister, hat damals vom Notrecht des Krieges als der Rechtsnot des Volkes gesprochen. Daß es erst des Aktes von 1917 bedurfte, um Recht wieder Recht werden zu lassen, enthüllt die ganze Verstrickung, in die der Gesetzesstaat den Richter durch die Formel von der Unterworfenheit unter das Gesetz als letzte Instanz

[5]) Auch die Sprachbarbarei, die hierin liegt, gehört zum beginnenden Verfall der Gesetzgebungskultur.

geführt hatte. Für die reglementierte Kriegswirtschaft war der Richter (mit den Worten von Adolf Arndt) „zum Staatsexekutor ohne eigene Verantwortung, die Tätigkeit der Gerichte zur Fortsetzung der Exekutive mit anderen Mitteln" geworden. Weil § 59 des Strafgesetzbuches einen strafbefreienden Irrtum des Täters nur für die „Tatumstände" kennt, die zum gesetzlichen Tatbestande gehören, glaubte die Strafrechtspflege, einen Irrtum über das Verbotensein der Tat, als reinen Rechtsirrtum, nicht anerkennen zu dürfen. Für das Gebiet des Kriegsnotrechts war seit 1917 zum ersten Male eine Bresche in dieses Denken geschlagen. Jenseits ihrer engen Begrenzung hielt das Reichsgericht bis zu seinem Ende streng an seinem naturwissenschaftlich-mechanistischen Schuldbegriff fest, der das „Wissen und Wollen der gesetzlichen Tatumstände" für die Bestrafung genügen ließ und eine materiale, rechtsethische Schuld daneben nicht kannte. Erst nach 1945 haben die Gerichte sich von dieser Rechtsprechung abgewandt. Der Bundesgerichtshol (BGH) hat mit ihr in einer grundlegenden Entscheidung vom 18.3.1952[6]) gebrochen und den Täter für straffrei erklärt, der sich in einem Irrtum über die Strafbarkeit seines Tuns befand, wenn dieser Irrtum entschuldbar war, d.h. auch bei größter Gewissensanspannung unter Ausschöpfung aller Möglichkeiten einer Vergewisserung über die Rechtslage nicht hätte behoben werden können. Wenige Tage nach der Entscheidung des Bundesgerichtshofs, am 25.3.1952, erging das Gesetz über Ordnungswidrigkeiten, das dem gleichen Gedanken nunmehr auch für die Geldbuße gesetzlichen Ausdruck verlieh.

Die Staatsumwälzung von 1918 fand den Gesetzesstaat erst in der Entwicklung zur Krise. Die Krise war einstweilen mehr latent als manifest. Den Gesetzesstaat abzulösen und zu einer geläuterten Auffassung vom Rechtsstaat vorzustoßen war die Zeit noch nicht reif. Um einiges grob Unzeitgemäße des bisherigen Rechtszustandes zu bereinigen, genügte die Rechtsetzungsgewalt des Rates der Volksbeauftragten. Die Weimarer Nationalversammlung bewegte sich völlig in den Vorstellungen von der allverbindlichen Kraft des Gesetzes. Sie spiegelte sich noch viel zu sehr im Hochgefühl der soeben errungenen Souveränität des Volkes, als daß sie hätte zugeben können, ein vom souveränen Parlament beschlossenes Gesetz sei an anderen Maßstäben als dem des verfassungsgerechten Geburtsaktes zu messen.

Dabei war die Gefahr, daß das Gesetz zum Unrecht werden könne, jetzt eher größer als zuvor. Der unglückliche Kriegsausgang hatte die sozialen Spannungen verschärft, die Revolution den politischen Zündstoff nicht abgebaut, sondern nur umgeschichtet. Der ausgleichende Faktor der Krone war weggefallen. Den Rechtsstaat nunmehr gegen den Absolutismus einer Parlamentsmehrheit zu sichern war die Frage, die der Nationalversammlung und den ihr folgenden Reichstagen gestellt war. James Goldschmidt,

---

[6]) BGHSt 2, 194.

der Berliner Strafrechtslehrer und Prozessualist, hat sie im Jahre 1924 sehr bitter präzisiert[7]). Ob seine damals gebildeten Beispiele überzeugen — Depossedierung des Hausbesitzes durch die Mieterschutzgesetzgebung, der Mündel (für die die Vormünder das Geld in „mündelsicheren" Sparguthaben oder Staatspapieren hatten anlegen müssen) durch die Aufwertungsgesetzgebung —, mag dahinstehen. Wichtig ist, daß Goldschmidt nicht nur die Entbindung des Richters vom Gehorsam gegen das als verfassungswidrig erkannte Gesetz gefordert, sondern daß er — als erster — jenes unter der Weimarer Reichsverfassung (WRV) rasch üblich gewordene Verfahren gerügt hat, Gesetze mit verfassungswidrigem Inhalt dadurch zu sanktionieren, daß man sie mit verfassungsändernder Mehrheit beschloß, genauer: mit einer Mehrheit, die zur Änderung der Verfassung ausgereicht hätte, ohne daß man aber die Verfassung selbst änderte. Die Rathenau-Mörder sind auf solchem Wege rückwirkend ihrem gesetzlichen Richter entzogen worden[8]). Auch gegen solche sogenannte Verfassungsdurchbrechungen wollte Goldschmidt das richterliche Prüfungsrecht durchgreifen sehen. Er blieb damit ohne Gehör. Das Reichsgericht nahm zwar, ihm und Heinrich Triepel folgend, für den Richter die Befugnis in Anspruch, die Reichsgesetze auf ihre sachliche Vereinbarkeit mit der Verfassung zu prüfen und ihnen im verneinenden Falle die Anerkennung zu verweigern. Es versagte sich aber die gleiche Befugnis, sobald im Eingangsspruch des verkündeten Gesetzes die Feststellung enthalten war, daß das Gesetz mit verfassungsändernder Mehrheit beschlossen sei.

5.

So wenig sie mit dem gesetzesstaatlichen Rechtsstaatsbegriff brach, so wenig nahm die Weimarer Demokratie Anlaß, von der Ermächtigungsgesetzgebung des ausgehenden Kaiserreiches abzurücken. Im Gegenteil, dieses Notrecht schoß jetzt erst üppig ins Kraut. Bis zum Ende der Inflation ergingen nicht weniger als sechs Ermächtigungsgesetze. Mit weit über 100 Verordnungen griff die so ermächtigte Regierung tief in das rechtsstaatliche Gefüge des Staates ein. Die ersten Sondergerichte — zur

---

7) „Gesetzesdämmerung", JW 1924, 245 ff.

8) zunächst durch die VO zum Schutze der Republik, vom 26. 6. 1922 (RGBl. I, 521; erlassen auf Grund des Art. 48 WRV), die dann durch das mit verfassungsändernder Mehrheit beschlossene Republikschutzgesetz vom 21. 7. 1922 (RGBl. I, 585) bestätigt wurde. Die VO war durch den zwei Tage zuvor begangenen Mord an Rathenau veranlaßt worden. Sie überstellte die Täter einem eigens geschaffenen Ausnahmegericht politischen Charakters, dem „Staatsgerichtshof zum Schutze der Republik". Kritisch: Kern a.a.O. S. 308 ff.

Bekämpfung des Schleichhandels, „Wuchergerichte" genannt — wurden geschaffen[9]). Hitler hat das damals vorgebildete Organisations- und Verfahrensmodell im Jahre 1933 lediglich zu übernehmen brauchen. In den frühen Devisenverordnungen[10]) fanden sich für die Verletzung bloßer Ordnungsgebote Zuchthausstrafen angedroht. Die Dinge erreichten ihren Höhepunkt, als die Regierung auch der rechtsstaatlichen Gesinnung einen entscheidenden Stoß versetzte, indem sie durch mehrere von diesen Verordnungen[11]) ihre eigenen Schuldverpflichtungen aus Kriegswirtschaft, Kriegsverwaltung und inneren Unruhen der Klagbarkeit im Rechtsweg entzog. Sie unterwarf sie der „Abgeltung" in einem fiskalischen Verwaltungsverfahren und übertrug sogar die Bestimmung darüber, ob ein Abgeltungsfall vorliege, dem Reichsminister der Finanzen. Die Kompetenz-Kompetenz der Verwaltung, seit 100 Jahren überwunden geglaubt, lebte wieder auf. Proteste der benachteiligten Reichsgläubiger schienen ungehört zu verhallen.

Der eklatante Rechtsbruch rief aber nun doch den Widerspruch von mutigen Richtern auf den Plan. Es schwebte bereits eine Reihe von Prozessen über „abgeltungsfähige" Ansprüche gegen den Reichsfiskus. Da dieser seinen Gerichtsstand in Berlin hatte, liefen die Prozesse in der Berufungsinstanz sämtlich beim Kammergericht zusammen. Im Schoße des Kammergerichts entstand eine schwere Kontroverse. Nach den Ausführungsbestimmungen zur AbgeltungsVO hatte das Gericht auf Ersuchen (!) des Prozeßvertreters des Reichsfiskus den schwebenden Rechtsstreit auszusetzen und die Akten an die Abgeltungskommission im Reichsfinanzministerium abzugeben. Einige Senate des Kammergerichts weigerten sich[12]); sie hielten die AbgeltungsVO nebst ihren Durchführungsbestimmungen, weil nicht durch Ermächtigungsgesetz gedeckt, für ungesetzlich. Das Ermächtigungsgesetz gestatte zwar ein Abweichen von den Grundrechten der Reichsverfassung, nicht aber die Suspendierung der Grundlagen des Rechtsstaats überhaupt. Der hier geschaffene Präzedenzfall sei ohne Beispiel in der deutschen Rechtsgeschichte. Die Ausführungsbestimmungen gäben zu erkennen, daß die Kommission weder zur Anhörung des Gegners des Fiskus noch überhaupt zur Einhaltung eines geordneten Verfahrens gehalten sein solle. Das bedeute ein Zurückgehen selbst hinter den Rechtszustand in der absoluten Monarchie, in der der Fiskus jedenfalls wegen privatrechtlicher Ansprüche seiner Bürger oder fremder Privatpersonen stets vor den Gerichten sein Recht genommen und deren

---

[9]) VO vom 27.11.1919 (RGBl. 1909).

[10]) Beispiel: die VO über die Ablieferung ausländischer Wertgegenstände, vom 25.8.1923 (RGBl. I, 833).

[11]) Zuletzt (und im folgenden behandelt) durch die AbgeltungsVO vom 24.10.1923 (RGBl. I, 1010).

[12]) So der 10. Zivilsenat (DJZ 1924, 147) und der 17. Zivilsenat.

Entscheidung als verbindlich anerkannt habe[13]). Vergeblich: Andere Senate des Kammergerichts, den formalen Geltungsgrund der Abgeltungs-VO hervorhebend, entschieden entgegengesetzt. Sie fanden die Billigung des Reichsgerichts[14]), das in kunstvoll positivistischer Auslegung des Textes der Reichsverfassung über die Bedenken aus den rechtsstaatlichen Wertvorstellungen des Verfassungsganzen hinwegging. Die Probe auf den Rechtsstaat endete mit einem Unentschieden.

Immerhin war aber doch die Autorität der gesetzgebenden Instanzen und damit die Autorität des Gesetzes selbst schon so weit erschüttert, daß die Gerichte auf einem anderen, ungleich denkwürdigeren Gebiet die Führung im Kampf um eine höhere Gerechtigkeit übernehmen konnten. Es war der Kampf um die Folgen der Markentwertung in den Jahren 1923 bis 1925, ehe die Aufwertungsgesetzgebung eingriff.

Er kann hier nicht in seinen spannungsreichen Einzelheiten geschildert werden. Nachdem zunächst das Teilproblem der Äquivalenz von Geldleistung und Sachleistung aus gegenseitigen Verträgen im Vordergrund stand, entbrannte er später in seiner ganzen Schärfe dort, wo Geldschulden aus einseitig verpflichtendem Rechtsgrund in Frage standen, insbesondere also auf Rückzahlung von Darlehen, und hier wiederum in erster Linie von hypothekarisch gesicherten Darlehen. Die Hypothekenschuldner versuchten mit steigender Inflation zunehmend ihre Hypothekendarlehen in entwertetem Gelde zurückzuzahlen. Die Gläubiger verwahrten sich; sie verweigerten die Erteilung der Quittung und der (zur Löschung der Hypothek im Grundbuch vorgeschriebenen) Löschungsbewilligung. Die Gesetzeslage war einfach genug. Da die Währungsgesetze aus der Zeit vor dem Marktverfall noch in Kraft waren, galt der nominalistische Grundsatz „Mark gleich Mark". Danach hatten die Gläubiger unrecht; sie mußten sich mit den entwerteten Zahlungen begnügen. Die Gerichte konnten nicht helfen. Der Gesetzgeber schwieg, nicht einmal ein Sperrgesetz kam zustande. Im Jahre 1923, als nach der Ruhrbesetzung der Wert der Papierwährung ins Bodenlose sank, wurde das Festhalten am Gesetzesbefehl Mark gleich Mark zur Farce. Der Gesetzgeber beharrte auf

---

[13]) Die Geringschätzung der rechtsprechenden Gewalt äußerte sich bis hinein in Dinge des Stils. So sahen die Ausführungsbestimmungen des Reichsfinanzministers (RAnz. vom 9.11.1923, Nr. 261/1923) wörtlich vor:

> „Nach Abschluß des Verfahrens teilt die Kommission ihre Entscheidung dem für die Aussetzung des Verfahrens zuständigen Gericht ... unter Rückgabe der Akten mit, worauf dieses das Verfahren einstellt."

Ein hoher Richter des Kammergerichts bemerkte hierzu bissig (DJZ 1924, 106 Fußn. 1), die sonst im Zivilprozeß unbekannte „Einstellung des Verfahrens" werde hier gleichsam wie eine allgemeine Übung in einem Nebensatz den Gerichten aufgegeben. Offener konnte die Nonchalance der Ministerialbürokratie gegenüber der Rechtspflege sich in der Tat kaum demaskieren.

[14]) RG 107, 320.

seinem Schweigen[15]). Der Versuch, diesen unheilvollen Ring zu sprengen, mußte gewagt werden. In dramatischer Dichte begann die Entwicklung zu kulminieren. Am 1. 5. 1923 erging ein Urteil des Kammergerichts noch ganz im alten Geist des Nominalismus[16]). Am 2. 5. 1923 erklärte der Reichsjustizminister Dr. Heinze in einer Sitzung des Vorläufigen Reichswirtschaftsrates kategorisch, „eine allgemeine Aufwertung könne nicht ins Auge gefaßt werden". Am 18. 5. 1923 kam die Wende mit einer Entscheidung des Oberlandesgerichts Darmstadt. Sie hatte sich bereits am 29. 3. 1923 angekündigt, als von demselben Senat dieses Oberlandesgerichts in der gleichen Prozeßsache über eine Beschwerde zu befinden gewesen war: der Vormund eines Mündels (Hypothekengläubigers) hatte die entwertete Rückzahlung annehmen und die Löschungsbewilligung erteilen zu müssen geglaubt; das Vormundschaftsgericht hatte, bestimmungsgemäß hierum angegangen, die Genehmigung zur Löschung der Hypothek versagt; die Beschwerde hiergegen war an das Oberlandesgericht gelangt. Darmstadt wies die Beschwerde zurück[17]) und bestätigte nunmehr, am 18. 5. 1923, durch Urteil in der Hauptklagesache[18]) seine Auffassung, daß der Gläubiger das Recht habe, die Rückzahlung einer vor dem Währungsverfall in Goldmark begründeten Hypothek zum entwerteten Nennbetrag abzulehnen. Gestützt war diese Auffassung wesentlich auf den § 242 des Bürgerlichen Gesetzbuches:

> „Der Schuldner ist verpflichtet, die Leistung so zu bewirken, wie Treu und Glauben mit Rücksicht auf die Verkehrssitte es erfordern."

Die Stütze war in Wahrheit keine; jene Bestimmung war von Natur aus, nach Entstehungsgeschichte und Stellung im System des bürgerlichen Rechts, nicht entfernt mit der ihr hier beigelegten Tragweite ausgerüstet. Aber wenn überhaupt eine Vorschrift, dann schien sie oder wenigstens die in ihr zum Ausdruck gekommene Wertvorstellung der Gesamtrechtsordnung es zu erlauben, einer höheren Gerechtigkeit auch gegen das Gesetz — hier: die Währungsgesetze — zum Siege zu verhelfen.

War auf dem Höhepunkt der Inflation das Problem gewesen, die Rückzahlungen von alten Papiermarkschulden mit entwertetem Gelde zu sistieren, so stellte sich nach der Stabilisierung die Frage, ob und wie nun jene Schulden aufzuwerten seien. Sie konnte aus zahlreichen Gründen für Volkswirtschaft und Privatwirtschaft nicht in der Schwebe bleiben. So, wie die Dinge lagen, stand eine gesetzliche Regelung noch in weiter Ferne. In dieser Lage ergriff das Reichsgericht die Führung. Abermals diente der „Fundamentalsatz von Treu und Glauben, zum Ausdruck gekommen in der Vorschrift des § 242 BGB" und nunmehr erkannt als die Forderung einer höherrangigen Rechtsidee, zur Begründung. In seiner epochemachen-

---

15) und doch war bald darauf für die Aufwertung von Steuer- und Gebührenforderungen rasch bei der Hand: durch Verordnungen vom Spätherbst 1923.

16) JW 1923, 693.

17) JW 1923, 459.

18) JW 1923, 522.

den Entscheidung vom 28.11.1923[19]) sprach das Reichsgericht im Grundsatz die Aufwertung der Hypothekenforderungen aus; da ein fester gesetzlicher Aufwertungsmaßstab fehle, sei er aus den Besonderheiten jedes einzelnen Falles nach Treu und Glauben von den Gerichten zu bilden. Das Einmalige an dem Vorgang lag darin, daß das Reichsgericht mit der bloßen Werthaftigkeit einer im bürgerlichen Recht beheimateten Rechtsregel das ganze öffentliche Recht der Währungsgesetze aus den Angeln hob.

Schien der Legalstaat reif zum Abtreten? Es war nahe daran. Kurze Zeit nach jenem Urteil vom 28.11.1923 kam es zu einem Aufstand des richterlichen Gewissens, der eine Machtprobe mit dem Gesetzgeber heraufbeschwor. Die Geschichte hat es zu dieser Machtprobe nicht kommen lassen. Die Gelegenheit, das Tor zu einer freieren und kritischen Stellung gegenüber dem Gesetz aufzustoßen, ging vorüber.

Um die Jahreswende 1923/24 verdichteten sich die Absichten der Reichsregierung, die Aufwertung, nachdem sie durch die Rechtsprechung des Reichsgerichts in Fluß geraten war, auf Grund geltenden Ermächtigungsgesetzes im Verordnungswege zu verbieten. Dies nahm der Richterverein am Reichsgericht zum Anlaß, in einer Entschließung vom 8.1.1924 die Reichsregierung vor einem solchen Schritt nachdrücklichen Ernstes zu warnen. Die Entschließung wurde der Öffentlichkeit übergeben[20]). Sie wies darauf hin, daß das Reichsgericht nach reiflicher Erwägung des Für und Wider die Aufwertung unter das herrschende Gebot von Treu und Glauben gestellt habe, ein Gebot, welches allein die Folgen der Geldentwertung auf Gläubiger und Schuldner angemessen zu verteilen gestatte. Ein ferneres Festhalten an dem Grundsatz Mark gleich Mark würde demgegenüber zu einem Höchstmaß des Unrechts führen, „unerträglich für einen Rechtsstaat". Keine Rechtsordnung, die diesen Namen verdiene, könne ohne jenen Grundsatz von Treu und Glauben bestehen. Das höchste Gericht des Reiches glaube von der Reichsregierung erwarten zu dürfen, daß die von ihm entwickelten Grundbegriffe der Aufwertung nicht durch einen Machtspruch (!) des Gesetzgebers umgestoßen würden. Am wenigsten dürfe etwas Derartiges unter dem Druck starker eigensüchtiger Kräfte geschehen, die dem Vernehmen nach Einfluß auf das Vorgehen der Reichsregierung zu nehmen suchten.

Die Entschließung hat sich nicht gescheut, anzukündigen, daß die Richterschaft des Reichsgerichts einem Gesetz, das die vorstehenden Grundsätze verletzen würde, den Gehorsam werde verweigern müssen. Sie ist ein frühes Aufleuchten des Willens zum Widerstand gegen eine ungerechte

19) RG 107, 85.
20) Sie ist abgedruckt in JW 1924, 90.

Obrigkeit, auch wo sie nicht ausdrücklich mit diesem Gedanken arbeitet. Der Schritt des Richtervereins am Reichsgericht hatte immerhin den Erfolg, daß die Reichsregierung ihren Plan, die Aufwertung ganz zu verbieten, fallen ließ. Statt dessen verfügte sie in der 3. Steuer-Notverordnung vom 14.2.1924 eine Hypothekenaufwertung von 15 %. Dieser Aufwertungssatz war immer noch gläubigerfeindlich genug — erst das spätere Aufwertungsgesetz hat ihn auf 25 % aufgebessert — und blieb in der Masse der Fälle wohl auch hinter einer Individualaufwertung, wie sie nach Treu und Glauben entsprechend dem Urteil vom 28.11.1923 vorzunehmen gewesen wäre, zurück. Doch war nicht zu verkennen, daß der Gesetzgeber sich zu einer solchen wenngleich schematischen Lösung entschließen mußte, wollte er dem Volksganzen eine uferlose Flut von Prozessen um eine individuelle Aufwertung in jedem einzelnen Falle ersparen. Das Reichsgericht hat daher die 3. Steuer-Notverordnung, mancherlei Anfeindungen zum Trotz und auch gegenüber kritischen Urteilen der Untergerichte, für rechtsgültig erklärt[21]). Die Gültigkeit des Aufwertungsgesetzes von 1925 war ernsthaft schon nicht mehr im Zweifel. Der Kampf wurde im wesentlichen auf der Linie des Gesetzes eingestellt.

6.

Bei der Gesetzesunterworfenheit des Richters ist es denn auch geblieben. Selbst für die Aufwertungsrechtsprechung der Jahre 1923 bis 1925 beruhigte man sich schließlich mit der Feststellung, daß sie ja über § 242 BGB „auf dem Boden des Gesetzes" geblieben sei. Von Juli 1930 ab wurde immer häufiger, schließlich nur noch mit dem Diktaturparagraphen des Art. 48 WRV regiert. Das Reichsgericht hielt sich nicht für befugt, nachzuprüfen, ob bei dieser vereinfachten Form einer Präsidial-, richtiger: Ministerialgesetzgebung wirklich der durch Art. 48 vorgeschriebene Rahmen der „zur Wiederherstellung der öffentlichen Sicherheit und Ordnung benötigten Maßnahmen" eingehalten war. Ihm genügte das autoritative Bezeugen dieses Notrechts in der jeweiligen Notverordnung. Abermals erhob sich in einer dieser Notverordnungen[22]) das Gespenst der Sondergerichte; die Regierungen v. Papen und Schleicher ließen sie von August bis Dezember 1932 für bestimmte politische Straftaten in bestimmten Teilen des Reiches amtieren — die Ermächtigung galt noch, als Hitler sie sich zunutze machte.

Der Rechtsstaat im demokratischen Gesetzesstaat war am Abbröckeln. Noch einmal, in seiner Agonie, wurde die Unfruchtbarkeit grell sichtbar,

---

[21]) RGZ 111, 320.

[22]) vom 9.8.1932 (RGBl. I, 404).

zu der eine dem Gesetz schlechthin unterworfene Rechtsprechung sich selbst verurteilt hatte.

Es ging um den Konflikt zwischen dem Reich und Preußen vor dem Staatsgerichtshof, vom Herbst 1932. Die Reichsregierung v. Papen hatte am 20. 7. 1932 auf Grund Ermächtigung nach Art. 48 WRV die sozialdemokratisch geführte preußische Regierung Braun abgesetzt und an ihre Stelle eine kommissarische Verwaltung durch Beauftragte des Reichs treten lassen. Die abgesetzte preußische Regierung (und einige andere Beteiligte) riefen hiergegen den Staatsgerichtshof für das Deutsche Reich an. Das Verfahren endete mit einem Urteil vom 25. 10. 1932. Hierin bestätigte der Staatsgerichtshof die Kommissariatsregierung, beließ aber der abgesetzten Regierung Braun einige genau umgrenzte „Hoheitsrechte". Sie bestanden in der Vertretung gegenüber der Reichsregierung und dem Reichsrat, gegenüber dem Reichstag, dem Landtag, anderen Ländern sowie gegenüber dem Reich überhaupt. Die Unentziehbarkeit dieser Hoheitsrechte wurde aus einzelnen Bestimmungen der Reichsverfassung hergeleitet, die Einsetzung der Kommissariatsregierung andererseits aus Art. 48 Abs. 2 WRV für gerechtfertigt erklärt. Das Urteil erwies sich in seiner Subtilität alsbald als unvollziehbar. Zwischen der „Hoheitsregierung" Braun und der Kommissariatsregierung entwickelte sich ein Notenkrieg um Amtszimmer und Akteneinsicht, um Gestellung von Hilfskräften und Unterlagen. Es wurde zweifelhaft, ob nicht die Gesetzesvorlagen der Kommissariatsregierung, insbesondere deren Etat, durch die Hoheitsregierung Braun im Landtage eingebracht werden müßten. Noch grotesker wirkte die Vorstellung, die Hoheitsregierung Braun müsse vor dem Landtag zu einzelnen Maßnahmen der Kommissariatsregierung auf Anfrage Stellung nehmen, etwa gar diese Maßnahmen im Landtage vertreten. Nach Art. 33 Abs. 2 WRV waren die Länder berechtigt, zu den Sitzungen des Reichstages und seiner Ausschüsse Bevollmächtigte zu entsenden, um durch sie den Standpunkt ihrer Regierung zum Gegenstand der Verhandlung darlegen lassen zu können: sollte auch hier die Hoheitsregierung Braun oder die Kommissariatsregierung „ihren" Standpunkt darlegen dürfen?

Der rasche Ablauf der Ereignisse bis hin zum 30. 1. 1933 hat die meisten dieser Befürchtungen nicht mehr aktuell werden lassen. Aber es ist kaum vorstellbar, zu welch unlösbaren Konflikten die Entscheidung des Staatsgerichtshofes, so juristisch einwandfrei sie in positiv-rechtlicher Interpretation der Verfassung begründet war, hätte führen müssen. In tiefer Sorge kommentierte ein rechtsstehender preußischer Politiker[23]) das Urteil dahin, ein Spruch könne als Richterspruch unangreifbar sein, dennoch aber als Rechtsspruch versagen. Der Spruch des Staatsgerichtshofs sei eine bedenkliche Halbheit; denn er habe seine Aufgabe verfehlt, eine tragbare Ordnung für das Gemeinschaftsleben zu schaffen.

[23]) der ehemalige Regierungspräsident v. Campe-Hildesheim (DJZ 1932, 1386).

Der deutsche Richter hatte ungeachtet mancher verheißungsvollen Anläufe schließlich doch nicht die Kraft gefunden, sich von der Unterworfenheit unter das formale Gesetz frei zu machen. Die Zeichen der Zeit hätten ihn drängen müssen. Er blieb in seiner ihm anerzogenen Auffassung, ein Gesetz gelte schlechthin und kraft Befehls des Gesetzgebers, stehen. In dieser Wehrlosigkeit traf ihn die Diabolie des gesetzesförmigen, des in aller Form gesetzten Unrechts.

3. Kapitel

Rechtsstaat gegen Unrechtsstaat

1.

Das Verhältnis der totalitären Diktatur zum Recht ist die Perversion des Rechts. Sie pervertiert das Recht im Medium des Gesetzes, ja, durch Überhöhung des Gesetzes, die zugleich dessen höhnende Erniedrigung verkündet: „Gesetz ist Gesetz" auf die gleiche Stufe gestellt mit „Befehl ist Befehl". Sie stellt sich nicht unter das Gesetz, sondern macht das Gesetz ihrem eigenen Wesen gemein. In solchem Sinne[1]) strebt sie „legal" zu herrschen, um legitim zu scheinen.

Die Legalität ist im Rechtstechnischen nicht einmal vorgetäuscht. Auch der totalitäre Machtapparat, und gerade er, braucht ein straffes Ordnungsgefüge von allgemeinverbindlichen Normen, ohne die eine zentrale Lenkung sich nicht handhaben läßt. Legalität erreicht in ihm geradezu ein Höchstmaß an Egalität. Egalität aber braucht er, um am Leben zu bleiben. Denn er lebt (sofern er nicht vom Ausland gestützt wird) von der Tolerierung durch die Masse der Unterworfenen. Jener Tolerierung, die den potentiellen Widerstand in Schach halten hilft — jeder Arbeitssaal in einer Gefangenenanstalt demonstriert diese Art Disziplin. So passiv die Tolerierung, so unkräftig bleibt wiederum die Legalität. Sie muß, will sie zum wenigsten etwas wie Optik wahren, um jeden Preis an eine wirkliche oder vorgebliche Legitimität angeschlossen sein. Es ist ein Akt perverser Kuppelei — Legitimität ist sittlicher Auftrag zur Macht und totalitärer Menschenverachtung weltenfern —, aber er sieht sich als das Entscheidende. Alle weitere Wirksamkeit der Diktatur wird von ihm „abgeleitet". Was beibehalten wird, ist eine Rechtsfassade, hinter der die zum Selbstzweck erhobene Gewalt ihren Zielen zustrebt.

---

[1]) Fritz v. Hippel hat das in seiner eingehenden Untersuchung „Die Perversion von Rechtsordnungen" (siehe Literaturverzeichnis) nachgewiesen. Die Terminologie Legalität : Legitimität war 1932 von Carl Schmitt in die verfassungsrechtliche Diskussion eingeführt worden.

2.

Die Legitimität, die der moderne Diktator auf den Thron hebt, ist die volonté générale. Bei Rousseau hat sie noch eine gewisse sittliche Substanz. Seine demagogischen Nachfahren unterschoben ihr den Wechselbalg des Massenwillens. Der Massenwille ist ein geistverneinendes Prinzip, real dargestellt eine Scheinautorität, die für totalitäre Denkart den wichtigsten Vorzug hat, nach Belieben manipulierbar zu sein.

Hier hat auch Hitler angesetzt. Die Weimarer Reichsverfassung kam ihm in dem Hauptpunkt ihres 1. Artikels: „Die Staatsgewalt geht vom Volke aus" für seine Zwecke entgegen. Er hat sie nie förmlich aufgehoben. Als einziges Verfassungsorgan hat er den Reichstag beibehalten, ihn zu einer Claque erniedrigt, dafür aber das plebiszitäre Element der Verfassung — Volksbegehren und Volksentscheid — durch „Volksbefragungen" bis in den routinierten Unsinn übersteigert, um sich auf diesem Wege immer wieder bestätigen zu lassen. Wie brüchig er selbst solche Art von Legitimierung empfand, zeigt, daß er bei jeder Gelegenheit den Willen der „Vorsehung" für sich zum Zeugen anrief.

Um so mehr und nicht zuletzt für die internationale Plattform hatte er eine Legalität nötig, die sich jedenfalls formal auf die Reichsverfassung zurückführen lassen konnte. An dem äußerlich ordnungsmäßigen Akt seiner Ernennung zum Reichskanzler war nicht zu zweifeln. Der letzte frei gewählte Reichstag vom März 1933 brachte seiner Koalitionsregierung aus Nationalsozialisten und Deutschnationalen eine ganz knappe Mehrheit. Sie hing an wenigen Mandaten. Mit ihr konnte er auf die Dauer nicht regieren, geschweige denn die Verfassung ändern. So griff er auf das schon in den Jahren zuvor erprobte Mittel des Ermächtigungsgesetzes zurück; und er machte ganze Arbeit, indem er sich zugleich zum Abgehen von der Verfassung nach seinem Gutdünken ermächtigen ließ. Gesetze, auch verfassungsändernde, wurden danach hinfort von der Reichsregierung erlassen. Nur die Einrichtung des Reichstags und des Reichsrats und die Rechte des Reichspräsidenten sollten unberührt bleiben.

Selbst dafür gab es aus den Jahren nach 1920 noch gewisse Vorbilder. Aber in Zustandekommen und Durchführung war das Ermächtigungsgesetz „zur Behebung der Not von Volk und Reich", vom 24. 3. 1933, dennoch ein kaum verhüllter Staatsstreich. Die Befugnis zum Abgehen von der Verfassung konnte nach damaliger Verfassungsrechtspraxis erteilt werden, sobald das Gesetz selbst mit verfassungsändernder Mehrheit beschlossen wurde. Um sie bei der Abstimmung zu erzielen, wurde die 81 Köpfe starke Fraktion der KPD rechtzeitig durch Verhaftungen ausgeschaltet. Die Ermächtigung war ferner gebunden an die Reichsregierung, der sie erteilt worden war; sie sollte außer Kraft treten, „wenn diese durch eine andere abgelöst werden würde". Auch hier existierte ein Präzedenzfall. Das Ermächtigungsgesetz für das 2. Kabinett Stresemann, vom 13. 10. 1923, war in ähnlicher Weise gebunden „an die derzeitige Reichsregierung in ihrer parteipolitischen Zusammensetzung". Als damals (am 22. 11. 1923) die sozialdemokratischen Minister aus dem Kabinett ausschieden, hatte man nicht gezögert, den Erlöschensfall als gegeben anzusehen. Dieses Mal trat durch das Ausscheiden der deutschnationalen Minister aus dem Kabinett Hitler im Juni 1933 eine gleiche Lage ein. Hitler dachte nicht daran, seine Ermächtigung damit als erloschen zu betrachten. Er hatte die Formel von der „Ablösung durch eine andere Regierung" bewußt so unklar belassen, um jetzt erklären zu können, die Identität der Regierung aus dem Geiste der nationalen Erhebung sei in seiner Person verkörpert. Ernsthafter Widerspruch blieb vereinzelt.

Rund ein Jahr später waren auch die letzten sachlichen Vorbehalte des Ermächtigungsgesetzes geschwunden. Schon im Frühsommer 1933 hatten die politischen Parteien sich selbst aufgelöst. Der daraufhin im Herbst 1933 neu gewählte Reichstag bestand nur noch aus Ja-Sagern. Er beschloß Anfang 1934 „einstimmig" die Abschaffung des Reichsrates und damit der föderalen Struktur des Reiches[2]). Nach Hindenburgs Tod im August 1934 wurde das Amt des Reichspräsidenten auf dem gleichen Wege eingezogen. Das Ermächtigungsgesetz selbst lief im Jahre 1937 ab. Noch einmal machte man sich die makabre Mühe, es wenigstens formell durch den ad hoc einberufenen Reichstag auf weitere vier Jahre verlängern zu lassen. 1941, auf dem Höhepunkt der Blitzkriege, hatte Hitler nicht einmal das mehr nötig. Das Unterlassene holte er im Jahre 1943 nach: er verfügte durch höchstpersönlichen Erlaß die Fortgeltung des Ermächtigungsgesetzes auf unbestimmte Zeit. Und doch hatte dieses Gesetz einstmals, mit der letzten noch rechtsstaatlichen Kautel seiner Befristung, gegen eine Minderheit von immerhin 94 Stimmen bei 31 Stimmenthaltungen beschlossen werden müssen.

Auf der zum Zerreißen dünnen Legalität jenes einen Ermächtigungsaktes von 1933 beruhte alles, was die Ermächtigten in unbeschränkter Machtvollkommenheit[3]) an Gesetzen und Verordnungen während der folgenden zwölf Jahre dekretiert haben.

---

[2]) Ein Einheitsstaat läßt sich leichter gleichschalten — das war hier freilich schon geschehen —, aber auch leichter gleichgeschaltet regieren als ein Bundesstaat. Die Länder wurden fortan zu bloßen Verwaltungsstellen des Reichs; ihre Ersetzung durch die geplanten Reichsgaue wurde vorbereitet.

[3]) Denn die Ermächtigung wurde später weiter übertragen: an den Beauftragten für den Vierjahresplan, an den Vorsitzenden des Ministerrats für die Reichsverteidigung, bis schließlich Hitler selbst sich seit Kriegsbeginn zum obersten Gesetzgeber aufwarf.

3.

Die Kenntnis des Ermächtigungsgesetzes ist notwendig, um zu verstehen, daß und warum die deutsche Juristenschaft das Gesetzgebungs- und Verordnungswerk des Dritten Reiches als gültig hinnahm. Seit leidvollen 20 Jahren war ihr die Ermächtigunsgpraxis geläufig. Das ausgehende Kaiserreich und die Weimarer Republik hatten sie gegen diese Vermischung von Legislative und Exekutive abgestumpft. Ihre unverrückbar positivistische Schulung hinderte sie, eine höhere Instanz als den Verfassungsgesetzgeber — wie sie ihn sah: als den Willen einer verfassungsändernden Mehrheit der Volksvertretung — anzuerkennen. Noch in der letzten, 1933 erschienenen Auflage seines Kommentars zur Reichsverfassung hatte der Altmeister der deutschen Staatsrechtswissenschaft, Gerhard Anschütz, ein leidenschaftlicher Verfechter des demokratischen Reichsgedankens, erklärt: „Was, ohne Abweichung von den verfassungsmäßigen Publikationsvorschriften, im Gesetzblatt steht, ist Gesetz, für Jedermann und auch für den Richter."

Eine Lehre vom übergesetzlichen Recht, die dem hätte entgegentreten können, gab es in Deutschland praktisch nicht. Wo allerdings Maßnahmen durchgeführt werden sollten, deren sittliche Verworfenheit mit schlechthin keinem Gesetz und keiner Rechtsverordnung bemäntelt werden konnte, da verkroch auch der Diktator sich in den Schutz von Geheimbefehlen. Was irgend man dagegen der deutschen Öffentlichkeit an Gewalt- und Unterdrückungsmaßnahmen zumuten zu können glaubte, das umgab man geflissentlich mit dem Gewande gesetzlicher Einkleidung. Die Konzentrationslager wurden als eine Einrichtung der Schutzhaft ausgegeben. Schutzhaft war dem überlieferten Recht in der Tat nicht unbekannt; sie war polizeilich zulässig zum Schutze der eigenen Person; also gab man vor, den Konzentrationslagerhäftling vor der Wut der Volksmenge „schützen" zu müssen. Politische Morde und sonstige Exzesse „im Kampf um die nationale Erhebung" oder „im Übereifer des Kampfes für den nationalsozialistischen Gedanken" blieben unverfolgt; sie wurden später durch eine Kette von Gesetzen amnestiert. Die Morde aus Anlaß der Röhmaffäre erklärte ein eigens zu diesem Zweck erlassenes Gesetz „als Maßnahmen der Staatsnotwehr für rechtens". Emigrierten Personen wurde das zurückgelassene Vermögen durch das Mittel der sogenannten Reichsfluchtsteuer auf kaltem Wege konfisziert. Werke der „entarteten Kunst", wenn öffentlich gezeit, verfielen einer gesetzlich verordneten entschädigungslosen Einziehung. Die Beispiele ließen sich beliebig vermehren. Was vollends an Erpressungen aus politischen Motiven, aber unter dem Deckmantel der Gesetzlichkeit geschah, entzieht sich jeder Darstellung.

Nicht als ob alle Gesetze des Dritten Reichs Unrecht gewesen wären. Auf politisch neutralen Gebieten konnte immer noch sachliche Arbeit geleistet werden. Nicht wenige Gesetzgebungsvorhaben waren in der Zeit vor 1933 herangereift und konnten jetzt im vereinfachten Verfahren zum Abschluß gebracht werden; andere wie zum Beispiel die im Kern noch heute geltende Regelung des Straßenverkehrs waren rein technischer Art. Das Dritte Reich war auch darin doppelgleisig, ein Staat mit doppeltem Rechtsboden wie alles totalitäre Unrechtssystem. Es wahrte den Schein der Gesetzlichkeit, erließ auch Gesetze mit rechtsethisch nicht zu beanstandendem Gehalt, um hinter einer solchen Kulisse um so besser getarnt dem Unrecht seinen Lauf zu lassen. Es war, in der Terminologie von Ernst Fraenkel, ein normative state und ein prerogative state, ein Staat der Gesetzlichkeit, zugleich aber ein Staat der Prärogative des Politischen über die Gesetzlichkeit.

Vielleicht wird dies nirgends so deutlich wie dort, wo die Doppelgleisigkeit den Staatsapparat am Ende paralysiert hat: in der Verwaltung. Dem staatlichen Landrat setzte Hitler den Kreisleiter entgegen, dem Bürgermeister den Ortsgruppenleiter, dem Oberpräsidenten den Gauleiter, dem Fachministerium die Reichsfachgruppe der Partei, der Reichskanzlei die Parteikanzlei, der Verwaltung im ganzen die zahlreichen „Sonderbeauftragten des Führers". Stets redete die politische Instanz der staatlichen hinein — denn die Partei „befahl ja dem Staat" —, kontrollierend, bespitzelnd, mit steigender Dauer des Krieges auch steigend mit Befehlsbefugnissen ausgestattet. Der Wirrwarr machte eine verantwortliche Führung der Verwaltungs- und Regierungsgeschäfte schließlich unmöglich. Auch die „totale" Verbrechensbekämpfung geschah doppelgleisig, durch Strafhaft und Konzentrationslager[4]). Gelegentlich wurde die Schizophrenie so offenbar wie im Spanienkonflikt 1938, als die Reichsregierung ein Gesetz „zur Verhinderung der Teilnahme am spanischen Bürgerkrieg" publizierte — zu einem Zeitpunkt, als jedermann wußte, daß Hitler bereits die Legion Condor auf Seiten Francos kämpfen ließ.

Mehr und mehr wuchs der untere der beiden doppelten Böden, der des Unrechts und der Prärogative des Politischen, durch den oberen der Gesetzlichkeit hindurch; der Unrechtsgehalt der pervertierten Rechtsordnung wurde immer stärker sichtbar. Auch das entsprach dem Entwicklungsgesetz einer jeden totalitären Diktatur. Was das Dritte Reich auszeichnet, war die diabolische Taktik, diese Dinge in schleichender Form sich steigern zu lassen, um das öffentliche Rechtsgewissen allmählich abzunutzen. Jedesmal übertraf das Schrecklichere das Schreckliche, aber niemals erfüllte es das ganze Ausmaß der Befürchtungen, so daß weite Teile der Bevölkerung

[4]) Das muß man sich vor Augen halten, wenn dem Dritten Reich manchmal nachgerühmt wird, es habe die schwere Kriminalität wirksamer bekämpft als die Gegenwart.

von Mal zu Mal mehr geneigt waren, das Geschehene hinzunehmen, weil es „ja noch schlimmer hätte kommen können“.

Man kann dies am Gang der Ausnahmegesetze gegen die Juden ablesen, ebenso wie an der Entwicklung der Todesstrafe. Für die Judenverfolgung sah das so aus: Ausschaltung aus dem Geistesleben (1933) — biologische Abschnürung (Nürnberger Gesetze, 1935) — Auschaltung aus der freien Wirtschaft (Kristallnacht 1938, Sühnegesetze) — Beginn des Ghetto (1939: Gesetz über Mietverhältnisse von Juden) — Versklavung am Arbeitsplatz (1940: Verordnung über die Beschäftigung von Juden) — Entrechtung im Strafrecht und Strafvollzug (1941/42: Polen-Strafrechtsverordnung, die auch für die Juden galt). Das Abbrechen der Reihe mündete in die „Endlösung“, die mit dem geheimen Erlaß vom 1. 9. 1941 ihren Anfang nahm. Was die Todesstrafe anlangt, so beginnt die Reihe mit ihrer Androhung bei schwersten gemeingefährlichen Verbrechen durch die „Reichstagsbrand“-Verordnung vom 28. 2. 1933. Sie setzte sich fort (im folgenden seien nur die sinnfälligsten Zwischenstationen genannt) über die Todesstrafendrohung gegen sogenannte Wirtschaftssabotage (1936), gegen das Verbreiten von Nachrichten ausländischer Sender (1939), gegen das Entwenden oder Beiseiteschaffen von Gegenständen aus der „Metallsammlung des deutschen Volkes“ (1940), gegen die gewerbsmäßige Abtreibung (1943) und endete 1944 mit der Todesstrafe bei reinen Fahrlässigkeitstaten, nämlich bei fahrlässiger Gefährdung der Kriegsführung, insbesondere bei fahrlässigem Zuwiderhandeln gegen Anordnungen des totalen Kriegseinsatzes. Die letzte Todesstrafe im Dritten Reich[5]) wurde angedroht gegen den, der bei der sogenannten Auskämmaktion zur Erfassung von K.v.-Soldaten im Heimatkriegsgebiet unrichtig Auskunft gab. Sie ging unter im Bombenelend des Zusammenbruchs.

4.

Nur ein Ausschnitt aus dem bisherigen Bilde ist die Zertrümmerung der besonderen Einrichtungen des Rechtsstaates, die Hitler sich vornehmlich angelegen sein ließ. Es begann damit, daß durch die Lex Lubbe vom 29. 3. 1933 die Verordnung vom 28. 2. 1933, welche nach dem Reichstagsbrand die Todesstrafe für schwerste Fälle von Brandstiftung androhte, rückwirkend auch auf die Brandstiftung des Reichstags selbst für anwendbar erklärt wurde. Auf Grund des zur Zeit der Tat geltenden Gesetzes hätte van der Lubbe äußerstenfalls mit lebenslangem Zuchthaus (§ 307 Ziff. 2 StGB) bestraft werden können. Allein dies aber entspricht dem Rechtsstaat, daß ein Täter nach dem Gesetz bestraft wird, dessen Strafdrohung er vor Augen haben kann. Ein preußisches Gesetz aus dem Jahre 1936 schloß die verwaltungsgerichtliche Kontrolle gegenüber Akten der Geheimen Staatspolizei aus. Im Jahre 1937 fiel die Einrichtung des Prä-

[5]) in einer Verordnung vom 26. 1. 1945 (RGBl. I, 20).

sidiums bei den Gerichten (dessen Befugnisse auf den Präsidenten als weisungsgebundenes Organ der Justizverwaltung übergingen) und damit die Gewähr des gesetzlichen Richters[6]); seit Kriegsbeginn konnten vollends die Richter nach Belieben der Justizverwaltung jederzeit wegversetzt oder anderweit im öffentlichen Dienst verwendet werden. Politische Materien wurden zunehmend den ordentlichen Gerichten entzogen[7]). Zahlreich wurden die Fälle, in denen das Gesetz die Entziehung von Vermögensrechten aus politischen Gründen verfügte mit dem stereotypen Zusatz, daß eine Entschädigung aus Reichsmitteln nicht gewährt werde. Im Strafverfahren wurden die rechtsstaatlichen Sicherungen des Angeklagten wie gerichtliche Voruntersuchung, Entscheidung über die Eröffnung des Hauptverfahrens[8]), Anspruch auf Erhebung von Entlastungsbeweisen, Verbot der Schlechterstellung nach Einlegung eines Rechtsmittels nach und nach abgebaut. Ein neuer Verhaftungsgrund, der der Erregung der Öffentlichkeit, wurde eingeführt. Die Bestrafung sollte, wenn das vorhandene Strafgesetz nicht ausreichte, aus dem bloßen Grundgedanken einer dem „gesunden Volksempfinden" hierzu geeignet erscheinenden anderen Strafnorm erfolgen. Der Angeklagte, der nach erstrittenem Freispruch aus der Untersuchungshaft entlassen worden war, konnte in politischen Sachen gewärtig sein, am Tor des Gerichtsgebäudes von der Gestapo in Haft genommen und in ein Konzentrationslager verbracht zu werden. In die Konzentrationslager hineinzuwirken war die ordentliche Gerichtsbarkeit schon rein tatsächlich gehindert: gegen Versuche der eigenen SS-Gerichtsbarkeit, dem System der Greuel von Mitte 1943 ab nachzugehen, wurden die Lagerkommandanturen von hoher Stelle erfolgreich abgeschirmt[9]).

5.

Hitler war für seine Person der abgrundtiefe Verächter jeden Rechts. Die Formel „Recht ist, was dem Volke nützt" verbarg seinen Nihilismus hinter einem pseudomoralischen Schlagwort. Wie seine Einstellung zum

---

6) Unten Seite 90 ff.

7) So die Hoch- und Landesverratssachen dem Reichsgericht zugunsten des neugebildeten Volksgerichtshofes — ein bewußter Schlag gegen die Autorität des Reichsgerichts, das mit dem Freispruch gegen Torgler, Dimitroff, Popoff, Taneff im Reichstagsbrandprozeß die Erwartungen Hitlers enttäuscht hatte —, die Rechtsstreitigkeiten aus Anlaß des Kirchenkampfes zugunsten der ministeriellen „Beschlußstelle für Rechtsangelegenheiten der Evangelischen Kirche", die Ansprüche aus Übergriffen von Parteifunktionären zugunsten eines unrühmlichst bekannten verwaltungsförmigen Abgeltungsverfahrens.

8) Unten Seite 187.

9) Aussagen der SS-Richter Dr. Reinecke und Dr. Morgen im Nürnberger Hauptkriegsverbrecher-Prozeß (Protokolle Bd. XX S. 477 ff., 531 ff.).

Recht, so war auch seine Einstellung zu den Juristen. Aus seinen Kundgebungen ist das Wort überliefert, er werde nicht eher ruhen, bis jeder Deutsche einsehe, daß es eine Schande sei, Jurist zu sein. Das Gewissen nannte er eine jüdische Erfindung. Sein ganzer Haß galt dem Richterstande. Menschen und noch dazu Staatsdiener, die dem über der Macht stehenden Recht und ihrem Gewissen verantwortlich waren, konnte er nicht anders denn als geborene Widersacher ansehen. Fast mehr noch mußte es ihn reizen, daß er an einen solchen Widersacher nicht „herankam“, weil dessen Position seinem Verständnis unzugänglich war. Gesteuerte Angriffe gegen die Justiz im „Schwarzen Korps“, dem Organ der SS, setzten früh genug ein. Sie waren derart infam, daß nicht einmal das Reichsjustizministerium dazu schweigen konnte; es sah sich zu einer Richtigstellung veranlaßt. Die öffentliche Hetze schlief zunächst wieder ein. Später brach sie um so verstärkter los, diesmal aus Hitler in Person, als er sich auf dem Gipfel seiner Macht glaubte. In einer Reichstagsrede vom 26.4.1942 überstürzte er sich in maßlosen Angriffen. Er beschimpfte den Richterstand der förmlichen Sabotage durch milde Urteile und selbstheiliges Einsetzen für ein formales Recht. Seine Empörung war zweckbestimmt. Er forderte und erhielt vom Reichstag die Ermächtigung, daß jeder mißliebige Richter hinfort ohne jedes Verfahren aus dem Amt gejagt werden dürfe — an der Schimpflichkeit einer solchen Maßnahme ließ die Resolution keinen Zweifel.

War die Richterschaft so, wie Hitler sie sah?

Der deutsche Richter hat in seiner Überzahl das Unrecht, wie es sich in der Form des Gesetzes breit machte, sehr bald und untrüglich gesehen. Es wurde klar, daß der Dienst an der Gerechtigkeit je länger an Würde verlor, je mehr die unteilbare Gerechtigkeit dahinschwand, seit Verfahren mit politischem Einschlag den Gerichten vorenthalten wurden. Einige Richter haben nach 1934 den Treueid auf Hitler verweigert. Sie wurden ohne Aufheben entlassen. Der totalitäre Staat duldet keine Märtyrer, er schweigt sie tot. Die übrigen blieben. Wirtschaftlicher Druck — das Dritte Reich stellte den Faktor des Verlustes der mittelständischen Vermögen durch Krieg und Inflation bewußt in seine Rechnung ein —, überkommene Treue zum Amt, in steigendem Maße auch die Erkenntnis, daß ein Räumen der Stellung nur den allzu Willfährigen den Platz frei machen würde, haben die Richterschaft weiter amtieren lassen. Eine junge Generation, die die Weimarer Republik allein noch im Endstadium ihrer Zersetzung kennengelernt hatte, rückte heran. Bei ihr, die zudem seit 1933 vom geistigen Austausch mit dem Auslande so gut wie abgeschnitten war, konnte man einen Abstand von der Gegenwart immer weniger erwarten.

Wollte die Richterschaft, in dem ihr verbliebenen Rahmen, den Kampf gegen die sichtbare Entartung des Gesetzes aufnehmen, so hatte eine solche

Position gleichviele Stärken und Schwächen. Die Stärke war eben jene Legalität Hitlers, die ihn mindestens zunächst daran hinderte, das Gerichtswesen zum Befehlsapparat im Sinne des Führerprinzips umzubauen. Kollegialverfassung, Abstimmungsprinzip und Beratungsgeheimnis blieben unangetastet. Eingriffe in schwebende Verfahren wurden zwar gelegentlich versucht, doch stets wieder zurückgepfiffen, wenn ein energischer Vorsitzender sich zur Wehr setzte. Rechtskräftige Urteile erhielten ihren wenigstens formalen Respekt; wollten politische Instanzen sie unwirksam machen, so mußten sie Wege des Unrechts gehen, die sich denn doch nicht immer als gangbar erwiesen[10]). Auf der anderen Seite lag die Schwäche für die Richterschaft in ihrer Erziehung zum Gesetzespositivismus. Er hinderte sie, einem Unrechtsgesetz schlechtweg den Gehorsam zu versagen. Hinzu kam, daß das neue Gesetz mit Vorliebe den Gemeinplatz des „gesunden Volksempfindens" verwandte und damit einen Hohlraum schuf, den mit sachlichem Gehalt zu erfüllen die Staatsführung nach ihren völkischen Zielen berufen schien.

Richterliche Entschlossenheit, in solcher Lage dem gesetzlichen Unrecht zu wehren, konnte nur noch unter dem Schein des Gehorsams das Gesetz auf Schleichwegen zu umgehen suchen.

Welche Gewissenslast dem zur Treue gegenüber dem Gesetz Erzogenen damit aufgebürdet war, bedarf keiner Worte. Zahlreiche Richter haben sie auf sich genommen. Im Brennpunkt dieses Partisanenkampfes um das Recht stand der Strafrichter. Die Strafjustiz ist einem jeden totalitären Staat besonders wichtig, da der politische Gegner sich durch sie am „legalsten" erledigen läßt; die Perversion des Rechtssystems zeigte sich hier eben darin, daß sie den Gesinnungs- und Überzeugungstäter wegen seiner Gesinnung schärfer bestrafte als jeden kriminellen. Die Schärfe abzubiegen boten sich manche Wege. Der Richter konnte die Ladung zur Vernehmung in einer Weise anberaumen, daß dem Gefährdeten die Möglichkeit der Flucht nahegelegt war. Er konnte ihn in Untersuchungshaft nehmen, auch wenn diese gesetzlich kaum zu begründen war, um ihn dem Zugriff der Gestapo zu entziehen. Er konnte — obwohl ein Freispruch geboten war, und nicht selten nach Absprache mit dem Verteidiger — auf eine mäßige Freiheitsstrafe erkennen, weil dem Angeklagten sonst das sichere Konzentrationslager bevorstand: in den Haftanstalten der Justizverwaltung ging es noch leidlich geordnet zu, und der Angeklagte verschwand für eine Zeitlang aus dem Blickfeld der politischen Gewalten. Derartige Urteile waren oft nur zu halten, wenn sie in der Begründung sich besonders linientreu gaben. War der Angeklagte durch die Gestapo nicht gefährdet,

---

[10]) Parteigewaltigen, die mit ihren Scheidungsklagen abgewiesen worden waren, blieb nichts übrig, als die gesetzliche Einführung der Vielweiberei zu fordern. Das Ungeheuerliche wurde im Ernst erörtert. Es scheiterte schon an Widerständen im Reichsjustizministerium.

so konnte der Richter versuchen, ihn mangels Beweises freizusprechen. Freisprüche, die auf die Nichterweislichkeit der reinen Tatsachen der Anklage gegründet waren, hatten einige Aussicht, von der Staats- und Parteiführung akzeptiert zu werden. Blieb nur der Weg der Verurteilung, dann half gelegentlich das Zurückhalten der Akten, um die Vollstreckung hinauszuzögern und abermals Gelegenheit zur Flucht zu geben. Auf höherer Ebene führte das Reichsgericht den Kampf um eine zurückhaltende Auslegung der neuen Vorschriften. Die Bestrafung nach gesundem Volksempfinden aus dem bloßen Grundgedanken einer tatfremden Strafvorschrift hat es mit den Mitteln revisionsrichterlicher Interpretationskunst in engen Grenzen gehalten. Als das Recht des Angeklagten, Entlastungsbeweise zu beantragen, zunehmend verkümmert wurde und zu Beginn des Krieges ganz verschwand, entwickelte das Reichsgericht die Ausweichformel von der „ungenügenden Aufklärung des Sachverhalts"; mit Hilfe dieses „Verfahrensmangels" öffnete es den Weg in die Revisionsinstanz.

Wieviel zermürbender Kleinkrieg, wie manche schlaflose Stunde um die Vereinbarkeit des Schleichpfades mit dem Gesetz, wie mühevoll das Ringen um eine dialektisch getarnte Fassung der Entscheidung, das alles ist nie bekannt geworden. „Es liegt an den besonderen Verhältnissen der Justiz, daß dieser Ruhm in den Augen der Öffentlichkeit nicht so hell strahlt wie der Ruhm anderer, die der Gewalt entgegengetreten sind. Eine tapfere Predigt wird leichter bemerkt und schwerer vergessen als ein Urteil, das, mit den unscheinbaren Mitteln der juristischen Kunst arbeitend, tyrannischen Drohungen zum Trotz der Gerechtigkeit zum Siege verhilft." So hat es Paul Bockelmann[11]) einmal von diesem namenlosen Richter gesagt.

Es hat auch offenen richterlichen Widerstand gegeben. Hubert Schorn hat hierüber eine inhalt- und quellenreiche Studie geschrieben[11a]). Richter aller Instanzen und aller Gerichtszweige haben ihre Unabhängigkeit gegenüber dem Druck von Staats- und Parteistellen ehrenhaft verteidigt.

Stellvertretend für alle stehe hier der Senatspräsident am Reichsgericht Vogt. Er hat im Jahre 1944 sich geweigert, einer ihm nachdrücklich übermittelten Forderung Hitlers nachzugeben und die Revision des mecklenburgischen Gutsbesitzers v. Rohr, der wegen humaner Behandlung seiner russischen Kriegsgefangenen vom Landgericht Greifswald zu acht Monaten Gefängnis verurteilt worden war, durch seinen Senat als offensichtlich unbegründet ohne Verhandlung verwerfen zu lassen, damit das Urteil alsbald vollstreckbar werde. Der Vogtsche Senat verfuhr nach dem Gesetz. Das Urteil wurde aufgehoben und die Sache an das Landgericht Neustrelitz zur anderweiten Verhandlung und Entscheidung zurückverwiesen. Vogt selbst wurde daraufhin vor den Reichsjustizminister zitiert,

---

11) Festschrift für Rudolf Smend, S. 35.

11a) Siehe im Literaturverzeichnis.

in empörendster Form zur Rede gestellt und ersucht, sein Gesuch um sofortige Pensionierung einzureichen. Er weigerte sich unter Berufung auf seine richterliche Unabhängigkeit. Der Minister sah von seinem Plan ab; er ließ den Richter für den Rest seiner Dienstzeit kaltstellen.

Was man in dem Bilde vermissen könnte, ist der richterliche Widerstand gegen den Unrechtsstaat in seiner Ganzheit. Ansätze hierzu hat es gegeben. Nach dem „Staatsnotwehrgesetz" (lex Röhm) von 1934 hat die Richterschaft des Bayerischen Obersten Landesgerichts geschlossen ihr Amt zur Verfügung stellen wollen. Die schon vorbereitete öffentliche Verlautbarung scheiterte in letzter Minute an Bedenken des Präsidenten. Unter dem Eindruck der „Reichskristallnacht" 1938 hat, in einem dem Verfasser bekannt gewordenen Fall, ein hoher Richter aus Protest gegen das Geschehene sein Amt gleichfalls niederlegen wollen: das Reichsjustizministerium beschwor ihn, im Hinblick auf das Ausland den Skandal nicht noch zu vergrößern, und zu bleiben. Er blieb.

Geblieben ist ein Teil Widersprüchlichkeit der Justiz im Dritten Reich, ein Undeutliches in den Zügen ihrer Erscheinung. Denn auch düstere Farben sind untergemischt. Es hat Eifrige gegeben, die die Gesetze Hitlers in dem Geiste anwandten, in dem sie angewandt sein wollten. Der Volksgerichtshof, der im Kriege errichtete Besondere Strafsenat des Reichsgerichts, bekannt als der „Gerichtshof des Führers" und zu trauriger Berühmtheit gelangt durch den Fall Schlitt[12]), manche (nicht alle) Sondergerichte haben eine unleugbare Blutjustiz betrieben. Nicht wenige Richter mögen unter unerhörtem Druck schließlich dazu übergegangen sein, sich von Fall zu Fall zu behelfen, so gut es ihr Rechtsgewissen eben zuließ. Glücklich diejenigen, die in den neutraleren Bezirken der Rechtspflege wirkten, etwa in der Zivilgerichtsbarkeit, wo weithin noch ein sachliches Arbeiten möglich geblieben war.

Daß die Justiz im Dritten Reich „versagt" habe, ist unrichtig. Dieser Legende sind schon sehr bald nach 1945 sachkundige demokratische Politiker wie die Landesjustizminister Sträter und Hofmeister und der damalige Abgeordnete im Parlamentarischen Rat, spätere Bundesjustizminister Dr. Dehler, entgegentreten. Wenn je eine Sparte des öffentlichen Dienstes, dann hat die Justiz auf ihre hinhaltende Art Widerstand geübt und sich dadurch den ganzen Haß des Diktators zugezogen. Ihre Mitverantwortlichkeit vor der Geschichte liegt darin begründet, daß sie ihre Funktion im ganzen und nach außen hin weiter versah, oft genug, um Schlimmeres zu verhüten, immer aber mit dem Erfolg, daß sie der totalitären Diktatur zu einer Legitimität verhalf, die ihr nicht zukam. Solche Mitverantwortlichkeit hat alle Züge des Tragischen. Aber ist die Tragik

[12]) Über ihn siehe Schorn a.a.O. S. 659 ff.

eine andere als die jener Abgeordneten der demokratischen Mitte, welche dem Hitlerschen Ermächtigungsgesetz Auge in Auge mit den leeren Bänken der KPD-Fraktion ihre Ja-Stimme gaben und ihm dadurch erst die verfassungsändernde Mehrheit sicherten — in dem besten Glauben, sich der Not der Nation nicht verschlossen, den Weg befristeten Hinhaltens gewählt zu haben?

II. Abschnitt

Grundfragen des rechtsstaatlichen Richteramts

1. Kapitel

Gesetz und Recht

1.

In den voraufgegangenen Kapiteln ist von den Grenzen des Gesetzes und seinem Widerstreit mit einem höheren Recht die Rede gewesen. Der Widerstreit und die Frage, wie man ihn lösen solle, sind seit der Stoa mit der Sache, seit Cicero mit dem Namen[1]) des Naturrechts verknüpft. Es scheint, als seien die zur ersten Blüte erwachten abendländischen Gesetzeskulturen in ihrer Erdhaftigkeit Boden und Hintergrund für den universalen Gedanken eines überstaatlichen, übergesetzlichen, eines „Natur"-rechts geworden. Die kleinräumigen Stadtstaatverfassungen Alt-Griechenlands, das hochentwickelte, aber ausschließlich Individualinteressen dienende römische Zivilrecht drängten über ihre Enge hinaus. Universales Denken hat das Lehrgebäude des Naturrechts in das Mittelalter gerettet, wo Thomas von Aquin es seiner Theologie einfügte.

Doch blieb die Frage nach einem über dem Gesetz thronenden Recht zunächst spekulativ. Das staatliche Gesetz spielte bis zum Ende des Mittelalters, im Europa der überlieferten germanischen Volksrechte und unter einer ausgeglichenen Sozialverfassung, eine untergeordnete Rolle. Brennend wurde der Konflikt erst, als mit dem Anbruch der Neuzeit die Ablösung des feudalen durch ein frühkapitalistisches System neue, gesetzte Ordnungen von säkularer Weite erzwang. Das geschah unter den Auspizien des Heiligen Römischen Reiches im Zeichen einer Rückwendung; und was in dessen deutschen Landen die Herrschaft antrat, war das wiederentdeckte, für ratio scripta ausgegebene Gesetz des Corpus Juris.

Der Vorgang, Rezeption genannt — er hat sich über Jahrzehnte hingezogen —, ist viel beklagt worden. Auch die vorsichtige Angleichung des

---

[1]) Näheres bei Seagle, Weltgeschichte des Rechts (München 1958), S. 298.

Übernommenen an die eigenen Lebensverhältnisse blieb ein Notbehelf. Es kam hinzu, daß gewisse Sätze des Corpus Juris der aufkommenden Landesherrlichkeit den erwünschten Titel für ihre Souveränitätsansprüche lieferte. Genug: ein im Volk nicht verstandenes Gesetz und ein erfühltes unverlierbares Recht mußten je länger je mehr in bitterer Gegnerschaft gesehen werden. Zeitgenössische Zeugnisse sprechen hierfür eine beredte Sprache. Goethes Wort von dem Rechte, das mit uns geboren, hat noch nach Menschenaltern die Verzweiflung widergespiegelt, die in ihm zur Resignation geworden war.

Ganz so berechtigt war die Resignation nicht. Goethe sah die Dinge aus seinen Erinnerungen an das absterbende Reichskammergericht. Von dem Naturrecht war, nachdem der Einbruch des fremden Rechts seinen Höhepunkt überschritten hatte, sehr wohl und sehr gründlich „die Frage gewesen". Daß das Naturrecht der Aufklärung mit Grotius das Völkerrecht, mit Althusius den Gedanken der Volksouveränität, mit Thomasius die Humanisierung des Strafverfahrens hatte begründen helfen, wissen die Heutigen besser zu würdigen. Auch die moderne richterliche Standesethik hat sich im Kampf gegen Machtansprüche des Landesherrn auf naturrechtlichem Grund geformt: Goethes Jugendfreund und Schwager Schlosser hat sie als Direktor des markgräflich badischen Hofgerichts bis zur Demission verteidigt.

Der Naturrechtsgedanke hat in der Zeit von 1600 bis 1800 seine hohe Zeit erlebt. Daß er als klassische Form bei den Philosophen gepflegt wurde, lag im System; Rechtsphilosophie ist nicht Jurisprudenz, sondern Philosophie. Aber er hat am Ende auch die Gesetzgebung nachhaltig beeinflußt. Das preußische Allgemeine Landrecht von 1794 und das österreichische Allgemeine Bürgerliche Gesetzbuch von 1811 sind naturrechtlich geprägt. Hundert Jahre später, als das Naturrecht durch den Gesetzespositivismus nahezu verschüttet schien, klingt es aus dem Schweizerischen Zivilgesetzbuch von 1912 wie aus dem Geiste Kants: „Mangels ausdrücklicher Auskunft des Gesetzes soll der Richter nach der Regel entscheiden, die er selbst als Gesetzgeber aufstellen würde." Das Bonner Grundgesetz verkündet das Ende des Positivismus mit den Worten des Artikels 20: „Die Gesetzgebung ist an die verfassungsmäßige Ordnung (nicht: an das Verfassungsgesetz), die vollziehende Gewalt und die Rechtsprechung sind an Gesetz und Recht gebunden."

2.

Von dem Bewußtsein, daß es eine jedem irdischen Machtzugriff entrückte Ordnung rechtlicher Werte gibt, höher als das Gesetz und mit der Kraft, von seiner Befolgung zu entbinden, leben die Jahrhunderte. Dieses Phänomen, daß das Naturrecht innerlich erschaut wird, als ein uns eingeborenes, ist eindrucksvoll genug. Nichts aber wäre voreiliger, als hierin seinen Geltungsgrund zu sehen. Das Naturrecht hat objektives Sein. Es gilt aus sich heraus; es gilt auch da, wo es nicht gekannt, wo sein Anspruch unterdrückt wird. Der Widerstand der Männer des 20. Juli war kraft Naturrecht rechtens. Objektiv als ultima ratio zur Rettung der höchsten übergesetzlichen Werte der mit-menschlichen Gemeinschaft, erkannt im Aufstand des Gewissens, das durch alle vielfältigen sittlichen und religiösen Triebkräfte hindurch im letzten ein Rechtsgewissen war. Der Remerprozeß hat diese Frage sehr früh schon gestellt[1a]) und sie bejaht, die Präambel zum Bundes-Entschädigungsgesetz sie wieder aufgenommen und der nationalen Ethik zugewandt.

Das Naturrecht ist jener „Bereich objektiven rechtlichen Sollens, der einer vorgegebenen Ordnung der Werte entspricht" (Hermann Weinkauff)[1b]) — wenn man als diese Werte die obersten Gebote der Gerechtigkeit im menschlichen Zusammenleben begreift, die sich aus der der Schöpfungsordnung immanenten sittlichen Vernunft denkgesetzlich ableiten lassen. Es stellt, wie die ständige Formel des Bundesgerichtshofs lautet, den Kernbereich des Rechts dar, der nach allgemeiner Rechtsüberzeugung von keinem Gesetz und von keiner obrigkeitlichen Maßnahme verletzt werden darf.

Was das Naturrecht nicht bereithält, ist ein geschlossenes System von Rechtssätzen. Es ist nicht mehr als eine rechtliche Urordnung, und eben darin zeigt sich seine Majestät. Es steckt — in der Weinkauffschen Formulierung — die äußersten Grenzen ab, die die positiven Rechtsordnungen nicht überschreiten dürfen. Es ist mehr Schranke als Befehl. Insbesondere enthält es keinen Strafkodex — das hat Helmut Coing noch 1947 in die Erinnerung zurückgerufen[1c]) —; wegen Versagens am rein naturrechtlichen Sollen kann niemand bestraft werden. Naturrecht ist weniger evident als intuitiv faßbar.

Es hat nicht an Versuchen gefehlt, das so verstandene Naturrecht aufzuzeichnen. Der Leser des GG ist des Katalogs seiner Wertgehalte überhoben. Er findet ihn im Grundrechtsteil mit einer von allen lebenden Naturrechtslehrern anerkannten Vollständigkeit: Menschenwürde, Gleichheit

---

[1a]) Materialien bei Kraus: „Die im Braunschweiger Remerprozeß erstatteten moraltheologischen und historischen Gutachten nebst Urteil" (Hamburg 1953). Der Generalmajor a. D. Remer, als seinerzeitiger Kommandeur des Berliner Wachbataillons an der Unterdrückung des Aufstandes vom 20. Juli beteiligt, hatte sich im Jahre 1952 unter der Anklage der Beschimpfung des Andenkens der Aufrührer als „Landesverräter" zu verantworten. Er wurde zu drei Monaten Gefängnis verurteilt.

[1b]) Der Naturrechtsgedanke in der Rechtsprechung des Bundesgerichtshofs, NJW 1960, 1689 ff.

[1c]) SJZ 1947, 63 (unter Hinweis auf Max Scheler).

vor dem Gesetz, Glaubens- und Gewissensfreiheit, Ehe und Elternrecht, Gewähr des Eigentums. Nicht alle Grundrechte haben naturrechtlichen Rang, beispielsweise nicht das Versammlungsrecht und nicht die Petitionsfreiheit[2]). Die aber diesen Rang haben, repräsentieren einen Grundbestand an höchsten Rechtswerten, den der Verfassungsgeber nicht schafft, sondern vorfindet, und an den deshalb auch er gebunden ist, den er allenfalls aufzeichnen kann. Die Frage nach einem höherrangigen gegenüber niederrangigem, ja einem „verfassungswidrigen" Verfassungsrecht hat hierin ihren Grund. Sie hat in der Rechtsprechung unserer obersten Gerichte wiederholt eine Rolle gespielt.

3.

Ein Gesetz, das gegen das Naturrecht verstößt, ist nichtig. Niemand hat es zu befolgen, am wenigsten der Richter. Verfassungen aus dem Geist des Gehorsams gegen die ihnen vorgegebenen Ordnungen entbinden den Richter hiervon auch ausdrücklich. Für das GG ist das Naturrecht Teil der „verfassungsmäßigen Ordnung" (Art. 20). Jedes ihm widersprechende Gesetz, und sei es ein Satz der geschriebenen Verfassung selbst, wäre in solchem Sinne verfassungswidrig und unterläge dem richterlichen Verdikt, im äußersten Falle dem des Bundesverfassungsgerichts (BVerfGer.). Nicht jeder Rechtsstaat ist gleichermaßen zu Ende gedacht. Hier lag namentlich die Schwäche der Weimarer Konzeption. Unter der WRV ging das richterliche Prüfungsrecht nur bis zur Verfassungsmäßigkeit des einfachen Gesetzes; der Verfassungsgesetzgeber selbst war keinen Bindungen unterworfen. Eine allgemeine Menschenwürde kannte die WRV in ihrem Grundrechtskatalog nicht. Die Freiheit der Person gestattete sie durch Notverordnung beliebig außer Kraft zu setzen; dem schlichten Gesetz war der Befehl zur entschädigungslosen Enteignung anvertraut. Jedes mit verfassungsändernder Mehrheit beschlossene Gesetz konnte ohnehin über die Verfassung hinwegschreiten. Keine richterliche Instanz — etwas dem Bundesverfassungsgericht Gleichzuachtendes gab es nicht; der Staatsgerichtshof für das Deutsche Reich hatte nur sehr eingeschränkte Kompetenzen — war befugt, staatliche Normsetzung an höheren Maßstäben zu messen als an dem Willen einer verfassungsändernden Mehrheit im Reichstag. So hatte es das Reichsgericht wiederholt ausgesprochen.

Man darf dem Reichsgericht daraus keinen Vorwurf machen. Ein Jahrhundert, dem seit Fichtes Tode kein Künder des Naturrechts mehr erstanden war, konnte im Banne der Philosophie Comtes nicht anders als „posi-

---

2) Überhaupt der Gedanke der Gewaltenteilung als solcher nicht, wie der BGH in einer gutachtlichen Stellungnahme (BGHZ 11 Anhang S. 50) zum Ausdruck gebracht hat. Es lassen sich andere Herschaftsstrukturen denken, die deshalb nicht weniger der Urordnung des Naturrechts Raum geben.

tiv" denken, und der Richter kann nicht anders urteilen als aus den Wertvorstellungen der Gesellschaft, deren Staat ihn zu seinem Amt bestellt hat. Erst aus heutiger Sicht erhebt sich die Frage, welche Stellung ein dem Naturrecht bewußt verpflichteter Richter gegenüber dem naturrechtswidrigen, dem Unrechtsgesetz beziehen muß — beziehen mußte und nunmehr, da das Naturrecht unüberhörbar geworden ist wie nie zuvor, in jeder künftig gleichen Lage würde beziehen müssen.

Gesetze absoluten Unrechts hat das Dritte Reich der richterlichen Kognition überwiegend entzogen. Es waren solche, die bestimmte Personen, Gruppen oder Institutionen aus rassischen oder politischen Gründen unter Ausnahmerecht stellten. Daneben gab es Unrechtsgesetze relativer Stufung; sie kamen häufiger vor die Gerichte. Sie galten im Kern für alle, stempelten aber die rassisch oder politisch Diskriminierten mit minderem Status, etwa durch verschärfte Strafdrohungen, zusätzliche Pflichtauflagen, erschwerte Voraussetzungen für die Erlangung von Rechten. Wo ein solcher minderer Status im Gesetz obligatorisch gemacht wurde — für Straftaten beispielsweise durch schärfere Mindeststrafen —, war auch er naturrechtswidrig wegen Verstoßes gegen den Gleichheitssatz, die Glaubensfreiheit oder die Gewissensfreiheit. Nicht selten aber stand die Anwendung oder Nichtanwendung der Härte im richterlichen Ermessen. Dann bedarf es nicht des Rückgriffs auf das Naturrecht, um vom Richter zu verlangen, er solle dem nicht zwingend Gebotenen sich versagen. Das Messen mit gleichem Maßstab in den Grenzen des Gesetzes ist ohnehin Inhalt des richterlichen Amtes. Nicht die Anwendung eines nationalsozialistischen, auch eines nationalsozialistisch harten Strafgesetzes war richterliches Unrecht (so weit ist nicht einmal das Urteil im Nürnberger Juristenprozeß gegangen), sondern das Verhängen einer auch vom damaligen Gesetzgeber nicht schlechthin geforderten, das bequeme Abkommen auf die von „oben" gewünschte höchstzulässige Strafe, etwa die Todesstrafe. Erst wo dem Richter die Anwendung baren gesetzlichen Unrechts angesonnen wird, gewinnt die Frage ihre ganze Tiefe. Die Nürnberger Gesetze samt ihren Strafbestimmungen konnten sie im Dritten Reich aufwerfen. Hier würde es naturrechtlicher Bindung entsprechen, dem Gesetz den Gehorsam zu weigern, ggf. eine nichtstrafbare Handlung anzunehmen und freizusprechen. Nur bleibt offen, ob ein jeder Richter aus eigener Machtvollkommenheit so weit gehen darf. Die Aufkündigung des Gehorsams gegenüber dem Gesetz wäre für den Richter, der ja zunächst an das Gesetz gebunden ist — darüber wird sogleich zu handeln sein — ein Schritt von ungeheuerlichem Ernst und für das staatliche Gesamtgefüge von schwersten Folgen. Diese Verantwortung kann nur ein höchstes Verfassungsgericht tragen. Das GG bürdet sie dem Bundesverfassungsgericht im objektiven Normenkontrollverfahren auf. Ist ein solcher Weg nicht gegeben, dann bleibt dem Richter nur eines. Es ist der gleiche Weg, den er gehen muß, wenn die Rechtsordnung als Ganzes ihm den Dienst an der Gerichtsbarkeit fragwürdig macht: er muß sein Amt niederlegen. Ernst Wiechert hat die Geburt dieses Entschlusses in seiner Novelle „Der Richter" geschildert.

Das Naturrecht steht über dem Gesetz. Nicht aber macht es — die Verfassung schüfe denn eine richterliche Normenkontrolle — den Richter zum Herrn über das Gesetz. Am wenigsten ist Naturrecht gleichzusetzen mit der „gerechten und billigen Lösung" eines Prozeßfalles, wie sie dem Richter vorschwebt, wenn das Gesetz mit ganzer Eindeutigkeit dagegensteht.

Jedes Gerechtigkeitsempfinden bleibt, auch in der Brust des Richters, notwendig subjektiv, solange es sich nicht an objektiven Maßstäben orientiert. Auf deren höchster Stufe steht zwar das Naturrecht. Aber sein Bereich, der „Kernbereich", von dem oben gesprochen wurde, ist klein: kleiner, als ihn der naturrechtliche Überschwang der ersten Jahre nach 1945 zu erkennen glaubte. Denn die absolute Gerechtigkeit ist Gottes; und Naturrecht ist ein Stück absoluter Gerechtigkeit. Um seinen Kernbereich lagert sich breithin die irdische Rechtsordnung. Sie ist zweifach ausgefluchtet. Sie ist von Wertvorstellungen bestimmt, relativen Kategorien, aber tragenden und immer neu zu ortenden. Ausformbar und ausgeformt steht sie zur Disposition des staatlichen Gesetzgebers, gleichsam kristallin, analytischem Denken unterworfen. Sie ist beides, Idee und Gestalt, doch Gestalt als der Schlüssel und in solchem Sinne als das Nächste und Erste. Diese doppelte Bezogenheit des Rechtsganzen ist es, die das GG mit der Formel „Gesetz und Recht" kennzeichnet, indem es, das Naturrecht abermals einbegreifend, den Kreis zu der von ihm zuvor statuierten „verfassungsmäßigen Ordnung"[3]) schließt.

Der Gegenwart ist es vorbehalten geblieben, die Spannung, in die der Richter damit gestellt ist, voll darzustellen. Zwar wird im selben Art. 20 des GG auch die vollziehende Gewalt an „Gesetz und Recht gebunden". Doch gilt dies in unmittelbar verpflichtendem Sinne nur für die Spitze der

---

[3]) Das Naturrecht mit jener Formel des Art. 20 in Kraft zu setzen wäre zwar außerhalb der Zuständigkeit auch eines Verfassungsschöpfers. Auf anderem Gebiet liegt jedoch, daß das GG das Naturrecht als Grundlage und Bestandteil der „verfassungsmäßigen Ordnung" in geltendes innerstaatliches Verfassungsrecht transponiert hat. Aus diesem Grunde z. B. hat das Richtergesetz davon absehen können, dem Richter das Privileg der Niederlegung seines Amtes aus Gewissensgründen (unter Wahrung seiner Versorgungsansprüche) einzuräumen, wie es noch in den ersten Entwürfen von 1949 vorgesehen war. Der Richter, der unter dem GG sich gegen das Gesetz auf Naturrecht beriefe, würde stets im Rahmen des — höherrangigen — Verfassungsgesetzes bleiben. Er bliebe es nämlich auch dann, wenn er nicht das BVerfGer. anrufen könnte, sondern selbst entscheiden muß, weil über ein vorkonstitutionelles Gesetz (unten Seite 141 Anm. 9) zu befinden ist.

Exekutive, dort, wo das Verwalten zum Regieren wird. Für den Verwaltungsbeamten heißt es nicht „Gesetz und Recht", sondern von jeher „Gesetz und Ausführungsanweisung". Im Vollzug des Verwaltens Gesetz und Recht voneinander abzuheben ist nicht seine Aufgabe; hat er Zweifel, mag er Weisungen einholen. Erst der Richter ist in den freien Gehorsam gegenüber dem Gesetz gerufen. Er prüft, ob es mit dem höherrangigen Gesetz der Verfassung und ihrer verfassungsmäßigen Ordnung übereinstimmt; doch dann ist diese eben „das Gesetz", das er anwendet. Er prüft es an ungeschriebenem Recht: an dem Gewohnheitsrecht, das zu allen Zeiten die Kraft hat, gesetztes Recht abzuändern, an den „anerkannten Regeln des Völkerrechts", die gleichfalls mit Verfassungsrang dem innerstaatlichen Recht vorgehen. Er prüft es endlich an den ungeschriebenen Wertvorstellungen, die der staatlichen Rechtsordnung als ganzer zugrunde liegen. Denn auch diese Wertvorstellungen, und sie zuvorderst, hat er in seinem Spruch zur Geltung zu bringen. Man kann sie als die rechtlichen Leitbilder der im Staat organisierten Gesellschaft bezeichnen. Ihr Ort ist in den modernen Kulturnationen die Verfassungsurkunde. Zu ihnen zählen im Umkreis des GG der Gedanke des Sozialstaates, der Grundsatz von Treu und Glauben, die freiheitliche Wirtschaftsordnung. Gesetze, die aus früherer Zeit noch fortgelten, aber mit den Wertvorstellungen des GG nicht mehr übereinstimmen, sind „verfassungskonform auszulegen"[4]), was nichts anderes heißt als verfassungskonform umzudeuten. Einem jeden Gesetzgeber wird der Wille unterstellt, sich im Einklang zu halten mit den jeweiligen Wertvorstellungen der Gesamtheit, ihrer sich wandelnden gesellschaftlichen Wirklichkeit und ihrem Lebensgefühl.

4.

Doch ist damit auch die Grenze erreicht, die dem Richter überhaupt erreichbar ist. Jenseits dieser Grenze werden die Maßstäbe des Rechts und des Richtens fraglich und ragt die Frage nach der Gewaltenteilung in ihrer ganzen Schwere.

---

[4]) Ein Beispiel aus der Rechtsprechung (NJW 1953, 1097): Der durch eine Straftat Verletzte hat, wenn die Staatsanwaltschaft seiner Anzeige keine Folge geben will, die Möglichkeit, die Anklage erzwingen zu lassen. Er muß dies beim Oberlandesgericht durch einen Rechtsanwalt beantragen. Ein Armenrecht mit Beiordnung eines Armenanwalts hierfür sah die frühere Fassung der Strafprozeßordnung nicht vor. Das BVerfGer. entschied, das Schweigen, die „negative Entscheidung" des Gesetzgebers habe bei verfassungskonformer Auslegung keinen Bestand. Es widerspreche dem Sozialstaatscharakter des GG, dem Armen die Möglichkeit einer Genugtuung durch Bestrafung des Schuldigen vorzuenthalten, die der Nichtarme sich verschaffen könne. Folglich müsse es auch hier ein Armenrecht wie im bürgerlichen Rechtsstreit geben. Die Entscheidung hatte eine Änderung des Gesetzes zur Folge.

Die für die Bundesrepublik kennzeichnende Gemengelage ihrer gesellschaftlichen Kräfte hat es auf mehr als einem Gebiet zu gültigen Wertmaßstäben nicht kommen lassen. Wenn das Gesetz hier eine Lücke läßt, ist es der Rechtsprechung nur um den Preis der Willkür möglich, sie auszufüllen. Das Wort klingt hart: natürlich wird der Richter selbst da noch seine gewissenhafte Überzeugung einsetzen. Aber er entbehrt des letzten objektiven Richtpunktes; schon der benachbarte Richter wird anders entscheiden können, und eben dies ist im Ergebnis Willkür.

Seit 1938 haben wir den Ehescheidungsgrund der dreijährigen Trennung. Hat der auf Scheidung klagende Eheteil die Zerrüttung ganz oder überwiegend verschuldet, so kann der andere Teil der Scheidung widersprechen. Der Widerspruch war jedoch nach der bis zur Scheidungsnovelle von 1961 geltenden Regelung nicht zu beachten, wenn „die Aufrechterhaltung der Ehe bei richtiger Würdigung des Wesens der Ehe und des gesamten Verhaltens beider Eheteile sittlich nicht gerechtfertigt ist." Was hieß „sittlich nicht gerechtfertigt"? Hatten wir noch ein Bild der Ehe, das in allen Schichten unangefochtene Geltung besitzt? Sicher war nur, daß der utilitaristische, nämlich der bevölkerungspolitische Maßstab für die Scheidung solcher auseinandergelebter Ehen mit dem Zusammenbruch des Dritten Reiches sich erledigt hatte. Welcher war an seine Stelle getreten? Der christlich-konfessionelle? der humanitäre? der liberale? wenn schon nicht der „gesellschaftliche" der sozialistischen Doktrin, wie er im Scheidungsrecht der DDR gilt? Daß in katholischen Gegenden ganz allgemein schwerer geschieden wurde als in protestantischen, in ländlichen Bezirken schwerer als in Großstädten, war schon früher oft beobachtet worden. Mit stärker durchmischter Bevölkerungsstruktur waren diese Verschiedenheiten mehr oder weniger geschwunden. Hier, bei den Klagen auf Scheidung wegen dreijähriger Trennung, führte nach 1945 der Zusammenbruch auch fast aller Wertmaßstäbe erneut zu größter Unsicherheit und Unterschiedlichkeit. Ungleichheit des Richtmaßes aber ist Ungerechtigkeit. Der Bundesgerichtshof hatte fernab in konsequenter Arbeit wenigstens eine einheitliche Linie herzustellen versucht; sie näherte sich deutlich der kanonistischen, restriktiven Auffassung. Die Scheidungsnovelle hat sie jetzt zum Gesetz erhoben. Das geschah unter dem Zwang einer Kampfabstimmung in Bundestag und Bundesrat, die die Unvereinbarkeit der Gegensätze erneut und erschreckend zum Bewußtsein brachte.

Ähnlich liegen die Dinge auf dem Gebiet der Strafe. Das Gesetz gibt dem Strafrichter weiteste Strafrahmen an die Hand. Zur Beleuchtung diene ein auf dem VII. Internationalen Strafrechtskongreß (Athen 1957) herangezogenes instruktives Beispiel. Im deutschen StGB sind seit 1943 für die Urkundenfälschung Strafen von 5 DM bis 10 000 DM in Geld, von einem Tag bis zu fünf Jahren Gefängnis, von einem Jahr bis zu fünfzehn Jahren Zuchthaus angedroht. Gleiches gilt für die Fahrerflucht (hier kommt noch die Möglichkeit, Haft zu verhängen, hinzu) und für die Selbstabtreibung einer Schwangeren. Nach welchen Gesichtspunkten soll der

Richter die Strafe im Einzelfall bemessen? Die Fachsprache sagt, eine Strafe werde in bestimmter Höhe „ausgeworfen". Sie verhüllt damit die innere Not der bisherigen Strafzumessungspraxis weniger, als daß sie sie aufdeckt: müßte man nicht erwarten, die Strafe werde, bis auf den Grund der Gerechtigkeit, *ausgelotet*? Doch der Richter kann heute nur „auswerfen", auf ein im Ungewissen verschwimmendes Ziel hin. Auch hier fehlt ihm der gültige, anerkannte Maßstab, der im Sinn der Strafe läge. Sühne oder Abschreckung (des Täters? des Publikums?), Besserung durch Strafvollzug oder Sicherung der Allgemeinheit — die Dinge liegen in hoffnungslosem Widerstreit, eine jede dieser sogenannten Strafzwecktheorien weltanschaulich fundiert, eine jede durch eine Schule mit Namen von Gewicht vertreten. Bis in das geltende StGB, das aus dem Jahre 1871 stammt, hat der Wandel der Anschauungen sich in Schichten niedergeschlagen. Seit Franz Exner (1931) als erster seine Studien über die Strafzumessungspraxis deutscher Gerichte vorgelegt hat, wissen wir, welche erschütternden Unterschiede in der Höhe der verhängten Strafen für Taten gleicher Art und Schwere von Bezirk zu Bezirk, von Land zu Land im Geltungsbereich desselben Strafgesetzes zu finden sind. Hier hat der Gesetzgeber den Richter steuerlos gelassen. Der Strafrechtsreform bietet sich deshalb ein besonders dankbares Feld. Die Forderung nach einer engeren Begrenzung der Strafrahmen hatte schon der Deutsche Juristentag 1956 erhoben. Um eine Differenzierung der Gesichtspunkte für die Strafbemessung hat sich besonders der Entwurf des StGB von 1960 bemüht.

Ein weit ernsteres Versagen des Gesetzgebers hat noch vor wenigen Jahren die Gefahr einer Krise des Rechtsstaats heraufbeschworen. Das GG hatte im Art. 117 das gesamte bisherige, dem Grundsatz der Gleichheit von Mann und Frau entgegenstehende Recht für eine Übergangsfrist bis zum 31. 3. 1953 bestehen lassen. Mit diesem Zeitpunkt erlosch es. Trotz eingehender Bemühungen in der 1. Legislaturperiode des Bundestages kam eine rechtzeitige Neuregelung nicht zustande; die weltanschaulichen Gegensätze besonders im Ehe- und Familienrecht erwiesen sich als unüberbrückbar. Die Folge war am 1. 4. 1953 ein rechtliches Vakuum. Im Hintergrund drohte kein Geringeres als das rechtliche Chaos. Wie sollte das gesamte eheliche Vermögensrecht, das Recht der Erziehung und gesetzlichen Vertretung des Kindes, die Verteilung der Familienunterhaltslasten unter den Eheleuten hinfort geordnet sein? Naturrechtliche Regeln für die unzähligen Detailfragen gab es nicht. An den fehlenden gesellschaftlichen Wertvorstellungen war soeben erst der Gesetzgeber gescheitert. Die Streitfragen kamen auf die Rechtsprechung zu. Sie hat sich ihrer angenommen, obwohl sie damit eine Aufgabe übernahm, vor deren Unlösbarkeit sie hätte zurückschrecken müssen. Es blieb nicht aus, daß zunächst die gegensätzlichsten Auffassungen, Notlösungen praktiziert wurden. Man hatte zwar den verfassungsrechtlichen Grundsatz der Gleichberechtigung der Geschlechter; doch eben darüber, wie er zu verstehen sei, herrschte Streit.

Es dauerte einige Zeit, bis der BGH jene Richtung durchsetzte, die dann den Anschluß an das Gleichberechtigungsgesetz vom 18. 6. 1957 hergestellt hat. Sie ging im Ehegüterrecht aus von der egalitären Gleichheit (Folge: Gütertrennung als gesetzlicher Güterstand), im Recht der Eltern und Kinder von einer teils funktionalen Verschiedenheit (Unterhalt, Erziehung), teils pflichtgeladenen Gleichordnung (gesetzliche Vertretung des Kindes). Es war ohne Zweifel das Beste, was aus der verfahrenen Lage zu machen war. Das Gleichberechtigungsgesetz hat dann bekanntlich andere Konzeptionen verwirklicht, den Güterstand der Zugewinngemeinschaft, den Stichentscheid des Vaters. Auch diese seine Entscheidung ist für den Stichentscheid des Vaters vom Bundesverfassungsgericht als grundgesetzwidrig verworfen worden. Von neuem ist der Gesetzgeber aufgerufen, zu sprechen.

Rückblickend war es nichts weniger als selbstverständlich, daß es gelang, einen Zusammenbruch der Rechtsordnung auf einem so wichtigen Teilgebiet zu verhindern. Daß die Rechtsprechung den Mut gehabt hat, in die Bresche zu springen und eine Bürde auf sich zu nehmen, die nicht die ihre war, ist ein nicht geringes Verdienst. Sie hat ihre Autorität hierfür verpfändet und hat sie verstärkt zurückgewonnen. Aber recht betrachtet hat sie sich damals zum Gesetzgeber gemacht. Die Not hat es erzwungen. Die Warnung bleibt. Der Geist pragmatischen Sichbehelfens ist im Tiefsten unrichterlich. Die Gewaltentrennung niederzureißen ist ein Experiment, bei dem es für den Rechtsstaat immer auf Leben und Tod geht[4a]).

5.

„Rechtsschöpferisch" soll der Richter sein Amt üben, so lautet die nahezu schon formelhaft gewordene Forderung. Rechtsschöpfend wiederum wird auch der Gesetzgeber tätig. Will man beider Aufgaben gegeneinander abgrenzen, so bleibt nur beider Stellung zum Gesetz. Der Gesetzgeber setzt im Gesetz die Ordnungen. Er geht aus vom Allgemeinen; in die Einzelheiten vorzustoßen muß er sich bescheiden, da die Vielfalt dieser Einzelheiten im voraus nicht bedacht werden kann; der Aberglaube der Aufklärung, bei gehöriger Sorgfalt sei alles und jedes Detail im voraus reglementierbar, ist längst überwunden. Der Gesetzgeber schafft ein Ordnungsgefüge im großen. Er schafft es für die Allgemeinheit, nicht nur für den Richter. Das Gesetz wirkt, nach einem Wort des großen österreichischen

[4a]) Das Richtergesetz (§ 4 Abs. 1) hat in seiner unten Seite 99 mitgeteilten Formulierung dem Richter untersagt, Aufgaben der rechtsprechenden Gewalt und Aufgaben der gesetzgebenden Gewalt zugleich warzunehmen. Gedacht wurde hierbei an die Ausübung des Abgeordnetenmandats. Ob man sich darüber klar war, was in Wahrheit mit den obigen Worten Gesetz geworden ist?

Juristen Franz Klein, millionenfach durch die tägliche „Rechtsfindung der Laien im Verkehr", auch wo es nicht im Streit zum Austrag kommt. Der so bezeugte Gehorsam wird je lebendiger sein, je besser das Gesetz den nicht-gesetzten Normen, dem Naturrecht und den konstituierten Wertvorstellungen der Gesellschaft, Genüge tut. Vollends wird ein Gesetz notwendig, wo es Regeln wertfreier, technischer Art, „Spielregeln" gibt, die nun einmal gegeben werden müssen: Formen, Fristen, Verfahren, Abgrenzungsvorschriften. Im ganzen erscheint der Gesetzgeber als der Verfügende über das Gesetz. Der Richter dagegen steht in der Ordnung. Er hat es nicht mit dem Allgemeinen, sondern mit dem Besonderen, mit dem Einzelfall zu tun. Will er ihn gerecht entscheiden, dann muß er diesen Einzelfall in die Ordnung einfügen. Er sieht sie aus der Blickrichtung des konkreten Verfahrens und muß sie von dort aus sich vorzustellen suchen. Seine Blickrichtung ist umgekehrt der des Gesetzgebers. Ohne dessen Gesetz ist die Ordnung als konkretes Regulativ für ihn nicht einsichtig. Dazu ist sie nachgerade viel zu verwirrend; der Gesetzgeber muß sie ihm aufschlüsseln. Deshalb braucht der Richter das Gesetz und die feste Führung durch das Gesetz. Er mag es, wo es der Besonderheit des Einzelfalles sich versagt, durch ungeschriebenes Recht „schöpferisch" ergänzen, es im Geiste solchen Rechts sinngebend auslegen. Bindung an „Gesetz und Recht" bedeutet ja nicht ein Ausspielen des einen gegen das andere, sondern die vorgegebene Harmonie des einen mit dem anderen. Nicht anders ist es daher zu verstehen, wenn das GG an späterer Stelle (Art. 79) das traditionelle Postulat übernimmt, daß der Richter nur dem Gesetz unterworfen sei.

„Nur": damit er im übrigen unabhängig sein könne. Aber der Satz des Art. 79 sagt doch wohl mehr als bloß dies. In ihm liegt zugleich ein Bekenntnis zu der kontinentaleuropäischen Tradition des kodifizierten Rechts. Angelsächsisches Recht ist case law, ist Fallrecht. Dort ist Rechtsquelle weniger das Gesetz als die Rechtspraxis und der Gerichtsgebrauch; der Richter bildet das Recht fort, mehr induktiv als deduktiv, aufbauend auf sorgfältig gepflegter Überlieferung. Es hat Zeiten gegeben, in denen dieses case law der kodifizierten Gesetzlichkeit überlegen schien. Max Weber[5]) hat es am Beispiel Canada gezeigt, wo angelsächsisches Rechtssystem und Rechtsdenken das von den französischen Kolonisatoren überkommene Gesetzesrecht und Gesetzesdenken verdrängt hat. Doch beginnt die Überlegenheit zu verblassen[6]). Das Gesetz hat im technisch-industriellen Zeitalter den entscheidenden Vorzug der Rationalität. Normung, Typisierung haben vor dem Rechtsleben nicht halt gemacht. Und da das Gesetz hierfür nicht einmal ausreicht, greift das autonome Rechtssetzungsstreben der Verbände ein. Allgemeine Geschäfts- und Lieferbedingungen, Tarif-

---

5) Wirtschaft und Gesellschaft, Halbband 2 S. 511.

6) Ein Blick allein auf England zeigt, wie dort mehr und mehr Materien durch Gesetz geregelt werden müssen.

verträge, Gebührenordnungen ganzer Berufsstände, Verdingungsmuster bestimmen das Bild der Rechtsentwicklung auf weiten Gebieten. Schon werden sie wie Gesetze kommentiert. Der BGH, als Revisionsgericht nur mit Fragen der reinen Rechtsanwendung befaßt, prüft sie und zieht sie heran, wie wenn sie Gesetz wären. Die neue Art der Rationalität sublimiert im Gericht selbst; der BGH faßt die Quintessenz seiner veröffentlichten Entscheidungen in sogenannten Leitsätzen zusammen — wo das Reichsgericht sie noch in vorsichtiger Frageform der Entscheidung vorangestellt hatte; die Leitsätze werden nahezu schon zitiert, als hätten sie Gesetzeskraft. Die Extreme beginnen sich zu berühren. Auswüchse solcher Art lassen den Eindruck aufkommen, als würden wir vom case law doch noch unterwandert.

Dabei behält die Grunderkenntnis des liberalen Rechtsstaats noch immer ihren Wert, daß das Gesetz, rational wie es ist, den höchstmöglichen Grad an Rechtssicherheit verbürgt. Auch die Rechtssicherheit ist ein „wesentliches Element des rechtsstaatlichen Prinzips". Diese Feststellung des BVerfGer.[7]) kann zu Folgen führen wie der, daß ein Gesetz, dessen Tragweite für den betroffenen Bürger in grundlegenden Punkten widersprüchlich und unklar bleibt, im Normenkontrollverfahren für nichtig erklärt wird[8]). Ein klares, der Rechtssicherheit dienendes Gesetz kann mit der individuellen Gerechtigkeit des Einzelfalles freilich in Konflikt geraten. Es wird das um so leichter der Fall sein, je allgemeiner der vom Gesetz normierte Tatbestand gefaßt ist und je schärfer seine Folgen umrissen sind. Ob in solcher Lage einer einschränkenden, ausdehnenden, „lücken-ausfüllenden" Interpretation zugunsten der Billigkeit oder einer strikten Innehaltung im Interesse der Rechtssicherheit der Vorzug zu geben ist, bleibt eine Aufgabe eigenster richterlicher Kunst, wie auch der Gesetzgeber bei dem Einbau von Billigkeits- und Härteklauseln die gleiche Abwägung nur von Fall zu Fall vornehmen kann. Zeitpunkt des Gesetzes, Stellung im Gesamtzusammenhang der Gesetzesordnung, Auswirkungen auf gleichliegende Interessenkonflikte, Vertrauen der Öffentlichkeit auf eine bereits vorliegende gefestigte Rechtspraxis spielen für den Richter hierbei eine Rolle. Aber nur wenn er den Mut hat, wo nötig für Striktheit und Rechtssicherheit zu entscheiden, darf er erwarten, daß auch andere gleich ihm vor dem harten Gesetz sich beugen.

---

[7]) BVerfGE 3, 225.

[8]) Das war bei den sogenannten Apothekenstopgesetzen der Fall (BVerfGE 5, 25). Sie enthielten sich für ihr Hauptanliegen, die Frage der Neuerrichtung von Apotheken bis zu dem erwarteten Erlaß eines Bundesgesetzes über den Abbau der bisherigen Privilegien, einer eigenen Regelung; stattdessen verwiesen sie generell auf das am 1.10.1945 in den Ländern geltende Recht. Dieses Recht war aber nicht nur heillos zersplittert, sondern sogar von Behörde zu Behörde umstritten.

Der Respekt vor der Rechtskraft des gerichtlichen Urteils sollte nicht strenger gefordert werden als der Respekt vor der Geltung des Gesetzes.

Dem Richter muß die Pilatusfrage nach dem Recht erspart bleiben, wie vor kurzem einmal gesagt wurde. Mit Fug: er könnte unter ihr nicht richten, so wie der Richter Pilatus vor der Frage nach der Wahrheit — die in jener Tiefe zu stellen nicht seines Amtes war — kapituliert hat. Der Richter muß dem Gesetz, einem rechten Gesetz, gehorchen dürfen. Auf die Treue zum Gesetz verpflichtet ihn noch der feierliche Richtereid, den er nach dem Richtergesetz öffentlich zu leisten hat. Immer bleibt für ihn, bei aller Bindung an Gesetz und Recht, das Gesetz der Ausgangspunkt richterlichen Ordnungsdenkens. Er braucht deshalb nicht sein blinder „Diener" zu sein, wie es die Auffasung des Positivismus gewesen war. Aber allzu wenig wägbares Gesetz, allzu viel an unwägbaren Rechtsmaximen bringt ihn in die Gefahr, zum Diener solcher Herren zu werden, die, wovor Ernst Forsthoff[9]) gewarnt hat, nur zu leicht von Predigern fremder Ideologien hypnotisiert werden und über Nacht ihr Gesicht wechseln könnten. So betrachtet ist ein unzweckmäßiges, sogar ein zum ungerechten Ergebnis führendes Gesetz noch immer besser als gar keines. Radbruchs Satz[10]), daß auch ein solches Gesetz noch Geltung und Gehorsam beansprucht, zieht erst da die Grenze, wo der Widerspruch des positiven Gesetzes zur Gerechtigkeit ein so unerträgliches Maß erreicht, daß es dem höheren Recht der Gerechtigkeit zu weichen hat. Es ist im Grunde die dem Leser von Reichel her bekannte Formulierung. Naturrecht, Freirechtsschule, die rechtsphilosophischen Bemühungen Rudolf Stammlers auf der Suche nach dem „richtigen Recht" treffen in diesem Punkte zusammen. Doch er liegt schon in der Grenzzone, in die nur noch der Verfassungsrichter hineinzuwirken berufen ist.

2. Kapitel

Dezision und Erkenntnis

1.

Bewahrtes und Überholtes an der Gewaltenteilungslehre Montesquieus läßt die Frage aufwerfen, wie es um die Lebenskraft dieser Idee bestellt sei. René Marcic sieht ihre Dreiheit verengert zur Dyarchie (Zweiherrschaft) von Parlament und Oberstem Gerichtshof, die moderne Verfassungssoziologie sie erweitert zum Pluralismus der in der Wirklichkeit riva-

---

[9]) Die Bindung an Gesetz und Recht, ÖV 1959, 41.

[10]) SJZ 1946, 107.

lisierenden gesellschaftlichen Mächte. Demgegenüber bliebe es eine auffällige Tatsache, daß die klassische Gewaltenteilung als Formprinzip ungebrochen ist. Sie beherrscht ausnahmslos alle modernen Verfassungsschöpfungen. Sie bestimmt den Aufbau der Verfassungen in den Volksdemokratien; sie hat Pate gestanden, als die überstaatlichen Institutionen von EWG und EURATOM aus der Taufe gehoben wurden. Einzig der Vatikanstaat folgt seiner eigenen Geschichtlichkeit. Er ist die letzte absolute Herrschaft auf abendländischem Boden.

Das Fortleben des Montesquieuschen Gedankens zeigt, daß er mehr ist als aufklärerischer Reformeifer oder bestenfalls zweckmäßiges Organisationsschema. Er ist Erkenntnis einer Dreipoligkeit des staatlichen Wesens, in deren Zentrum die Gerechtigkeit steht. Die Legislative macht die Gerechtigkeit maßstäblich, maßstabbar im Gesetz. Sie ist in ihrer Schaffenswahl frei und nur an die höhere Gerechtigkeit der verfassungsmäßigen Ordnung, der Verfassungsgesetzgeber nur an die Werte des Naturrechts gebunden. Die Rechtsprechung hat die geprägten Maßstäbe zu handhaben, als Maße auf ihre Waage zu legen, sie aber auch immer wieder „nachzueichen". Ihre Gerechtigkeit ist die des Wägens: eine norm gerechte Ordnung. Der Exekutive werden mit den Maßstäben Meßpunkte, Fluchtpunkte gegeben, innerhalb deren sie ihr Feld selbstverantwortlich bestellen kann. Ihre Gerechtigkeit ist die des Herstellens einer sach gerechten Ordnung.

Keine dieser Funktionen ist vertauschbar, ohne daß das Wesen ihres Trägers dadurch verfälscht würde. Der moderne Rechtsstaat setzt daher (zwar keine „Teilung", wohl aber) eine Trennung der Gewalten voraus, die der Dreigestalt seiner Selbstverwirklichung gerecht wird. Darüber, daß sie prinzipientreu nicht zu erreichen ist, darf man getrost hinwegsehen; Gewaltenteilung gibt nicht mehr als einen „Richtungsbegriff" (Hermann Heller). Legislative ist die Aufgabe des Parlaments. Das Parlament stellt aber auch den Haushaltsplan fest, ein Akt der Exekutivgewalt. Die Exekutive erläßt Verordnungen, also Rechtsnormen zweitrangig-transitorischen Charakters, wenngleich mit gesetzlicher Ermächtigung; der Reichstag von Weimar war sein eigenes Wahlprüfungsgericht[1]). Man muß es auch hinnehmen, daß es bisher nicht gelungen ist, den Begriff der Exekutive aus sich heraus scharf zu fassen. Die Erscheinungsform der Verwaltung, ohnehin diffus in ihren Umrissen, erschöpft ihn nicht: der Minister verwaltet nicht, er „regiert"; der militärische Befehlshaber verwaltet nicht, er „führt"; der diplomatische Vertreter seines Landes verwaltet nicht, er „repräsentiert". Und dennoch gehören sie alle zur Exekutive, zur vollziehenden Gewalt, die zunächst nicht anders definiert werden kann als

[1]) Im Ausland finden sich Überschneidungen auch sonst: das englische Oberhaus ist oberster Gerichtshof des Landes, der französische Conseil d'Etat zugleich oberstes Verwaltungsgericht.

alles das, was nicht Parlament und nicht Gericht ist. Für den Rechtsstaat allein wichtig bleibt, daß die sachliche Verschiedenheit zwischen richterlicher und exekutivischer Tätigkeit klar erkannt wird. Denn Recht zu sprechen ist nach dem GG ohne Ausnahme den Gerichten vorbehalten. Hier droht jedes Verwischen der Grenzen zur Exekutive mit Auflösen der Rechtsstaatlichkeit, sobald es ins Organisatorische übergreift.

2.

Die aristotelische Lehre hatte zwischen iustitia commutativa und iustitia distributiva, zwischen der ausgleichenden und der austeilenden Gerechtigkeit unterschieden. Die Unterscheidung trifft ins Zentrum des hier berührten Problems. Die ausgleichende Gerechtigkeit stellt ein Gleichmaß, das gestört gewesen, wieder her. Art und Maß des Ausgleichs bestimmen sich nach der Erkenntnis von Ursache, Ausmaß und Zurechenbarkeit der geschehenen Störung. Die austeilende Gerechtigkeit bewahrt das gerechte Gleichmaß, indem sie einem jeden das Seine gibt. Sie denkt in die Zukunft, wo die ausgleichende Gerechtigkeit in die Vergangenheit gerichtet ist.

Ins Moderne gewendet lautet die Formel: Das Recht ist für den Richter Urteilsmaßstab, für den Verwaltungsbeamten (er möge im folgenden die Exekutive repräsentieren) Handlungsmaßstab. So hat sie zuletzt August Bettermann[2]) gebraucht. Der Richter „erkennt" für Recht[3]). Sein Denken ist kognitiv. Das des Verwaltungsbeamten ist ausgreifend, verfügend, dezisionistisch.

Der Sachverhalt, auf den das Recht angewandt wird, ist für den Richter ein *fremdes* Anliegen. Er wird an ihn herangetragen, damit er ausspreche, was dem Recht gemäß ist. Ob sein Spruch vollstreckt wird, ob sein Spruch lediglich als Druckmittel benutzt wird (wie in dem bekannt gewordenen Urteil des Bundesarbeitsgerichts, das die Schadensersatzpflicht der Gewerkschaft in dem schleswig-holsteinischen Metallarbeiterstreik des Jahres 1957 feststellte), ob auf ihn Verzicht geleistet, ob er durch Verjährung, durch Änderung der Gesetzgebung, durch eine bevorstehende Amnestie gegenstandslos werden könnte — das alles liegt außerhalb des Spruches selbst. Der Richter hat es nicht in seine Betrachtung einzubeziehen. Wenn das Gesetz morgen außer Kraft träte, müßte er heute noch nach ihm urteilen und dürfte die spruchreife Sache nicht einmal liegen lassen. Er verurteilt im Zivilprozeß einen Beklagten, dem Kläger 1000,— DM zu

[2]) Verwaltungsakt und Richterspruch; Gedächtnisschrift für Walter Jellinek S. 361 ff. Ihm folgen im Grundsatz die oben anschließenden Darlegungen.

[3]) Sein Urteil heißt von alters „das Erkenntnis". Die Summe richterlichen Erkennens erscheint darin auch sprachlich objektiviert, menschliche Erkenntnis zur stärksten Maßgeblichkeit erhoben.

zahlen. Das ist trotz des Wortlauts kein Leistungsbefehl, so wenig wie im Strafverfahren die Verurteilung zu neun Monaten Gefängnis ein Befehl wäre, sich zum Antritt der erkannten Strafe zu stellen. Im einen Falle ist es nichts als der Ausspruch, daß dem Kläger eine Forderung von 1000 DM zustehe, im anderen Falle, daß der Angeklagte schuldig sei und deshalb eine Strafe von neun Monaten Gefängnis verwirkt habe. Aber: es geschieht in beiden Fällen mit der Eigenart, in Rechtskraft und damit in Endgültigkeit erwachsen, Rechtstitel (Vollstreckungs„titel") werden zu können.

Die Anordnungen der vollziehenden Gewalt erwachsen nicht in Rechtskraft. Ihnen eignet dafür die sofortige Vollstreckbarkeit. Wo immer die vollziehende Gewalt tätig wird, wird sie es sozusagen in eigener Sache: der des Staates nämlich, als der von ihr zu vertretenden, und zwar durchaus legitim zu vertretenden Staatsräson. Diese ihre Tätigkeit ist ihrer Natur nach gestaltend, initiatorisch. Das Gesetz ist hierfür nur der begrenzende Rahmen, dem sie durch das eigene Handeln Inhalt und Fülle gibt, ihn im eigentlichsten Sinne voll-ziehend. Der Verwaltungsbeamte trägt nur neben der Sachverantwortung auch eine Rechtsverantwortung. Der Richter trägt ausschließlich eine Rechtsverantwortung — Sachverantwortung höchstens insoweit, als er es nicht zu einem fiat iustitia, pereat mundus darf kommen lassen.

Hiermit hängt zusammen, daß das Üben des Ermessens für den Verwaltungsbeamten bestimmender Auftrag, für den Richter dagegen Ausnahme ist. Das Ermessen des Richters bleibt da, wo es ihm vom Gesetz eingeräumt wird, kognitiv, ein „billiges Ermessen", Konkretisierung des gerechten Ergebnisses auf den vom Gesetzgeber in seiner Individualität nicht immer im voraus übersehbaren Einzelfall. Das Ermessen der Verwaltung ist Handlungsermessen, freie Wahl zwischen mehreren Möglichkeiten unter dem Gesichtwinkel der Zweckmäßigkeit. Dem Rechtsstaat entsteht daraus eine Schwierigkeit eigener Art. Will man die Gesetzmäßigkeit der Verwaltung einer richterlichen Kontrolle unterwerfen, dann scheidet der Ermessensbereich aus dieser Kontrolle nahezu aus. Denn nur rechtliche Sachverhalte sind der richterlichen Kognition zugänglich. An der Handhabung des Verwaltungsermessens kann der Richter lediglich nachprüfen, ob nicht offenbare und alsdann freilich gesetzwidrige Willkür vorliegt; jedes weitere Eindringen würde das Ermessen des Richters an die Stelle des Ermessens der Verwaltung setzen und damit aus dem Sinn der Gewaltentrennung ausbrechend zu einem unzulässigen Verschleiern der Verantwortlichkeiten führen. Um nun die Grenzen der richterlichen Prüfung weiter zu ziehen, hat man das Ermessen in starkem Maße eingeengt zugunsten der hierfür entwickelten Rechtsfigur des „unbestimmten Rechtsbegriffs". Bei Störung der öffentlichen Ordnung z.B. hat die Polizei „die erforderlichen Maßnahmen zur Abhilfe" zu treffen. Was heißt „erforderlich"? Ist das allein in ihr Belieben gestellt: kann sie, im Verwaltungsgerichtsprozeß oder vor dem Zivilgericht wegen Verletzung der Amtspflicht auf Schadensersatz belangt, sich damit verteidigen, diese Frage sei Domäne ihres Ermessens und unterliege daher nicht der Kritik des Richters? Die Rechtsprechung pflegt die Frage dahin zu beantworten, daß es Rechtmäßigkeitsvoraussetzung sei, ob eine Störung der öffentlichen Ordnung Maßnahmen erforderlich gemacht habe, dagegen Ermessensspielraum, welche von mehreren gleichwertigen Maßnahmen geboten gewesen sei, hinwiederum Rechtmäßigkeitsvoraussetzung, ob eine solche Maßnahme, weil nicht anders möglich, in die Rechtssphäre eines Unbeteiligten habe eingreifen dürfen. Eine gewisse Überspannung des unbestimmten Rechtsbegriffs läßt das Pendel schon wieder zurückschwingen. „Beurteilungsspielraum" und Begriffs„hof" sollen der Exekutive entgegenkommen. Die Polizei hat ihre Maßnahmen nicht erst bei eingetretener, sondern schon bei unmittelbar bevorstehender Störung der öffentlichen Ordnung zu treffen. Wo verläuft in einer solchen Lage die Grenze zwischen Handeln und Beobachten, zwischen dem Zuviel und dem Zuwenig an Aktivität, zwischen der „richtigen" und der „bedenklichen" Maßnahme? Das läßt sich oft nur rückschauend beantworten — der Polizei wird deshalb ein eigenverantwortlicher Beurteilungsspielraum zugebilligt, ohne den sie aus bloßer Sorge vor dem späteren Richter sich lahmgelegt fühlen müßte. Denn die Verwaltung muß aktiv bleiben können. So wie der Richter seinem Wesen nach passiv, neutral, Schiedsrichter ist.

Die hoheitliche Verwaltung hat stets einen Gegenspieler, mit dem sie es zu tun hat, den „Beteiligten" ihres eigenen Verwaltungsverfahrens. Der Richter ist nie Beteiligter des Verfahrens, das vor ihm abrollt. Er steckt nicht, wie ehedem, den verurteilten Schuldner durch seinen Büttel in den Schuldturm; er läßt keinen Verbrecher an den Ort der Vollstreckung abführen. Jenes besorgt der vom Gläubiger zu beauftragende und zu honorierende Gerichtsvollzieher[4]); dieses veranlaßt der Staatsanwalt. Der Haftbefehl des Untersuchungsrichters wird dem Staatsanwalt zur Vollstreckung übergeben, der in der Hauptverhandlung Verhaftete an ihn überstellt. Es ist kein Zufall, daß beide, der Gerichtsvollzieher und der Staatsanwalt, durch die Revolution von 1848 (übrigens aus dem französischen Rechtskreis) bei uns eingeführt worden sind. Auch das Rechtsmittel macht den Richter der angefochtenen Entscheidung nicht zum Beteiligten. Das wird manchmal übersehen. Die höhere Instanz hat nicht über den Richter der niederen und dessen etwaige Fehler zu Gericht zu sitzen. Sie hat an seiner Statt aus besserer Kenntnis den Streit neu zu entscheiden.

In einer Beziehung allerdings ist auch für den Richter das Gesetz nicht Urteils-, sondern Handlungsmaßstab, mit allen sich daraus ergebenden

---

[4]) An die Stelle des Schuldturms ist mutatis mutandis die Haft zur Erzwingung des Offenbarungseides getreten.

Folgerungen. Handlungsmaßstab ist für den Richter seine eigene Verfahrensordnung. Hier hat er deshalb in weitem Umfang eigenes Ermessen zu betätigen. Terminsansetzung, Auswahl von Armenanwälten, Pflichtverteidigern und Sachverständigen, Aussetzung, Verbindung und Trennung mehrerer Verfahren, vielfach auch Fragen der Vereidigung oder Nichtvereidigung, die gesamte Sitzungspolizei: alles dies sind Dinge, bei deren Handhabung auch die höhere Instanz dem Richter nicht hineinreden, deren Handhabung sie höchstens dann rügen kann, wenn die Richtigkeit des ergangenen Spruches dadurch in Frage gestellt erscheint. Ungehorsamsstrafen gegen nicht erschienene Zeugen oder wegen Ungebühr in der Verhandlung vollstreckt der Richter in eigener Zuständigkeit. An der Schwelle des Gerichtssaales endet sogar das Hausrecht der Justizverwaltung. Zuhörern, denen der Zutritt zur Verhandlung aus sitzungspolizeilichen Gründen, etwa wegen Überfüllung, versagt wird, kann er nicht vom Landgerichtspräsidenten gestattet werden.

3.

Alles in allem haben die Gerichte bei ihren Sprüchen grundsätzlich nicht zu berücksichtigen, was für die Verwaltung im Zweifel Richtschnur ist: das öffentliche Interesse. Der Richter muß nach dem Recht erkennen, selbst wenn dies dem öffentlichen Interesse erkennbar zuwiderläuft. Er dürfte es nur da berücksichtigen, wo das Gesetz selbst ihm die Berücksichtigung vorschreibt. Solche Bestimmungen kommen vor. Bei ihrer Anwendung hat der Richter jedoch wiederum das öffentliche Interesse nicht aus dem Blickpunkt der beteiligten Verwaltung zu beurteilen, sondern er hat auf das wohlverstandene öffentliche Interesse abzuheben, wie es sich als die höhere Gemeinsamkeit von ausgleichender und austeilender Gerechtigkeit darstellt.

Die Frage ist nicht ohne Aktualität, seit in den Jahren nach 1945[5]) im Verwaltungsstreitverfahren der sogenannte Vertreter des öffentlichen Interesses als Prozeßbeteiligter neben den Parteien eingeführt worden ist. Seine Funktion ist von Anfang an nur schwer bestimmbar gewesen; die Angriffe gegen diese zwielichtige Einrichtung haben nicht aufgehört. In der Tat ist der „Vertreter des öffentlichen Interesses" in einem rechtsstaatlichen Gerichtsverfahren kaum zu rechtfertigen. Wo Recht gesprochen wird — und ausschließlich nach dem Recht geurteilt werden darf —, da sollte auch nicht der Versuch gemacht werden, ein „öffentliches Interesse" daneben zur Geltung bringen zu wollen. Ist es ausnahmsweise Gegenstand der Rechtsfindung, dann brauchen die Verwaltungsgerichte

[5]) Nicht ohne Vorgang aus der preußischen Zeit, wo bereits ein „Kommissar zur Wahrung des öffentlichen Interesses für die mündliche Verhandlung" von Fall zu Fall bestellt werden konnte.

keinen Geburtshelfer der Gerechtigkeit: mindestens solange nicht, als gerade sie in Anspruch nehmen, sich vornehmlich aus erfahrenen Verwaltungspraktikern zu rekrutieren (und rekrutieren zu müssen). Symptomatisch ist denn auch, daß der Vertreter des öffentlichen Interesses immer seltener in Erscheinung getreten und aus der Praxis der Verwaltungsgerichte offen für seine Abschaffung plädiert worden ist. Die Verwaltungsgerichtsordnung von 1960 hat ihn trotzdem beibehalten. Ein Fossil aus der Zeit des Obrigkeitsstaats? Fast möchte es so scheinen.

Freilich darf nicht übersehen werden, daß das öffentliche Interesse als die Hausregel der Verwaltung sich von seinem Ausgangspunkt zusehends wegbewegt. Wo die Behörde dem Bürger unmittelbar gegenübertritt, hat sie echte dezisionistische Möglichkeiten nur noch in der sogenannten Eingriffsverwaltung. Das ist die, die den Bürger beschwert, ihm etwas nimmt oder auferlegt, die in seine Sphäre beschränkend eingreift. Anwendungsfälle sind Polizei, Gewerbeaufsicht, Wohnraumzwangswirtschaft. Hier übt eine hohe Schule der Verwaltungskunst Zweckmäßigkeit und Ermessen; die Rechtsverantwortung, von der oben die Rede war, ist nichts als Schranke. Hier wird das große Erbe aus dem Kampf um den liberalen Rechtsstaat bewahrt, das Gebot der Gesetzmäßigkeit der Verwaltung, noch heute der gültige Gradmesser für rechtsstaatliches Verwaltungshandeln; ohne gesetzliche Grundlage darf die Eingriffsverwaltung weder allgemein noch im Einzelfalle tätig werden. In Ziel und Durchführung völlig verschieden ist die moderne Leistungsverwaltung. Sie beschwert nicht, sondern gewährt: staatliche Leistungen aller Art, Renten, Sozialhilfe, Lastenausgleich, Armenrecht. Auf die meisten dieser Vergünstigungen besteht ein Rechtsanspruch. Die Gesetzmäßigkeit wandelt sich von der Schranke zum Inhalt. Der Manövrierraum für das öffentliche Interesse ist auf die Kann-Leistungen beschränkt. Selbst da aber bestimmt nicht das Staatsinteresse, am wenigsten das fiskalische. Denn wo immer sie tätig wird, hat die Leistungsverwaltung sich an den Wertvorstellungen der Verfassung zu orientieren, wenn sie ihren sozialen Auftrag recht erfüllen will. Zwischen der auf ein Grenzbewußtsein der Gesetzmäßigkeit gestellten Eingriffsverwaltung und der unter den Leitbildern des GG gewährenden Leistungsverwaltung läuft die Linie, die den liberalen vom sozialen Rechtsstaat scheidet.

4.

Die Frage, ob eine Behörde im Grenzgebiet zwischen Exekutive und Rechtsprechung der einen oder der anderen Gewalt zuzurechnen sei, ist mitunter schwierig und stets folgenreich. Man kann sie sowohl vom Funktionalen wie vom Organisatorischen her lösen. Im ersten Falle geht man aus von dem sachlichen Gehalt der Aufgaben, zu deren Erledigung die Behörde eingesetzt ist. Stellen sie sich ihrem Schwerpunkt nach als vollziehende Gewalt dar, so bedeutet das die Unfähigkeit derselben Behörde, für Nebenbereiche reiner Rechtsfindung Gericht sein zu können. Die andere Betrachtungsweise ist den nicht wenigen Formen innerbehördlicher Kontrolle der Verwaltung durch Beschwerdeausschüsse aller Art angepaßt. Sie untersucht den Grad der Verflechtung solcher Ausschüsse mit dem Gesamtorganismus der Behörde und verneint von da her ihre Eigenschaft als Gericht. Denn „Gericht" kann ein staatliches Organ nur sein, wenn es von Weisungen in der Sache unabhängig ist und seine hauptamtlichen Mitglieder sich aus richteramtsfähigen, planmäßig und auf Lebenszeit angestellten Persönlichkeiten zusammensetzen; an der Gerichtsqualität fehlt es, wenn auch nur eines der Mitglieder, ob hauptamtlich, nebenamtlich oder ehrenamtlich, jederzeit versetzt oder abberufen werden kann. Fehlen der Gerichtsqualität hat zur Folge, daß gegen die Entscheidungen, sei es der Behörde, sei es ihrer Beschwerdeausschüsse, der Rechtsweg geöffnet ist.

Beide Kriterien der Abgrenzung hat (1959) das Bundesverwaltungsgericht einem Urteil zugrunde gelegt, das die Rechtsstellung des Deutschen Patentamts betraf[6]). Das frühere Reichspatentamt war vielfach als ein Sonderverwaltungsgericht des Reichs betrachtet worden. Wenn das heute noch zutraf, dann war der Rechtsweg gegen patentamtliche Entscheidungen selbst unter der allgemeinen Rechtsweggarantie des Art. 19 GG verschlossen. Das Bundesverwaltungsgericht hat diese Auffassung für das Deutsche Patentamt verneint und es seinem Aufgabencharakter nach der vollziehenden Gewalt zugerechnet. Ausschlaggebend sei, daß die Prüfung der Patentfähigkeit einer Erfindung und die Erteilung des Patentes sich nicht in dem Ziel erschöpfe, den Rechtsfrieden zu erhalten und die Gerechtigkeit durchzusetzen, sondern daß sie der Erfüllung wirtschaftspolitischer Aufgaben zu dienen habe. Dafür spreche beispielhaft die Zuständigkeit des Patentamtes, bei ungenügender Ausnutzung einer Erfindung im öffentlichen Interesse (!) tätig zu werden und eine Zwangslizenz zu erteilen. Auch den Beschwerdesenaten innerhalb des Patenamts hat jenes Urteil die Gerichtsqualität nicht belassen. Dafür seien die Beschwerdesenate — so lautet die Begründung — mit dem behördlichen Aufbau des Patentamts zu eng verzahnt, personell von der hierarchischen Spitze abhängig, von ihr bis in die Beratung hinein kontrollierbar, ja nicht einmal notwendig mit rechtskundigen Mitgliedern besetzt. Das Urteil des Bundesverwaltungsgerichts selbst ist dem öffentlichen Interesse geradezu entgegengesetzt gewesen. Die Gefahr einer drohenden ungeheuerlichen Mehrbelastung der Verwaltungsgerichtsbarkeit durch Rechtsmittel gegen patentamtliche Entscheidungen zwang alsbald zu gesetzgeberischen Schritten. Im übrigen war der Vorgang nicht einmal ohne Parallele. Ähnlich hatte schon das Bundesverfassungsgericht[7]) die Beschwerdeausschüsse nach dem Sofort-

[6]) BVerwGE 8, 350.
[7]) BVerfGE 4, 331.

hilfegesetz als Gerichte disqualifiziert und den Rechtsweg gegen ihre Entscheidungen geöffnet. Die Beschwerdeausschüsse waren bei den Landesämtern für Soforthilfe gebildet und von deren Präsidenten geleitet. Vergeblich hatte das Soforthilfegesetz sie zu „Verwaltungsgerichten" deklariert, um eben den unbequemen Rechtsweg auszuschließen. Das Bundesverfassungsgericht erklärte diese Bestimmung kurzerhand für null und nichtig.

5.

Gewaltenteilung und Gewaltentrennung sind für begriffliches Denken eine Gefahr. Sie suggerieren die Vorstellung eines Ohne-einander, das stärker ist als das Gemeinsame. Und doch ist dies, das Aufeinander-Bezogensein, die gemeinsame Hinwendung auf das Ganze des öffentlichen Wohles der allein rechtfertigende Grund dafür, daß die „Gewalten" als getrennte im Verfassungsstaat formiert worden sind. Die zentrale Mitte bleibt. Von ihr aus hat das Gleichgewicht der Kräfte sich zu einem Miteinander zu ordnen. Keine Gewalt darf ein Eigenleben führen, so als ob es die anderen nicht gäbe.

Diese Einsicht ist mit einigem Lehrgeld bezahlt. Urteile des Bundesfinanzhofs entschieden grundsätzliche steuerrechtliche Fragen; aber die Entscheidung hatte verfahrensrechtliche Verbindlichkeit nur für den entschiedenen Fall; wenn die unterlegene Finanzverwaltung sich nicht überzeugen ließ, gaben die Finanzministerien Weisung an die Finanzämter, in künftig gleich liegenden Besteuerungsfällen die Rechtsauffassung des Bundesfinanzhofs unbeachtet zu lassen. Die Zivilgerichte verurteilen einen Mieter zur Räumung. Wenn der Räumungstermin herangekommen und der Gerichtsvollzieher zur Vollstreckung erschienen war, wurde der Räumungsschuldner durch das Wohnungsamt, bei „korrekterer" Handhabung durch die Obdachlosenpolizei als „Obdachloser" in die Wohnung erneut eingewiesen. Konflikte solcher Art kamen — wiederum charakteristisch — hauptsächlich im Verhältnis der Rechtspflege zur Verwaltung vor. Die Einstellung der Verwaltung war formal unangreifbar. Auf die Rechtskraft eines Urteils des Bundesfinanzhofs konnten sich diejenigen Steuerpflichtigen, die nicht am Verfahren beteiligt gewesen waren, nicht berufen. Das Räumungsurteil hob lediglich das früher abgeschlossene Mietverhältnis auf, stand aber einem neuen Zwangsmietvertrag oder einer Inanspruchnahme des Wohnraumes durch die Polizei für Zwecke der sogenannten Gefahrenabwehr, nämlich der Abwehr drohender Obdachlosigkeit, nicht entgegen.

Trotzdem blieb ein solches Gegeneinander natürlich für die Rechtssicherheit im Rechtsstaat untragbar. Wie durch die Gewaltentrennung bedingt, hat es sich nur durch gegenseitige Verständigung beheben lassen. Im Falle des Räumungsurteils haben Justiz und Polizei sich generell dahin geeinigt, daß die Polizei einen Räumungsschuldner nur bei absoluter Unmöglichkeit der Beschaffung eines anderen Obdachs wieder einweisen dürfe, und auch dies nur als Übergangsmaßnahme bis zur Höchstdauer von wenigen Monaten[8]); der BGH hat unter Bestätigung solcher Regelungen die Frist mit längstens sechs Monaten bemessen[9]). Eine Einigung für die Urteile des Bundesfinanzhofs wurde im Herbst 1955 dahin erzielt[10]), daß die Finanzverwaltung, wenn sie mit der Rechtsauffassung des Bundesfinanzhofs nicht einverstanden sei, die Frage in einem erneuten Musterprozeß zum beschleunigten Austrag bringen und parallel laufende Veranlagungsverfahren bis zur Entscheidung zurückstellen solle. Mehr als das Bemühen um eine vernünftige Abstimmung der beiderseitigen Standpunkte ist verfassungsrechtlich allerdings nicht zu erreichen. Aber es ist schon Entscheidendes gewonnen, wenn der Bürger das Gefühl haben kann, daß nicht Gewaltentrennung auf seinem Rücken exerziert werde. Sie ist nicht Selbstzweck, sondern Gliederung zur Gewaltenverbindung.

3. Kapitel

Gerichte und Souverän

1.

Der Widerspruch, der in der Bezeichnung pouvoir judiciaire liegt, ist ihrem Urheber Montesquieu nicht verborgen geblieben. Er hätte sie sonst schwerlich durch die spätere Erläuterung „en quelque façon nul" eingeschränkt. Pouvoir kommt von potestas. Potestas aber, „Macht" im ursprünglichen Sinne, ist richterlichem Erkennen nicht gegeben. Die rechtsprechende Gewalt hält die Waage der Gerechtigkeit. Aber das Schwert, das im Symbol bei der Waage ruht, führt sie nicht. Muß vollstreckt werden, so tritt die vollziehende Gewalt in Tätigkeit.

Im strengeren Wortsinne hätte Montesquieu von autorité judiciaire sprechen müssen. Auctoritas, Autorität wirkt die Kraft des Richterspruchs. Der rechtsprechenden Gewalt ist nichts ferner, als daß sie Macht um der Macht willen erstrebt. Aufgaben, Kompetenzen an sich zu ziehen ist den Gerichten so uneigentümlich, wie es die Verwaltung auszeichnet; noch untereinander verkehren sie weit eher auf dem Fuß des Verneinens als dem des Bejahens der eigenen Zuständigkeit. Die rechtsprechende Gewalt ist diejenige, die gegen die Zuweisung neuer Arbeitsfelder, wenn sie ihr

8) In Niedersachsen beispielsweise vier Monate (RdErl. des Innenministers v. 13. 10. 1951 — MinBl. S. 413 —).

9) NJW 1959, 768.

10) Betr.Ber. 1956, 230.

nicht gemäß waren oder zu sein schienen (Ausweitungen der politischen oder der Wirtschaftsstrafjustiz) sich von jeher nachdrücklich gesträubt hat. Und heißt man sie schon *Gewalt*: ihr Walten hat kein größeres und kein geringeres Gewicht als das Überzeugungsvermögen ihrer Aussprüche, als die Hinwendung auf die reine Gerechtigkeit. Diese sittliche Autorität ist es, die dem englischen Richter den persönlichen Titel „Justice" beilegt.

Die Autorität des richterlichen Amtes wird anschaubar in der Ordnung der Zuständigkeit. Der Spruchrichter, und nur von ihm ist zunächst die Rede, ist strenggenommen mit nichts anderem ausgerüstet als mit seiner Zuständigkeit, die einzelne Sache als der für sie berufene gesetzliche Richter (unten Seite 91) entscheiden zu müssen. Diese Zuständigkeit hat er nicht aus sich. Sie wird ihm zugewiesen, sie kann ihm auch wieder genommen werden. Das kann so weit gehen, daß ein Unrechtssystem den Gerichten ganze Gruppen von Zuständigkeiten entzieht: es kennzeichnet sich dadurch als das, was es ist; aber kein Gericht und kein richterliches Gewissen könnte daran etwas ändern, etwa weiterjudizieren, so als ob nichts geschehen wäre. Judizieren ohne Gerichtsbann würde ein Judizieren ins Leere. Derartiges ist auch im Dritten Reich nicht versucht worden, nicht einmal von dem sonst sehr unbeugsamen preußischen Oberverwaltungsgericht, nachdem ihm seine Spruchgewalt gegenüber Akten der Gestapo durch Gesetz beschnitten worden war. Als ein Kriegsgericht im Mai 1945 nach geschehener Internierung der Truppe das Erlöschen seiner Amtshoheit ignorierte und ein Verfahren gegen einen Fahnenflüchtigen zu Ende führte, da war das Urteil (es lautete auf Todesstrafe) ein Nichturteil; seine Vollstreckung, zu der es tatsächlich noch kam, war ein Totschlag, für den die Beteiligten später zur Rechenschaft gezogen worden sind. Das Gericht kann sich auch nicht dagegen wehren, daß die Parteien eines bürgerlichen Rechtsverhältnisses die staatliche Gerichtsbarkeit ausschließen und sich auf ein privates Schiedsgericht einigen. Auf der anderen Seite kann dem Gericht durch Parteivereinbarung im Einzelfalle eine Zuständigkeit übertragen werden, die es sonst nicht hätte. Hier kann eine persönliche Autorität des Richters der Grund sein, und sie kann in einem solchen Beweis des Vertrauens ihre Krönung finden. Grundsätzlich aber und in rechtsstaatlich gebotener Strenge ist die Zuständigkeit dem Gericht durch Gesetz verliehen. Seine Autorität ist im Wesen institutionell.

Zuständigkeit als Gerichtsbann läßt in dem dadurch gezogenen Rahmen dem Gericht dennoch Macht zuwachsen, sekundäre, sozusagen reflektierte Macht. Sie äußert sich in drei Richtungen. Sie sperrt. Sie ordnet durch die Kraft des Präjudizes. Sie gestaltet, indem sie auf bestimmten Gebieten Rechtspositionen schafft oder vernichtet. Hinzukommt eine Befugnis besonderer Art, die im Bilde der richterlichen Funktionen zwar nicht eigenständig ist, trotzdem aber eine jede von ihnen kennzeichnend begleitet.

Sie sei hier vorangestellt. Das Gericht, dessen Aufgabe der Wahrspruch und dessen Amt das Herausbringen der Wahrheit in zurückliegenden Geschehensabläufen ist, hat auch die alleinige Befugnis, mit Mitteln des Zwanges zu dieser Wahrheit vorzustoßen. Der richterliche Haftbefehl legalisiert die Festnahme und läßt sie als Untersuchungshaft andauern, um der Verdunkelungsgefahr vorzubeugen. Das Gericht, und nur das Gericht, übt den Zeugniszwang. Vor keiner Behörde ist der Bürger genötigt auszusagen, namentlich nicht vor der Polizei. Die Polizei kann ihn auffordern, zu erscheinen und Aussagen zu Protokoll zu geben; erscheint er nicht oder weigert er sich, hat sie keine Machtmittel, seinen Willen zu brechen. Das Gericht dagegen kann laden, auch das Erscheinen erzwingen, und vor Gericht muß bei Gefahr der Beugehaft Farbe bekannt werden, soweit nicht ein Recht zur Verweigerung der Aussage aus den gesetzlich vorgesehenen Gründen besteht. Denn die Aussage vor Gericht ist die einzige, bei der die Gewähr einer rechtsstaatlichen Vernehmung gegeben ist, ohne Druck, mit allen vorgeschriebenen Belehrungen, beschränkt auf diejenigen Aussagepunkte, über die nach dem Gesetz eine Vernehmung erfolgen darf. Nur das Gericht hat deshalb auch die Befugnis, die Beeidigung der Aussage zu verlangen und zu erzwingen. Eide kennt das Rechtsleben sonst häufig, besonders die promissorischen (versprechenden) eidlichen Gelöbnisse; aber den assertorischen (die Wahrheit bekräftigenden) Eid abzunehmen ist wesenhaft[1]) den Gerichten vorbehalten. Das Gericht muß daher auch eingeschaltet werden, wenn in anderen behördlichen Verfahren es darauf ankommt, unter Zeugnis- und Eideszwang die Wahrheit herauszubekommen, beispielsweise im Verfahren auf Feststellung von Sozialversicherungsleistungen nach § 1571 RVO.

Nur das Gericht hat die Macht zu strafen, Sühne für begangenes kriminelles Unrecht um der Sühne willen[1a]) zu verhängen; nur der vom Gericht verhängten Strafe ist das Strafregister geöffnet. Die rechtsprechende Ge-

---

[1]) Die Zahl der „anderen zur Abnahme von Eiden zuständigen Stellen" (§ 154 StGB) bröckelt immer mehr ab. Wenn heute noch die Finanzämter im Veranlagungsverfahren diese Befugnis besitzen (§ 182 AO), so liegt das auf derselben Ebene eines gestrigen Fiskalismus wie ihre Zuständigkeit, Strafen zu verhängen (darüber unten Seite 151). Die Befugnis der parlamentarischen Untersuchungsausschüsse, die von ihnen vernommenen Zeugen zu vereidigen, hat starke rechtsstaatliche Bedenken, da den Ausschüssen die Atmosphäre strenger Unvoreingenommenheit zu fehlen pflegt, auch die Ausschußmitglieder selbst in den Zeugenstand treten können (kein Richter dürfte das); Reformen auf Abschaffung dieser Befugnis sind im Gange. Siehe dazu auch Seite 123 Anm. 6.

[1a]) Das unterscheidet die hier gemeinte bürgerliche Strafe zum einen von der Buße für bloße Ordnungswidrigkeit, zum anderen von der Maßnahme der Dienstzucht im sogenannten besonderen Gewaltverhältnis des Beamtenstandes, des Soldatenstandes, der Schule, oder der Hauszucht in den Haftanstalten.

walt sperrt, schon durch diese ihre Ausschließlichkeit: für den Rechtsstaat ist jedermann und selbst der Verdächtige unschuldig, bis er durch Richterspruch rechtskräftig für schuldig befunden worden ist[1b]). Bis zum GG bestrafte auch die Polizei; eben das hat aufgehört. Der ausschließlichen Strafbefugnis verwandt ist die ausschließliche Haftbefugnis. Haft in jeder Form als Dauermaßnahme — Strafhaft, Untersuchungshaft, Auslieferungshaft im zwischenstaatlichen Rechtsverkehr, Beugehaft zur Erzwingung des Offenbarungseides oder einer sonstigen unvertretbaren Leistung in der bürgerlichen Zwangsvollstreckung, einer Zeugenaussage, Haft im persönlichen Sicherheitsarrest (§ 918 ZPO) — darf nur vom Gericht verhängt werden. Können Verwaltungsbehörden ein von ihnen festgesetztes Zwangsgeld oder Bußgeld nicht beitreiben und wollen sie es in eine Ersatzhaft umwandeln lassen, so müssen sie sich an das Gericht wenden, wie etwa im Falle der Bußgeld-Erzwingungshaft nach § 61 des Gesetzes über Ordnungswidrigkeiten. In der Umkehrung zeigt sich auch hier die Sperrmacht des richterlichen Amtes. Freiheitsentziehungen im öffentlichen Interesse können auch von anderen Stellen als von den Gerichten ausgehen. Aber sie sind immer nur vorläufige und dürfen über den Ablauf des nächstfolgenden Tages hinaus nur mit richterlicher Bestätigung andauern. Dahinter steht die ganze Schwere der Strafdrohung gegen Freiheitsentziehung im Amt. Die Bestätigung der polizeilichen Festnahme durch den richterlichen Haftbefehl hat zugleich die rechtsstaatliche Nebenwirkung, den Beschuldigten aus der Polizeihaft in die Untersuchungshaftanstalt der Justiz zu überführen, wodurch etwaiger Versuchung zu Übergriffen in den Verhörmethoden der Boden entzogen bleibt. — In gleicher Weise bedürfen Beschlagnahmen im Strafverfahren der Bestätigung durch das Gericht; was das Gericht nicht bestätigt, muß unverzüglich zurückgegeben werden. Beschlagnahmte Briefe darf nur der Richter öffnen, sonstige beschlagnahmte Papiere nur er einer Durchsicht unterziehen, ehe er über ihr Schicksal entscheidet. Nur das Gericht hat die von einer fremden Regierung nachgesuchte Auslieferung straffälliger Personen zu bewilligen.

Die präjudizierende Macht des gerichtlichen Spruches ist beträchtlich. Probeprozesse wie etwa der Volkswagenprozeß sollen in ungeklärte Rechtspositionen hineinleuchten; die Macht des ergehenden Spruches geht weit über seinen Gegenstand hinaus, insofern man seine Autorität für die

---

[1b]) Es gilt das auch für die Justiz selbst. Eine Strafkammer hatte über einen der Kuppelei überführten Angeklagten zu urteilen, der in zwei früheren Kuppeleiverfahren mangels Beweises rechtskräftig freigesprochen worden war. Sie verschärfte seine Strafe mit der Begründung, er hätte die früheren Verfahren „sich zur Warnung dienen lassen sollen", außerdem habe das Gesamtverhalten des Angeklagten immerhin „einen bedenklichen Hang zur Kuppelei" erkennen lassen. Das Oberlandesgericht Köln als Revisionsinstanz erklärte die Strafschärfung für unzulässig (NJW 1960, 449).

in größerem Rahmen zu treffenden Maßnahmen unangefochten zugrunde legt. Zahllos sind die Fälle, in denen die Spruchpraxis der Gerichte wichtigste gesetzgeberische Maßnahmen erzwungen hat. Das Strafgesetzbuch bestraft in § 242 den Diebstahl nur an „beweglichen Sachen". Die Strafgerichte weigerten sich so lange, den elektrischen Strom hierunter zu begreifen (und sprachen frei), bis im Jahre 1900 ein besonderes Gesetz zur Bestrafung der unerlaubten Entziehung elektrischer Energie erging. Das Beispiel steht für viele[1c]). Im Verwaltungsstreitverfahren kommen Vollstreckungen gegen Behörden, wenn sie rechtskräftig verurteilt sind, praktisch nicht vor. Keine Behörde könnte wagen, es dahin kommen zu lassen, will sie nicht völlig ihr Gesicht verlieren. Sie beugt sich dem Spruch freiwillig. In Spruchsachen hochpolitischen Charakters sind die Auswirkungen eines von der Regierung betriebenen Verfahrens im Falle des Erfolges so unbestreitbar wie die Rückwirkungen im Falle eines Mißerfolges unübersehbar. Rücksichtnahmen letzterer Art zwingen zu sorgfältigsten Überlegungen, bevor der Weg zu den Gerichten, insbesondere zum Verfassungsgericht beschritten wird. Ganze Gutachterkommissionen werden hierfür in Bewegung gesetzt. In Bonn soll das Wort umgehen von dem „Schwarzen Mann aus Karlsruhe", der unsichtbar in der Ecke eines jeden Referentenzimmers in den Ministerien stehe. Zur unmittelbaren Wirkung steigert sich die Macht der rechtsprechenden Gewalt da, wo ihre Sprüche nicht nur erkennenden, sondern aus sich heraus gestaltenden Inhalt haben. Die Ehe wird aufgelöst mit der Rechtskraft des Scheidungsurteils. Der Angeklagte erleidet seine Ehrenminderung mit der Rechtskraft des auf Aberkennung der bürgerlichen Ehrenrechte lautenden Strafurteils; die verfassungsfeindliche politische Partei wird illegal durch den Spruch des Bundesverfassungsgerichts, der ihre Verfassungsfeindlichkeit feststellt. Ist die Autorität des Gerichts zerbrochen, so ist es diese Gestaltungsmacht, die im Kern zerbricht. Verurteilungen durch den Volksgerichtshof konnten selbst im Bewußtsein der Öffentlichkeit zuletzt kaum noch entehren, wenn sie es je gekonnt hatten.

2.

Man hat nicht mit Unrecht bemerkt, daß die Unversuchbarkeit der Rechtspflege und die Lauterkeit ihrer Diener, über die Spanne des Dritten Reichs samt einigen Würdelosen hinweg bis in die Gegenwart der Bundesrepublik gerettet, einer der wenigen Kristallisationspunkte neuer staatlicher Autorität geworden sei. Einer Autorität, die man den Parlamenten und der Exekutive nicht vorbehaltlos zuzuerkennen bereit ist, sondern nur noch, und hier allerdings in vorderster Linie, dem Amt des Bundespräsidenten.

1c) Andere Beispiele siehe Seite 47 Anm. 4; 60.

Darin zeigt sich eine innere, vom Gedanken der Repräsentanz her begründete Zuordnung. Rechtsfrieden zu gebieten und Recht sprechen zu lassen ist die ureigene Aufgabe des Gemeinwesens. In ihr und durch sie bliebe es ein Gemeinwesen selbst dann, wenn es einer Gesetzgebung und einer Verwaltung entbehrte[2]). Jede Rechtspflege hat, im Gegensatz zu der die Zweckhaftigkeit des Staates darstellenden Verwaltung, an der Seinshaftigkeit des Staates als einer Rechts- und Friedensordnung unmittelbar teil, indem sie diese Ordnung von Tag zu Tag neu „richtet". Die rechtsprechende Gewalt kann also ihre Legitimation in der Ganzheit nicht vom Staat herleiten. Vielmehr bedarf sie des Rückgriffs auf eine Instanz, die als forma formans vor dem Staat als der forma formata gedacht wird. Es ist der Träger der Souveränität. In den Monarchien ist es der Monarch, in der Demokratie das Volk und als dessen Repräsentant das gewählte Staatsoberhaupt, pouvoir neutre, über den Parteiungen stehend: der Souverän als Träger und Quelle aller irdischen, aber zugleich der sittlichen Idee des Staates verpflichteten Gewalt.

Von da aus wird manche Besonderheit im Bilde der rechtsprechenden Gewalt verständlich. Über jedem ihrer Urteile steht noch heute „Im Namen des Volkes", so wie ehedem „Im Namen des Königs". Diktatoren haben ein wohlbewahrtes Empfinden für die Legitimität, die in einem solchen Anruf des Souveränitätsträgers sich ausdrückt. Hitler ist nie so weit gegangen, die Urteile der Gerichte „Im Namen des Führers" ergehen zu lassen; er ließ es bei der wenngleich programmatisch abgewandelten Formel „Im Namen des Deutschen Volkes" bewenden. Nicht einmal die überkommene feierliche Amtstracht bei den Gerichten hat er beseitigt (um ihr stattdessen ein kümmerliches Hoheitszeichen anzufügen). Auch die Amtstracht ist mehr als bloße Äußerlichkeit. Sie birgt und verbirgt die Person in der Würde des Amtes ähnlich der Tracht des Geistlichen; sie ist Sinnbild eines jenseits des Wandels der Staatsform stehenden überzeitlichen Auftrages. Ausdruck der Gleichordnung und Hinordnung der rechtsprechenden Gewalt zum Repräsentanten der Souveränität war es, als bei Eberts Tode im Jahre 1925 ein Reichsgesetz die Verweserschaft für das Reichspräsidentenamt dem Präsidenten des Reichsgerichts übertrug. Durch Gesetz vom Dezember 1932 wurde dieses Verweseramt auf künftige Fälle allgemein eingesetzt. Unterstand der Monarch für seine Person nicht der Gerichtsbarkeit seines Staatse, so war zwar dieses Vorrecht für das demokratische Staatsoberhaupt nicht beizubehalten; doch braucht — ein letzter Rest hiervon — der Bundespräsident als Zeuge nicht vor Gericht zu erscheinen; er ist in seiner Wohnung zu vernehmen (§§ 375 ZPO, 49 StPO).

---

[2]) Eine treffende Bemerkung von Marcic a.a.O. S. 262, die durch den Hinweis auf den Wüstenzug der Kinder Israel in einer Schrift von Rudolf Stammler („Der Richter", Donauwörth 1924, S. 24) auch geschichtlich glaubhaft wird.

„The king can do no wrong." Die Herausnahme des sakrosankten Monarchen aus der gerichtlichen Verantwortlichkeit für sein Tun hat dem in seinem Namen rechtsprechenden Richter gewisse Privilegien einräumen helfen. Der Zivilrichter ist von der Haftung für die Folgen eines unrichtigen Urteils freigestellt, es sei denn, er hätte sich einer strafbaren Rechtsbeugung schuldig gemacht und sich damit außerhalb seines Amtes gestellt (§ 839 Abs. 2 BGB). Er hat mithin nicht schon, wie der Beamte der Verwaltung, für fahrlässig falsche Ausübung seines Spruchamtes Schadensersatz zu leisten. Gleicherweise ist die Verantwortlichkeit des Strafrichters eingeschränkt. Lautet ein Urteil auf Freiheitsstrafe und ist es falsch, so kann der Richter, wenn der Verurteilte durch die Vollstreckung gesundheitlichen Schaden erleidet, nicht etwa wegen fahrlässiger Körperverletzung, selbst im Falle eines vorsätzlich falschen Urteils nicht wegen Freiheitsberaubung, Nötigung, Beleidigung o. ä. bestraft werden; er ist abermals nur bei Vorliegen einer Rechtsbeugung und nur deretwegen strafbar. Die Privilegierung ist freilich auch durch die Sache geboten. Der Richter muß notwendig und kraft seines Amtes in einer bürgerlichen Streitsache der unterliegenden Partei immer, in einer Strafsache dem verurteilten Angeklagten „Schaden" zufügen. Er könnte nicht mehr unbefangen urteilen (und es würde sich auch niemand hierzu bereitfinden), wenn er befürchten müßte, für jedes objektive Fehlgreifen in seiner Erkenntnis, ihm später als Verschulden ausgelegt, finanziell oder sogar strafrechtlich haftbar zu sein.

Dafür hat er ein anderes privilegium odiosum, das wiederum mit seiner besonderen Legitimation zusammenhängt. Er teilt es — nach dem GG (Artt. 61, 98) — bezeichnenderweise mit dem Bundespräsidenten. Es ist die besondere verfassungsrechtliche Verantwortlichkeit, wie sie in der Richteranklage ihren Ausdruck findet.

Nicht der Minister, nicht der Abgeordnete: der Bundespräsident, jeder Bundesrichter, nach näherer Bestimmung der Landesgesetze[3]) auch jeder Richter im Landesdienst kann vor dem Bundesverfassungsgericht angeklagt werden; der Bundespräsident wegen vorsätzlicher Verletzung des Grundgesetzes (oder eines anderen Bundesgesetzes), der Richter, wenn er im Amt oder außerhalb seines Amtes gegen die Grundsätze des Grundgesetzes oder gegen die verfassungsmäßige Ordnung eines Landes verstößt. Ankläger sind die gesetzgebenden Körperschaften, die insoweit für das Volk als Träger der Souveränität eintreten[4]). Die Richteranklage hat nicht

[3]) Ergangen in allen Ländern außer Bayern, das keine Richteranklage kennt. Über ihre besondere Verschärfung in Hessen siehe unten Seite 80 Anm. 1; das GG hat solche Verschärfungen, soweit es sie vorfand, unberührt gelassen.

[4]) Das sind: im Falle der Präsidentenanklage der Bundestag oder der Bundesrat (unter bestimmten qualifizierten Mehrheiten), im Falle der Richteranklage der Bundestag bzw. das Landesparlament. Nur in Rheinland-Pfalz ist der Ankläger für die Richteranklage nicht der Landtag, sondern der Ministerpräsident.

einmal den Vorwurf vorsätzlichen Handelns zur Voraussetzung. Während die Anklage gegen den Bundespräsidenten nur mit Freispruch oder mit Amtsenthebung endet, kann bei der Richteranklage nach dem GG auf Versetzung oder auf Pensionierung, im Falle von Vorsatz allerdings auch auf Entlassung erkannt werden. — Die Richteranklage ist bisher nicht praktisch geworden. Mit ihr zu drohen ist man zwar schnell bei der Hand, namentlich dann, wenn Urteile ergehen, die bestimmten politischen Gruppen nicht genehm sind. Doch selbst da, wo sie vereinzelt ernsthaft erwogen wurde[5], ist es nicht zu einer Beschlußfassung über die Anklageerhebung gekommen. Man hat über das Institut der Anklage gegen den Bundespräsidenten als ein verfassungsgeschichtliches Requisit gespottet und gemeint, ein Bundespräsident, der so mächtig ist, daß er das Grundgesetz zu verletzen sich unterfangen könne, sei schwerlich durch einen Spruch des Bundesverfassungsgerichts, gar den Versuch seiner Vollstreckung aus dem Sattel zu heben. Es steht zu hoffen, daß nie die Probe aufs Exempel wird gemacht werden müssen; sie könnte die Grenze eines jeden Rechtsstaats offenbar werden lassen. Die moralische Kraft der bloßen Existenz solcher Verfassungsinstitute behält dennoch ihr Gewicht. Das gilt auch für die Richteranklage. Sie macht Erscheinungen wie gewisse Urteile in der Weimarer Republik, die von der Anklage der Beschimpfung der Reichsfarben freisprachen mit der Begründung, „Schwarz-Rot-Mostrich" sei nur eine Umschreibung des Augeneindrucks, nicht eine Herabwürdigung der Reichsfarben „Schwarz-Rot-Gold", praktisch unmöglich.

3.

Einigen weiteren Folgerungen aus dem Gesagten sei im folgenden nachgegangen.

Daß die rechtsprechende Gewalt ihre Legitimation nicht vom „Staat", sondern vom Träger der Souveränität unmittelbar ableitet, macht es möglich, daß der Staat vor seinen eigenen Gerichten Recht nehmen muß. Nicht nur als Fiskus im bürgerlichen Rechtsverkehr vor den Zivil- und Arbeitsgerichten (das wäre noch am ehesten verständlich), sondern auch als Exekutive vor den Verwaltungs-, Finanz- und Sozialgerichten, nicht zuletzt in der Person des Staatsanwalts vor den Strafgerichten. Wenn man heute noch dem Urteil begegnet, es sei eine narrende Vorstellung (Jahrreiß), daß in der Verwaltungsgerichtsbarkeit ein Staat sozusagen über sich selbst zu Gericht sitze, so waltet darin der Irrtum über die verschiedenen

[5]) Im Bundestag im Jahre 1955 anläßlich gewisser Urteile zur Wiedergutmachung; in der Hamburgischen Bürgerschaft im Jahre 1959 anläßlich des Falles des antisemitischen Pamphletschreibers Nieland, gegen den die Eröffnung des Hauptverfahrens abgelehnt worden war.

Ebenen der Legitimation, auf denen die Rechtsprechung einerseits und die Verwaltung andererseits tätig werden. Im Gericht — „im Namen des Volkes", nicht: „im Namen der Obrigkeit" — richtet die Souveränität selbst, auch über ihre exekutivischen Diener. Aber der Irrtum hat vor hundert Jahren dazu beigetragen, daß die rechtsstaatliche Kontrolle der Verwaltung den ordentlichen Gerichten vorenthalten blieb. Wo, wie in Preußen, der Monarch sich weniger als Souverän denn als Chef einer straffen Verwaltungs- und Militärhierarchie fühlte, da brachten Gründe des Prestiges ihn fast zwangsläufig dahin, „seine" Verwaltung nicht „seinen" Gerichten sich unterwerfen zu lassen. Das Ergebnis war die hauseigene Gerichtsbarkeit der Verwaltung[6]). Sie gehörte und gehört zu ihr personell, disziplinär, haushaltsrechtlich — das Übel hat in weiteren Abspaltungen fortgewuchert und die Finanzgerichtsbarkeit im Ressort der Finanzverwaltung, die Sozialgerichtsbarkeit im Ressort der Sozialverwaltung geboren[7]). Es ist jene Erbschaft, an der der Bürger der Bundesrepublik noch heute zu tragen hat. Im Kapitel über die Entfesselung der Dritten Gewalt wird hierauf näher einzugehen sein.

Der Souverän im Gericht war in früheren Jahrhunderten wirklich handelnd aufgetreten. Unter den gewandelten staatsrechtlichen Verhältnissen mag man als einen Nachklang dessen das Recht der Öffentlichkeit zur Teilnahme an den Gerichtssitzungen ansehen, wie dies Anselm Feuerbach[8]) bereits für das republikanische Rom der Antike angenommen hat; wenngleich die eigentliche Bedeutung der Gerichtsöffentlichkeit auf anderem Gebiete liegt (worüber im Schlußkapitel). Feuerbach war bei seiner Beobachtung vom Strafverfahren ausgegangen. Hier wird Souveränität besonders sinnfällig. Ihrem Herausgestellt-sein im Spruch des Strafrichters antwortet jenes andere rechtsstaatliche Axiom, das man gemeinhin mit dem Satz ne bis in idem bezeichnet. Die (Eingriffs-) Verwaltung ist nicht gehin-

---

[6]) In bezeichnendem Gegensatz sowohl zu den Forderungen der Paulskirche wie zu dem Verfassungsbild in den Hansestädten, wo jene Forderungen in der Kontrolle der Verwaltung durch die ordentlichen Gerichte Wirklichkeit geworden waren. Immerhin wirkte in den Bestrebungen auf eine gesonderte Verwaltungsrechtspflege auch noch stark die publizistische Autorität Rudolf v. Gneists, welcher die Rechtsstaatlichkeit der Verwaltung (nach englischem Vorbild) in deren eigenem Aufbau gesichert sehen wollte, vornehmlich durch Beteiligung ehrenamtlicher Laien.

[7]) Daß dieses Ergebnis für die 1919 geschaffene Finanzgerichtsbarkeit (und für die 1922 geschaffene Gerichtsbarkeit in Militärversorgungssachen) durch Art. 107 WRV, für die Sozialgerichtsbarkeit durch den — wenngleich in diesem Punkt nicht ganz eindeutigen — Art. 92 GG vorgezeichnet war, hat die Zwangsläufigkeit der Entwicklung nur unterstrichen.

[8]) Betrachtungen über die Öffentlichkeit und Mündlichkeit der Strafrechtspflege (1821) I, S. 45 Anm. 4 und S. 46.

dert, einen von ihr erörterten Sachverhalt unter Verschärfung früherer Maßnahmen wieder aufzugreifen, sobald und sooft ihr dies angezeigt erscheint. Der Souverän spricht nur einmal. „Niemand darf wegen derselben Tat auf Grund der allgemeinen Strafgesetze mehrmals bestraft werden", bestimmt Art. 103 Abs. 3 GG. Das meint nicht die ohnehin undurchbrechbare Rechtskraft des ergangenen Strafurteils — die Schranke der res judicata gilt für alle rechtskräftigen Entscheidungen aller Gerichte gleichermaßen —, sondern ist ein mit Verfassungsrang erlassenes Verbot an den Gesetzgeber, die Rechtskraft eines auf Strafe lautenden Erkenntnisses hintanzusetzen und ein neues Verfahren losgelöst von der Wiederaufnahme des früheren[9]) zuzulassen, selbst wenn eine bessere Gerechtigkeit die nochmalige Verurteilung mit dem Ziel einer schärferen Strafe wünschbar machte. Nach richtiger Auffassung gilt das ne bis in idem aber auch zugunsten des einmal Freigesprochenen. Das rechtsstaatliche Prinzip ist das gleiche, aus der Gemeinsamkeit des Ausgangspunktes.

Die Hoheit des Souveräns im Gericht duldet keine Verfügung außenstehender Stellen darüber, „wann eine Justizsache vorliege". Die Gerichte entscheiden über die Zulässigkeit des Rechtswegs. So sagt es das Gerichtsverfassungsgesetz (GVG) von 1877. Die gemeißelte Kürze dieses Satzes hat im Zeichen der gespaltenen Gerichtszweige der matteren Formulierung weichen müssen, daß das Gericht über die Zulässigkeit des zu ihm beschrittenen Rechtswegs entscheide. Doch hat sich in der Sache nichts geändert. Rechtspflege, aber auch die Bestimmung, wo sie beginne, untersteht ausschließlich der Hoheit der rechtsprechenden Gewalt. Kaum etwas anderes prägt sie so scharf wie dieses Verfügen über die eigene Zuständigkeit gegenüber jeder anderen Staatsgewalt. Dafür aber verträgt sie keine Betrauung mit Aufgaben, die abseits der Entscheidung über Recht und Unrecht liegen. Der Strafrichter ist „kein Sozialarzt" (Horst Schröder). Die Herauslösung der sogenannten freiwilligen Gerichtsbarkeit — Grundbuch-, Vormundschafts-, Nachlaß-, Register-, Vertragshilfe-, Beurkundungswesen — aus der Zuständigkeit des Zivilrichters und ihre Übertragung auf besondere „Rechtsämter" ist seit langem ein Thema der Großen Justizreform. Das Gericht ist auch kein Rechtsgutachter. Die früher nicht seltene gutachtende Tätigkeit von höheren Gerichten ist abgebaut[10]). Noch

---

[9]) Wiederaufnahme ist Fortsetzung des früheren (mit dem es eine gedankliche Einheit bildet), nicht neues Verfahren.

[10]) Bis auf die Befugnis des Bundesfinanzministers, vom Bundesfinanzhof Rechtsgutachten über Fragen der Auslegung von Steuergesetzen zu erfordern (§ 63 AO), was in der Dringlichkeit einer Vorabklärung für die große Zahl der Betroffenen seinen Grund hat und in dieser Ausnahme wohl auch vernünftig ist. Die Durchführung eines Rechtsmittelverfahrens bis zum Bundesfinanzhof im Einzelfalle pflegt mehrere Jahre zu dauern. Ausnahmen dieser Art sind gemeint, wenn das Richtergesetz in § 4 Abs. 1 Nr. 2 es erlaubt, daß der Richter

die Befassung des BVerfGer. mit Gutachten über bestimmte verfassungsrechtliche Fragen auf Anforderung des Bundespräsidenten oder auf gemeinsame Anforderung von Bundestag, Bundesrat und Bundesregierung (§ 79 BVerfGerGes.) wurde für bedenklich gehalten und bei der Novellierung des Gesetzes über das BVerfGericht im Jahre 1956 gestrichen. Das Gericht ist endlich kein öffentlicher Zensor. Daß er sich zum „Zensor der Bundesregierung“ aufgeworfen habe, wurde dem Vorsitzenden der Strafkammer in dem Hallstein-Blankenhorn-Prozeß zum Vorwurf gemacht. Der Noblesse des Amtes ziemt deshalb aber ebensowenig der schulmeisterliche Zeigefinger des Rechtsmittelgerichts. Es ist nicht Sache des Revisionsrichters, einer mit drei Richtern besetzten Strafkammer öffentlich zu bescheinigen, sie sei „auf der Jagd nach unlauteren Motiven des Angeklagten gewesen“ — das klingt nahezu nach Rechtsbeugung — oder in den Gründen seines Urteils zu monieren, die Auffassung des Instanzrichters sei „beklagenswert falsch“. Solche Form der Kritik mag der Presse anstehen. Für die rechtsprechende Gewalt sind Würde und Hoheit unteilbar.

Im innersten Sinne souverän wird auf einem Gebiete gehandelt, das in unserem Zusammenhange besondere Aufmerksamkeit verdient, dem des Gnadenrechts.

Rudolf v. Ihering hat von dem Sicherheitsventil der Justiz gesprochen. Das war noch positivistisch gedacht. Ein Jahrhundert Erfahrungen mit dem Positivismus hat die Anschauungen auch hier gewandelt. Die Wahrheit der Gnade ist die Abgründigkeit der menschlichen Existenz im Richtenden und im Gerichteten. So würde sie das Tor zur Begnadigung selbst da aufsprengen, wo dogmatischer Eifer es verschlossen halten wollte, weil er im Gnadenrecht einen Überrest früherer Kabinettsjustiz zu sehen denkt. Gewährung der Gnade ist nicht Eingriff in die Entscheidungsgewalt der Gerichte. Sie dient einer verborgenen Gerechtigkeit, die in der Einmaligkeit des durchlittenen Schicksals gefunden wird und die zu finden dem staatlichen Gesetz um seiner Allgemeinverbindlichkeit willen verschlossen ist. Gnade und Urteil stehen nicht gegeneinander, sondern miteinander.

---

außer Aufgaben der rechtsprechenden Gewalt „andere Aufgaben wahrnehme, die auf Grund eines Gesetzes Gerichten oder Richtern zugewiesen sind“.

Für das bürgerliche und das Handelsrecht ist immer wieder die Forderung laut geworden, das Revisionsgericht möge eine ähnliche Befugnis erhalten, streitig gewordene Rechtsfragen im Wege einer gutachtlichen Äußerung verbindlich zu klären. Dahingehende Vorschläge haben weniger denn je Aussicht auf Verwirklichung. Der Rechtsverkehr bleibt darauf angewiesen, die Zweifel durchzustehen, bis der BGH mit der Erörterung der Frage aus Anlaß eines in die Revision gelangten Einzelfalls befaßt werden kann. Steuerliche Tatbestände pflegen im übrigen stark typisiert zu sein. Was dort vertretbar ist, wäre es nicht ohne weiteres für die sehr viel differenzierteren Sachverhalte der zivilistischen Rechtswelt.

Schöner als alle juristische Sprachkunst sagt es das Wort einer Berufenen[11]: „So hebt die Gnade nicht das Urteil auf, das Urteil nicht die Gnade, so ragt das Holz nicht nutzlos, so wirft es seinen Schatten über uns alle und teilt den Schein der Lichter, wo er ruht.“

Die Eigenständigkeit des Gnadenrechts datiert von 1840. Damals erklärte der preußische König Friedrich Wilhelm IV. bei seinem Regierungsantritt, es widerstrebe seinem Gefühl, durch die Bestätigung eines Todesurteils den Befehl zur Vollstreckung geben zu müssen. Auf seinen Wunsch wurde die für diese Fälle seither übliche, in die Strafprozeßordnung von 1877 übernommene Formel gefunden, „es solle der Gerechtigkeit freier Lauf gelassen werden“. Der König wandelte in Zukunft nicht mehr „von Rechts wegen“, sondern „im Wege der Gnade“ ab. Das Gnadenrecht war der letzte Rest der Gerichtshoheit des Monarchen, Ausfluß seines Souveränitätsrechts. Als solches ist es auf das republikanische Staatsoberhaupt übergegangen. Bei diesem, nicht bei der Exekutive, liegt es seiner Substanz nach, auch wenn die Ausübung in minder bedeutsamen Fällen auf den Justizminister delegiert oder auf nachgeordnete Dienststellen, etwa die Oberstaatsanwälte weiterübertragen ist. Wäre es anders, die Gnade etwa eine Art Korrektur von Urteilen im Verwaltungs- (Justizaufsichts-) wege, so wäre nicht zu verstehen, daß sie auch und gerade da gewährt wird, wo das Interesse der Staatsräson zu widersprechen scheint. Hieraus folgt aber zugleich ein weiteres. Gewährung und Versagung der Gnade untersteht nicht der Kontrolle der Gerichte. Auch nicht als „Verwaltungsakt“ derjenigen der Verwaltungsgerichte. Die Spannung zwischen Gnade und Rechtsprechung ist nur eine scheinbare; beide sind auf denselben Träger der Souveränität bezogen, in dem sie zusammenlaufen; keiner von beiden ist zum Wächter des anderen berufen. Die Majestätshoheit von Gnadenakten ist in der Judikatur wiederholt anerkannt worden. Nur der Bundesfinanzhof läßt gegen die Versagung eines Gnadenerweises in Steuerstrafsachen den Rechtsweg an die Finanzgerichte zu.

4.

Es gilt noch die Bedeutung des Wortes *Gericht* zu klären. Sie ist eine dreifache: Gericht als Gerichtshof, Gericht als Behörde und Gericht als Spruchinstanz im konkreten Falle, als „das erkennende Gericht“.

Was hier unter *Gerichtshof* verstanden werden soll, mag am Gegenbeispiel des Gerichts als Behörde erhellen. Behörde ist die Zusammenfassung von persönlichen und sächlichen Mitteln zu einer Amtsstelle, die einen bestimmten Kreis öffentlicher Aufgaben zu erledigen hat und vor die die einzelne Angelegenheit deshalb „gehört“. Behörden, auch Gerichte

[11]) Ilse Aichinger: „Rede unter dem Galgen“ (aus dem Erzählungsband „Der Gefesselte“, S. Fischer 1953).

als Behörden, sind ein organisatorischer Tatbestand. Gerichtshöfe sind gewachsene Symbole. Ein jeder von ihnen — daran möchte von ferne noch das Fremdwort *Kurie* erinnern — hat sein Antlitz, ein korporatives durch Geschichte und Bewährung geformtes: er ist die Versammlung seiner Richter, der gegenwärtigen und der gewesenen, im Geist einer verteidigten Gerechtigkeit. Es sind ihrer nur einige wenige. Die den Namen verdienen, sind fast alle auch im allgemeinen Bewußtsein verankert. Das Reichskammergericht gehört dazu. Nicht weniger das ehemalige preußische Kammergericht, geadelt durch seinen Widerstand im Müller-Arnold-Prozeß und seine unbeugsame Haltung in den Demagogenverfolgungen — E.T.A. Hoffmann, der Kammergerichtsrat, hat diese Haltung unvergeßlich verkörpert. Das ehrwürdige Kurfürstlich Hannoversche Oberappellationsgericht zu Celle gehört dazu, dessen Präsident v. Wrisberg bei einer Visitation auf die Frage seines Landesherrn — es war der englische König Georg II. —, warum er alle seine Prozesse dort verliere, mit stolzer Gelassenheit erwiderte: „Weil Majestät gewöhnlich Unrecht haben." Das preußische Oberverwaltungsgericht gehört dazu, das mit der berühmten Kreuzberg-Entscheidung aus dem Jahre 1882[12]) die rechtsstaatlichen Grenzen der Polizeigewalt absteckte. Das Reichsgericht gehört dazu: Nach 1945 hat die Elite seiner Richterschaft ihre Treue zur Tradition des höchsten deutschen Gerichtshofes mit dem Tode in sowjetischer Konzentrationslagerhaft besiegelt. In der Gegenwart wächst das Bundesverfassungsgericht in diese Überlieferung hinein. Kein geringeres Urteil als das des Max-Planck-Instituts für ausländisches öffentliches Recht und Völkerrecht rühmt ihm nach, daß es schon jetzt die stärkste Resonanz von allen gleichartigen Einrichtungen der westlichen Welt besitze[13]). Es ist nicht zufällig, daß alle diese Gerichtshöfe — man könnte, auf internationalem Felde, andere von kurialem Rang nennen: die Sancta Rota Romana, den Internationalen Gerichtshof im Haag, den Supreme Court der Vereinigten Staaten — in der Vollversammlung, dem sogenannten Plenum, entschieden oder doch (so die heutigen) für grundsätzliche Fragen Plenarentscheidungen zulassen. Sie bilden Rechtstradition; hieran denkt man, wenn von der ständigen Rechtsprechung des Gerichtshofs die Rede ist.

Gerichte als Behörden bestimmen das Bild der Breitengliederung. An ihrer Spitze steht ein Gerichtspräsident oder ein aufsichtführender Richter. Sie haben eine Staatsanwaltschaft, eine Justizpressestelle, Sekretariate, Gerichtsvollziehereien; sie amtieren für einen Gerichtssprengel; bei ihnen

---

[12]) PrOVGE 9, 253: sie verneinte die Gültigkeit einer Polizeiverordnung, durch die eine Art Baubeschränkung zugunsten der Aussicht vom Kreuzberg (heute Berlin-West) wegen eines dort befindlichen patriotischen Denkmals eingeführt werden sollte.

[13]) Mitteilung auf einem Internationalen Colloquium in Heidelberg, Juli 1961 (Frankfurter Allgemeine Zeitung vom 27.7.1961).

sind bestimmte Anwälte zugelassen. Auf die Gerichte als Behörden bezieht sich die gesetzliche Zuständigkeitsordnung, vermittels deren der gesetzliche Richter[13a]) aus der Richterschaft des Gerichts bestimmt wird.

Die Konstituierung eines Gerichts ist ein Organisationsakt besonderer Art, der mit rechtsstaatlicher Notwendigkeit aus der Organisationsgewalt der Exekutive herausgenommen sein muß. Die Exekutive kann ihre eigenen Verwaltungsbehörden errichten (verlegen, umgliedern, wieder eingehen lassen), wie es ihr beliebt. Über Existenz und Gliederung der Gerichte darf sie nicht verfügen. Weder der Ministerpräsident, noch das Kabinett, noch der Ressortminister dürfen in die Befugnis versetzt werden, auch nur ein einziges Dorf von einem Gerichtsbezirk abzutrennen und es einem anderen Gericht zuzulegen. Heute im Besitz solcher Befugnis, hätten sie morgen ein Mittel in der Hand, eine ihnen unbequeme Prozeßsache dem gesetzlichen Richter[13a]) zu entziehen. Wenn schon die Gerichtsorganisation nicht weiterhin Prärogative des Souveräns ist und sein kann[13b]), dann muß sie zum wenigsten dem Gesetzgeber vorbehalten bleiben. Dieser Vorbehalt ist wach genug und so stark im deutschen Verfassungsleben ausgebildet, daß das BVerfGer. ihn geradezu mit der Natur der Sache hat gleichsetzen können. Positiv-rechtlich ist er zur Zeit für die ordentliche, die Verwaltungs- und die Sozialgerichtsbarkeit festgesetzt. Danach erfolgt die Errichtung und Aufhebung der Gerichte, die Bestimmung ihres Gerichtsbezirks sowie die Bestimmung und die Verlegung des Gerichtssitzes durch Gesetz. Für die Finanzgerichte wird die noch ausstehende Finanzgerichtsordnung des Bundes den gleichen Vorbehalt zu machen haben. Die Vorschrift im Arbeitsgerichtsgesetz, wonach die Arbeitsgerichte und die Landesarbeitsgerichte nach Bestimmung der obersten Landesbehörde für Arbeit zu errichten sind, ist angesichts der Rechtsmeinung des BVerfGer. überholt. Das BVerfGer. hat in jener Spruchsache sogar mißbilligt, daß die Exekutive sich die bloße Abänderung in der Abgrenzung der Gerichtsbezirke hatte vorbehalten wollen[14]).

13a) Siehe unten Seite 90 ff.

13b) In der preußischen Monarchie waren noch die Amtsgerichte durch königliche Verordnung errichtet gewesen. Für die Gerichtshoheit in den gegenwärtigen Bundesländern wäre ein über den Gewalten stehender Repräsentant der Souveränität nicht vorhanden.

14) BVerfGE 2, 308 ff. Die Entscheidung erging für den Bereich der ordentlichen Gerichtsbarkeit. Es muß verwundern, daß das Arbeitsgerichtsgesetz mit seiner obigen, rechtsstaatswidrigen Vorschrift noch am 3. 9. 1953 verkündet werden konnte, nachdem die Entscheidung des BVerfG schon am 10. 6. 1953 ergangen war. Auch das Sozialgerichtsgesetz vom 4. 9. 1953 beließ, entgegen BVerfGer. a.a.O. S. 334, 335, die Befugnis zur Änderung der Gerichtssprengel der Exekutive; nicht einmal die Neufassung des Gesetzes im Jahre 1958 nahm Gelegenheit, den Verstoß auszumerzen. Erst die Verwaltungsgerichtsordnung von 1960 hat sich zu der vollen Konsequenz des BVerfGer. bekannt.

Allerdings ist auch die durch Gesetz gegebene organisatorische Garantie nicht vollkommen. Ein errichtetes Gericht muß funktionsfähig bleiben können. Gerade das Funktionsfähigbleiben kann durch die anderen Gewalten empfindlich gelähmt sein. Vor einigen Jahren mußten bei einem niedersächsischen Amtsgericht bestimmte Gattungen von Geschäften zeitweise stillgelegt werden, weil im Etat nicht genügend Richterkräfte bewilligt worden waren, um das Arbeitspensum zu bewältigen. Die Maßnahme war vom Präsidium des übergeordneten Landgerichts[15]) beschlossen; ob das Präsidium sich hiermit im Rahmen seiner gesetzlichen Befugnisse hielt, wurde Gegenstand heftigen Streits. Auf verwandtem Gebiete liegt, daß die Richterwahlausschüsse[16]) durch Nichtvornahme des Wahlaktes die Arbeit des durch die Wahl zu ergänzenden Gerichts blockieren können. Beim Bundesverfassungsgericht mußte auf diese Weise eine Richterstelle über längere Zeit hindurch unbesetzt bleiben, da die qualifizierte Mehrheit für die Nachwahl des vom Bundestag zu wählenden Bundesverfassungsrichters nicht zu erzielen war. Das hat damals zu Betrachtungen darüber geführt, daß die Legislative theoretisch das Bundesverfassungsgericht — ihren eigenen Wächter! — auszuschalten versucht sein könnte, indem sie es „aussterben" ließe. Wo die Gerichte durch Versagen der anderen Gewalten im Staate funktionsunfähig werden, sollte dem Staatsoberhaupt das Recht und die Pflicht übertragen sein, in eigener Machtvollkommenheit sie in ihre Funktion wieder einzusetzen. Wenn nach dem GG es dem Bundespräsidenten obliegt, Regierung möglich zu machen und über Notstände hinweg möglich zu erhalten: warum dann nicht auch die Rechtsprechung, jedenfalls bei den Gerichten des Bundes? Was die Haushaltsmittel anlangt, so verdient ein von Wagner[17]) mitgeteiltes Faktum Beachtung, wonach die Richter in England ihr Amtsgehalt aus demselben Consolidated Fund beziehen, aus dem auch die Bezüge der königlichen Familie gezahlt werden.

Der Rückgriff auf die Autorität des Staatsoberhaupts muß dem Gericht überhaupt stets dann offenstehen, wenn es in seiner Amtshoheit behindert wird. Dafür, wie das Staatsoberhaupt diese seine Aufgabe verfehlen kann, hat die Weimarer Republik ein anschauliches Beispiel geliefert. Ende 1928 schwebte vor dem Staatsgerichtshof für das Deutsche Reich eine Streitsache zwischen dem Reich und mehreren Ländern über die Frage, wem das Recht zur Besetzung gewisser Stellen im Reichseisenbahnrat zustehe. Eines der beteiligten Länder hatte den Erlaß einer einstweiligen Anordnung gegen das Reich auf Offenhaltung der von ihm beanspruchten Stelle beantragt. Über diesen Antrag sollte in einem eigens dafür angesetzten Termin verhandelt und entschieden werden. Am Abend vor dem

---

15) Siehe unten Seite 91.

16) Siehe unten Seite 135 ff.

17) a.a.O. S. 100.

Termin ließ die Reichsregierung dem Staatsgerichtshof mitteilen, sie habe die streitige Stelle inzwischen besetzt und betrachte den Antrag auf Erlaß der einstweiligen Anordnung damit als gegenstandslos. Eine Erklärung über die Gründe dieses Schrittes wurde abgelehnt. Die unverhüllte Absicht war, das Gericht durch ein fait accompli zu überrunden. In tiefer Empörung wandte der Vorsitzende des Gerichts, der damalige Reichsgerichtspräsident Dr. Simons, sich an den Reichspräsidenten mit der Bitte, „dem Staatsgerichtshof diejenige Achtung seiner Gerichtsbarkeit zu verschaffen, deren er zur Erfüllung seiner verfassungsmäßigen Aufgaben bedürfe". Der Reichspräsident (es war v. Hindenburg) billigte das Vorgehen der Reichsregierung und sah von weiteren Schritten ab. Daraufhin legte Dr. Simons aus Protest seine Ämter nieder. In einer demonstrativen Abschiedsadresse stellte die Richterschaft des Reichsgerichts sich hinter ihn[17a]).

Der behördenförmige Charakter der Gerichte ist kontinental-europäische Rechtstradition. Montesquieu hatte unter dem Einfluß englischer Vorbilder die rechtsprechende Gewalt in nichtständigen, nur periodisch zusammentretenden Geschworenengerichten gebildet wissen wollen; doch hat hiervon nur der Gedanke der Beteiligung von Laien in der Strafrechtspflege Bestand gehabt. Mit dem Behördenelement hängt der hochwichtige Unterschied zwischen angelsächsischer und deutscher Rechtspflege in der Stellung zum Beratungsgeheimnis zusammen[18]). Nach deutscher Auffassung ergeht, bei Kollegialgerichten, das Urteil durch „das Gericht", nicht durch eine Mehrheit von Rechtsindividuen. „Kollegialgerichte sind nicht Ausschüsse von Sachverständigen, sondern sie sind ein Organ, das einen

---

17a) Lobe, 50 Jahre Reichsgericht (Berlin 1929), S. 17 ff.

18) Ein anderer tritt demgegenüber zurück, wenn auch er mehr ist als bloße Äußerlichkeit. In den USA wird das Gericht, wenn es durch den in ihm tätigen Richter als Einzelrichter entscheidet, mit dessen Person in eins gesetzt, weshalb der Richter in Bezug auf seine amtliche Funktion stets mit vollem Namen genannt wird. Es hat daher seinen guten Sinn, wenn berichtet wird, „Richter Felix Frankfurter" habe diese oder jene Entscheidung erlassen. Aber es ist eine durchaus unzulässige Parallele, wenn die deutsche Presse in amerikanisierender Manier berichtet, „der Hamburger Amtsrichter Dr. Robert E. Meyer habe kürzlich entschieden, daß ...". War das Urteil richtig, hätte jeder geschäftsplanmäßige Stellvertreter des Richters ebenso entscheiden müssen. War das Urteil falsch, so bleibt es eine Entscheidung „des Amtsgerichts Hamburg", dem allein, für seinen in diesem Fall berufenen gesetzlichen Richter, die Vollmacht des Urteilens übertragen ist. Im einen wie im anderen Falle genügt völlig, daß der Name des amtierenden Richters „Amtsgerichtsrat Dr. Meyer" im Urteilskopf aufgeführt wird. Ebenso wird es ja übrigens bei Urteilen eines Kollegialgerichts gehalten. Die publicity bemächtigt sich in solchen Fällen einfach des Vorsitzenden, indem sie ihn mit Namen und Vornamen durch die Berichterstattung wandern läßt.

einheitlichen Willen erarbeitet und nach außen verkündet“[19]). Dem entspricht die im Richtergesetz nunmehr auch ausdrücklich festgelegte Pflicht des Richters, über den Hergang bei der Beratung und Abstimmung zu schweigen. Die Schweiz ist nicht gleich konsequent; dort wird öffentlich beraten und abgestimmt. Am Supreme Court der USA ist das dissenting vote von jeher üblich. Hier bleibt es jedem der in der Beratung überstimmten Richter unbenommen, seine gegenteilige Auffassung öffentlich kundzutun und zu rechtfertigen.

Für Verfassungsgerichte muß aus inneren Gründen ein Abgehen vom Beratungsgeheimnis geboten sein. Sie sind weniger „Behörden“ als oberste Verfassungsorgane. Die zu fällenden Entscheidungen stellen den Richter in weit höherem Maße in die Spannung zwischen Rechtsgewissen und politischer Verantwortung als bei jedem anderen Gericht. So sieht auch bei uns bereits die Geschäftsordnung des Bayerischen Verfassungsgerichtshofs von 1948 vor, daß die abweichenden Ansichten seiner Mitglieder, wenn die Entscheidung veröffentlicht wird, mit zu veröffentlichen seien. Der Bremische Staatsgerichtshof hat (1957) in seinem Urteil betreffend das Erlöschen der Mandate der kommunistischen Bürgerschaftsmitglieder das Abstimmungsergebnis mit 4 : 3 bekannt gegeben und die Namen der drei überstimmten Richter genannt. Das dissenting vote für die Verfassungsgerichtsbarkeit allgemein zu regeln hat das Richtergesetz nicht den Mut gefunden. Es hat die Frage offengelassen. Jenseits der Verfassungsgerichtsbarkeit aber — soviel ist sicher — würde eine Auflockerung des Beratungsgeheimnisses durch Übernahme ausländischer Vorbilder auch künftig nur unter Preisgabe der organisatorischen Grundlagen des deutschen Gerichtswesens durchgesetzt werden können. Der Schöffe würde eine Bloßstellung durch den oder die Volljuristen, die Hilfsrichter eine solche durch den Vorsitzenden zu befürchten haben. Öffentliche Beratung wie in der Schweiz setzt Waffengleichheit bei allen Mitgliedern des Gerichts voraus; und in der Schweiz sind die Richter bei den kantonalen Gerichten ausnahmslos Laien, angesehene Bürger. Ein anderes ist, ob der überstimmte Richter, um für eine etwaige spätere Verantwortlichkeit sich seinen Beweis zu sichern, seine abweichende Stimme aktenkundig machen dürfe. Die Übung geht dahin, es ihm zu gestatten, etwa in versiegeltem Umschlag oder sonst in einer nicht für Außenstehende bestimmten Form.

5.

Im erkennenden Gericht, bei dem der Gedanke damit mündet, gewinnt der Oberbegriff „Gericht“ seine letzte und dichteste Gestalt. Hier vollzieht sich der Umschlag von der Organisation zum Organ der Rechtspflege.

---

[19]) Kniesch, NJW 1949, 57.

Diese Organschaft hat auch der unbekannte Amtsrichter, die Strafkammer am entferntesten Landgericht mit dem Senat an einem der höheren Gerichtshöfe gemeinsam. Sie alle urteilen „Im Namen des Volkes".

Die Formel äußert für die deutsche Gegenwart einen besonderen Auftrag. Gedacht ist an die Prozesse um die Sühnung von Untaten des Dritten Reiches. Man pflegt in diesem Zusammenhange von der Bewältigung der Vergangenheit zu sprechen. So gewiß sie erst in ihren Anfängen steht, so sicher ist, daß die Gerichte sich an hervorragender, vielleicht an hervorragendster Stelle um sie zu mühen haben. Die Mühe ist schwer; es kann nicht ausbleiben, daß die Ergebnisse bei dem geringen Abstand, den die Nation von ihrer eigenen Vergangenheit hat, gescholten werden. Aber daß sie immer wieder übernommen wird, ist ein Stück ihrer moralischen und geistigen Wiederherstellung. Es geschieht aus demselben Gebot, dem das Bundesverwaltungsgericht[20]) die Formulierung gegeben hat, eine jede Gesetzesauslegung müsse der gesamtdeutschen Konzeption des GG Rechnung tragen und die Wirklichkeit des gesamten Deutschland transparent werden lassen. Der Staat, die Öffentlichkeit können auf diese Prozesse und ihre klärende Kraft nicht verzichten. Auch von ihnen geht eine Integration aller freiheitlichen demokratischen Kräfte aus. Wenn das „Im Namen des Volkes" geschieht, dann offenbart sich darin der tiefere Sinn einer Bindung, die Volk und Gerichte in geschichtlicher Berufung aufeinander verweist.

4. Kapitel

Richter und Apparat

1.

Von den Gerichten geht der Blick zum Richter, von der Institution zum Menschen. Der Richter ist nicht, wie man mitunter hört, „Träger der rechtsprechenden Gewalt". Er ist ihr Sachwalter, selten ihr hochgemuter Vollstrecker, oft genug ihr Prügelknabe — immer aber ist er der Brennpunkt ihrer vielfachen Ausstrahlung, Mitte allen um sie kreisenden Interesses. Das GG hat ihn zu einer zentralen Figur im Aufbau des Verfassungssystems erhoben.

Das Wort vom „Richterkönig" ist damit zur Debatte gestellt. Es hat manches dazu beigetragen, einen Elitegedanken zu nähren, als sei der Richter, herrscherlich im Amt und durch sein Amt, emporgeführt über die Menge der von ihm geschiedenen bürgerlichen Berufsstände. Das ist nun abermals nicht richtig. Für England mag das Wort zutreffen. Dort, in einer Welt überkommen-aristokratischer Lebensformen und in einer fest-

[20]) BVerwGE 11, 9.

gefügten Gesellschaft, fungiert der Richter als hoher Würdenträger, als Bewahrer personhafter Rechtskultur. Seiner Zahl sind es nicht mehr als 274 im ganzen Königreich. 11 600 Richter haben wir in der Bundesrepublik. Schon das Faktum ist gleichbedeutend mit breitem, wenn auch achtbarem Durchschnitt. Jeder einzelne aus dieser Zahl trägt an der Last dieses Durchschnitts. Er erstickt in einem Perfektionismus von Gesetzen und Rechtsmitteln. Er verzagt an dem Fehlen unangefochtener Wertmaßstäbe. Ihn verwirren immer neu beredete „Justizkrisen“, und ihn bedroht eine öffentliche Richterschelte, die deshalb meist so unehrlich ist, weil der Einzelne, Angegriffene sich wegen der ihm obliegenden richterlichen Zurückhaltung oder der Pflicht zur Wahrung des Beratungsgeheimnisses gegen sie nicht wehren kann. Die verfassungsmäßige Richteranklage, ursprünglich das Stigma des Herausgehobenseins, wandelt sich in solchen Gegebenheiten zum unbestimmten Albdruck[1]). War schon Hitlers „Richterkorps“ ein unvollziehbarer Gedanke (denn Richtertum ist Einsamkeit im Gewissen und in der Entscheidung), so wäre „Elite“ heute eine bare Überheblichkeit.

Der Richter selbst hat auch nie etwas hiervon wissen wollen. Berechtigter ist es, von ihm als von einem der Urberufe der Menschheit zu sprechen. Keine Ethik des Gemeinschaftslebens hat ihn je in Frage gezogen; das Wort aus der Bergpredigt: „Richtet nicht, auf daß ihr nicht gerichtet werdet“ meint nicht den unparteilichen Urteiler, sondern den moralisierenden Splitterrichter. Die Notwendigkeit des Richtens ist mit dem Eintritt des Menschen in das gesittete Zusammenleben untrennbar gegeben. Priester, Könige, Heerführer haben in den Anfängen Recht gesprochen. Im alttestamentlichen Buch der Richter ist die Vorstellung von dem Archetypus des richterlichen Amtes als eines Herrscheramtes noch sehr lebendig.

Sie scheint nachgerade ausgestorben. Aber ihre untergründige Leuchtkraft hat sich bewahrt. Aus dem Richter unserer Tage spricht für den Verstehenden ein letzter Nachhall der Stimme des Herrschers, der in grauer Vorzeit dem Untertan persönlich gegenübertrat, um sein Anliegen anzuhören und ihm das Recht zuzusprechen. Denn dieser Richter ist auch heute noch aller Anonymität des „Apparates“, der Bürokratie, auf das Schärfste entgegengesetzt. Nicht nur von der Sache her: für die gleichförmigste Ali-

---

[1]) Am stärksten dort, wo, wie in Hessen (Art. 127 der hessischen Verfassung von 1946), der Richter „nach seiner Persönlichkeit und seiner richterlichen Tätigkeit die Gewähr dafür bieten muß, daß er sein Amt im Geist der Demokratie und des sozialen Verständnisses ausüben werde“, und wo er, wenn er „diese Erwartungen nicht erfüllt, vor dem Staatsgerichtshof (jetzt: dem BVerfGer.) zur Veranwortung gezogen werden kann“. Mit Recht wurde bemerkt, daß hier über das Handeln des Richters hinaus seine Gesinnung, seine Einstellung zum Recht ganz allgemein, ja letztlich seine politische Einstellung und Haltung in die Verantwortlichkeit gegenüber der Richteranklage einbezogen sei: Holtkotten im Bonner Kommentar zu Art. 98 GG (Anm. II C 1 b).

mentenklage wäre eine Art der Erledigung undenkbar, wie sie die Bürokratie der Verwaltung in Gestalt des sogenannten Verwaltungsfabrikats, etwa des mechanisierten Gebührenbescheides, längst eingebürgert hat. Es gilt vor allem auch für die Person. Der Richter hat keinen „Sachbearbeiter", keinen „persönlichen Referenten". Bei einigen der oberen Bundesgerichte sind neuerdings für die Senate sogenannte Hilfsarbeiter bestellt, jüngere Juristen, die vornehmlich damit beauftragt sind, das Quellenmaterial für die zu fällenden Entscheidungen zu sammeln, den Streitstoff aufzubereiten, gutachtliche Stellungnahmen zu fertigen und Entscheidungsgründe zu entwerfen[2]). Das ist Stil der Verwaltung und als Entlastung sicher gut gemeint. Aber es ist ein bedenklich falscher Zug im Bilde des Richters, der nun einmal sich nicht darauf beschränken darf, nur die großen Linien zu wahren und für die lästige Kleinarbeit des Einzelfalles „seine Leute" zu haben — und vollends als ständige Einrichtung nicht schon deshalb zulässig, weil ein Assistentenapparat im Gericht durch das Gesetz angeblich nicht verboten sei! Der Richter unterscheidet sich gerade hierin vom beamteten Funktionär der Regierung, daß er sein Urteil nicht nur in allen seinen Grundlagen allein zu erarbeiten, sondern auch allein zu begründen und allein zu vertreten hat. Er bescheidet, anders als in der Apparatur der Verwaltung, nicht schriftlich. Er kann — überspitzt ausgedrückt — die Erledigung nicht auf Vortrag, Richtlinie und Unterschrift beschränken, Weisungen einholen, Beteiligte durch ein Vorzimmer abfertigen lassen. Er hat selbst mit den Parteien, dem Angeklagten, den Zeugen und Sachverständigen in öffentlicher Sitzung zu verhandeln. Er hat ihnen allen ins Auge zu sehen, der oft erbarmungslosen Kritik der Öffentlichkeit Stand zu halten. Er ist das Gegenteil aller auf Geborgenheit im Kollektiv drängenden Strömungen der Zeit.

2.

Was wird von ihm erwartet? Dies: daß er in seinem Spruch die Rechtsordnung täglich Gestalt gewinnen läßt, Entwirrtes und Entzerrtes in die Rechtskraft verfestigt, vollendet, was im Gesetz nur unvollkommen vorgegeben ist. Im Zeichen des Positivismus hat eine logisch-dialektische Auffassung den richterlichen Akt als eine Subsumtion des festgestellten Tatbestandes unter die Norm gesehen. Aber Richten ist mehr als logischer Gesetzesvollzug. Es ist von sehr viel differenzierterer Art. Es ist emotional, da es als erstes den Mut zur Entscheidung verlangt. Der Entscheidung, und zwar einer bis in den Wortlaut (den sogenannten Urteilstenor) hinein präzisierten Entscheidung nicht ausweichen zu dürfen ist das, was vor allem

---

[2]) Bei den einzelnen oberen Bundesgerichten scheint die Handhabung unterschiedlich. Siehe des Näheren: Buchholz in DRiZ 1959, 46 ff.

anderen die Eigenart richterlicher Verhaltensweise ausmacht. Im code civil wird dies deutlich, der das Verweigern der Entscheidung „unter dem Vorwand der Unzulänglichkeit des Gesetzes" mit Strafe bedroht. Richten ist sittlicher Vollzug. Es verlangt vom Richter unablässige und strengste Selbsterkenntnis, ein Innewerden der Bindungen, in die er gestellt, der Abhängigkeiten, von denen er umstellt ist und die seine Glaubwürdigkeit unablässig zur Frage machen — vor allem anderen aber die Demütigung unter das Ahnen all jener unerkannten Befangenheiten, zu denen vorzustoßen ein ganzes Richterleben wohl nicht ausreicht. Die Unabhängigkeit des Richters beginnt mit dem Bewußtsein, daß er abhängig ist.

Der Richter ist Mensch, auch der kühlste nicht frei von Affekten. Das tiefernste Wort des 1952 verstorbenen Rechtshistorikers Heinrich Mitteis, daß der Richter in seinem Spruch sich von seinen Affekten reinige, meint die Wallungen des Temperaments und des Gemüts, die der gerechten Entscheidung Abbruch tun. Doch darf hierüber nicht vergessen werden, daß Richten sich nicht im Spruch erschöpft, sondern daß dazu auch alles gehört, was den Richter die Entscheidung finden läßt, namentlich das Verhandeln, Untersuchen und Vernehmen. Gesammelte Güte bei der Befragung von Kindern, verwirrten oder unbeholfenen Zeugen vom Richter zu verlangen heißt schon eine Selbstverständlichkeit aussprechen. Zu den Aufgaben des Richters gehört aber auch, daß er die Möglichkeiten einer gütlichen Beilegung des Rechtsstreits zu keiner Zeit aus dem Auge läßt, wie die Zivilprozeßordnung es im § 296 sagt. Anwälte erbitten in geeigneten Fällen dazu seine Mithilfe; ihm öffnet sich hier ein weites Feld, um über das Gesetz hinaus zum Allgemein-Menschlichen aufzusteigen. Pectus facit iudicem. An einer einzigen Stelle hat ein Gesetz aus jüngster Zeit, das Jugendgerichtsgesetz, diesen Richtertyp herausgestellt, wenn es im § 37 sagt, die Richter bei den Jugendgerichten sollten „erzieherisch befähigt und in der Jugenderziehung erfahren sein". Leidenschaft und Mit-Leidenschaft sind dem Richter nicht allgemein verwehrt, im Spruch nicht als die Leidenschaft zur Gerechtigkeit, im Verfahren nicht als mitfühlendes Menschentum. Die Grenze, die den Übergang vom einen zum anderen fordert, zeigt ihm kein Gesetz und niemand. Sie kann nicht gesetzt, sie kann nur erfahren werden.

Das Beispiel, das ein unbekannter Amtsrichter gegeben hat und von dem Gerhart Hermann Mostar auf einer Arbeitstagung „Justiz und Presse" (Düsseldorf 1951) berichtete, verdient hier festgehalten zu sein. Zur Entscheidung stand eine Anklage wegen Mundraubs; der Fall spielte in den ersten Nachkriegsjahren. Ein 22jähriger Schneidergeselle, Flüchtling, alleinstehend und ohne Arbeit, war des Nachts in einen Lebensmittelkiosk eingebrochen, um seinen Hunger zu stillen. Seit drei Wochen hatte er keine warme Mahlzeit und keine warme Bleibe gehabt. Er aß sich am Tatort satt. Man fand ihn, als er, über einigen weiteren aus dem Kiosk mitgenommenen Lebensmitteln, in einem benachbarten Ruinenkeller eingeschlafen war. Vier Wochen hatte er bis zum Verhandlungstage in Untersuchungshaft gesessen. Der Richter verurteilte ihn zur Höchststrafe von sechs Wochen Haft, wobei er die erlittene Untersuchungshaft voll anrechnete. Zwei Wochen blieben danach zu verbüßen. Aber noch vor Schluß der Verhandlung wandte der Richter sich an die anwesenden Vertreter von Presse und Rundfunk mit der Bitte, zu versuchen, ob nicht während dieser zwei Wochen für den Angeklagten, obwohl „vorbestraft", eine geordnete Arbeitsstelle bei einem verständnisvollen Meister gefunden werden könne. Der Gerechtigkeit war Genüge geschehen. Und der menschliche Appell hatte Erfolg. Schneller sogar, als der Richter erwartet hatte.

Nicht genug des Irrationalen. Mehr und mehr nimmt der Gesetzgeber Zuflucht zu Generalklauseln sozialethischer Dynamik wie „Treu und Glauben", „gute Sitten", „unzumutbare Belastung", „billiger Ausgleich", „verwerflicher Zweck", „mißbräuchliches Ermessen", „natürliches Elternrecht", „verfassungsmäßige Ordnung". Vor einem Menschenalter erst hatte Justus Wilhelm Hedemann sie eine Gefahr für Recht und Staat genannt. Heute sind sie der Selbstschutz der Rechtsordnung gegen die eigene, in der Reglementierfreudigkeit des Gesetzemachens sich überschlagende Rationalität. Der Richter muß sie von Fall zu Fall mit verbindlichem Gehalt erfüllen. Er muß sich mit ihnen identifizieren, sie zum Einklang bringen. Er bereichert sie durch eigene Formulierungen, so die des Reichsgerichts vom „Anstandsgefühl aller billig und gerecht Denkenden"[2a]). Er ist nicht nur erkennender, sondern vorab wertender Richter. Werten in der subtilsten Form ist endlich die Zumessung einer Strafe innerhalb eines mehr oder weniger weitgespannten Strafrahmens. Der Entwurf des StGB von 1960 will dem Richter hierfür eine Fülle von Kriterien an die Hand geben, auch die Strafrahmen schärfer fassen. Das bringt technisch eine Erschwernis, moralisch eine Entlastung; aber keine noch so sorgsam gefaßte Anleitung kann die letzten Unwägbarkeiten ausschalten, die bei der Ausmittelung der angemessenen Strafe — und wie schwer wiegt es für den Angeklagten, ob er sechs oder acht Monate Gefängnis verbüßen soll! — sich im Spruch des Richters niederschlagen.

Bedarf es noch des Hinweises auf die Quadratur des Zirkels, die daraus entsteht, daß der deutsche Richter Rechtsnormen aus der Epoche des Kaiserreichs, der Weimarer Republik, des Dritten Reiches, der Besatzungszeit und des Bonner Grundgesetzes samt ihren grundverschiedenen Wertmaß-

---

2a) nach Franz Wieacker (Rechtsprechung und Sittengesetz JZ 1961, 342) der Maßstab „konventioneller Sittlichkeit der geschichtlich gewordenen Rechtsgemeinschaft", welcher Recht und Sittlichkeit miteinander verbindet wie voneinander abhebt. Rechtsordnung ist Notordnung, vielleicht mehr als das vielberufene ethische Minimum, jedenfalls aber nicht mehr als Moralität des Durchschnitts. Für die freie, die höhere sittliche Entscheidung läßt das Gesetz den Raum frei: es schafft ihn eben dadurch (a.a.O.).

stäben nebeneinander anzuwenden, aber sie auf einen Nenner zu bringen hat? Daß er vor die nahezu unlösbare Aufgabe gestellt ist, Vergangenes an heutigen Maßstäben zu messen? Eine Aufgabe, wie sie die Strafverfahren um die Standgerichtsurteile aus der Zusammenbruchszeit 1945, aber auch Zivilprozesse um die Rechtsgültigkeit von Notmaßnahmen der ersten Nachkriegsjahre immer wieder gestellt haben?

Eine weite Zone nach allem, die der Richter zu durchschreiten hat, ehe er an die viel gerühmte und viel gescholtene Tätigkeit seines kritischen Verstandes bei der Feststellung des Sachverhalts und dem Vollzug des Gesetzes auf diesen Sachverhalt gehen kann. Hier, in dem eigentlich erlernbaren Teil der richterlichen Kunst, setzen die Schwierigkeiten erst recht ein. „Je älter man als Richter wird, um so klarer erkennt man, wie unergründlich die Wirklichkeit und der Mensch sind, wie schwer auflösbar das Gemenge von Gut und Böse und wie unübersehbar die Irrtumsmöglichkeit", bekennt der gegenwärtige Präsident des BGH anläßlich seiner öffentlichen Amtseinführung[3]). Zu einem gerechten Urteil zu kommen ist etwas, was oft über Menschenkraft geht. Kaum ein anderer Beruf ist durch die Kluft zwischen Auftrag und Erfüllbarkeit so tief gezeichnet wie der des Richters.

Richter zu sein ist eine existentielle Forderung. Nur wer das Wagnis des Irrens — eines Irrens unter dem Siegel des Rechts — mit der Ganzheit der eigenen Existenz auf sich nimmt, kann es tragen. Eine Scheidung der beruflichen von der außerberuflichen Sphäre gilt hier weniger als sonst. Nicht allein, daß man vom Richter als Menschen ein äußerstes Mehr an Zucht erwartet (das mitunter schon an die Grenzen des guten Geschmacks streifende Interesse, welches die Presse an jeder Entgleisung eines Richters außerhalb des Dienstes nimmt, findet darin einen Schein von Berechtigung). Der Richter muß die Werte, die er in seinem Spruch setzt, zuvor zum Teil seines eigenen Selbst gemacht haben. Denn der Mensch wird immer nur am Menschen gemessen, als an seines Gleichem. Das ist das Überzeugende an dem von Julius Stahl[4]) gebrauchten Gleichnis, wenn er im Jüngsten Gericht nicht Gott den Vater als Richter sieht, sondern den Sohn, nachdem er Mensch geworden und das Gesetz empfangen hat, um es zu erfüllen.

3.

Dem Bilde des Richters sucht das Deutsche Richtergesetz von 1961 Umriß und Farbe zu geben. Es ist das Standesgesetz für die Richterschaft aller Gerichtszweige, das erste seiner Art. Aber im Standesrechtlichen erschöpft es sich nicht. Es sieht auf den Rechtsstaat, indem es sammelt und bewahrt,

[3]) DRiZ 1960, 173.

[4]) Rechts- und Staatslehre II. Abteilung S. 602 (Fußnote).

was im Spruchamt die Festigkeit des Rechts vor den rechtsfeindlichen Mächten gründet. Hinter diesem Ziel tritt die Person des Richters zurück. Die Privilegien, die das Gesetz ihm gibt, sind ihm an keiner Stelle zu persönlichem Nutzen gegeben. Er empfängt sie zu Lehen im Dienst der freiheitlichen Idee, die er zu verkörpern hat.

Wer die Freiheit wahren soll, muß im umfassendsten Sinne unabhängig sein. Dem Beruf des Richters ist deshalb die richterliche Unabhängigkeit eingeboren. Wer nicht unabhängig ist, wer gelenkte Sprüche, keine Wahrsprüche fällt, ist nicht Richter. Er ist bestenfalls Justizfunktionär, mag er auch in irgendeiner Form die Bezeichnung „Richter" in einer wie immer aufgezogenen „Gerichts"barkeit führen. Die Unabhängigkeit ist das Gut, das die Richterschaft, nachdem sie es einmal errungen, am eifersüchtigsten hütet.

Im institutionellen Gewande ist sie auf uns mit den Worten überkommen, der Richter sei „unabhängig und nur dem Gesetz unterworfen". So lautet die Formulierung vom GVG von 1877 über die WRV bis zum Bonner GG und dem Richtergesetz. Gemeint ist damit die sachliche Unabhängigkeit: die Freiheit von dienstlichen Weisungen mit Bezug auf die Untersuchung und Entscheidung in Rechtssachen, das Recht und die Pflicht, jeglichen Versuch einer Einflußnahme, möge er aus dem staatlichen Machtbereich oder von außerstaatlicher Seite an den Richter herangetragen werden, auf das strikteste unbeachtet zu lassen. Diese sachliche Unabhängigkeit, die das GG in Art. 97 an die Spitze stellt, ist allen Richtern ausnahmslos und uneingeschränkt zugesprochen, fest angestellten und nicht fest angestellten, ehrenamtlichen und hauptamtlichen, Richtern im Talar und Richtenden im Amt des Schöffen oder sonstigen Laienbeisitzers im Gericht. Sie folgt den richterlichen Geschäften sogar bis dort, wo sie heute den Rechtspflegern, Beamten des gehobenen mittleren Dienstes, übertragen sind (§ 8 RechtspflegerGes.).

Der sachlichen Unabhängigkeit des Richters entspricht die Pflicht aller Stellen außerhalb des Gerichts, sie zu achten. Es ist zunächst eine Pflicht der staatlichen Exekutive, und hier in erster Linie der Ministerien; diesen Sinn, als den eines Weisungsverbots, hat die Formel von der Unabhängigkeit des Richters in ihren historischen Ursprüngen vornehmlich gehabt. Er scheint heute kaum noch problematisch. „Weisungen" werden in der Tat nicht mehr erteilt. Nicht einmal Diktaturen haben das nötig. An die Stelle der Weisung sind unauffälligere Formen der Lenkung getreten. Das Ministerium erfordert Bericht, zitiert den Gerichtsvorsitzenden und spricht „Erwartungen" aus, gibt „Anregungen" und „Empfehlungen", stellt die Beachtung tatsächlicher oder rechtlicher Gesichtspunkte „anheim", schult die Richterschaft durch „Richterbriefe" (wie im Dritten Reich) — wobei der formale Vorbehalt, alles dies geschehe „unbeschadet der richterlichen Unabhängigkeit hinsichtlich der im Einzelfalle zu treffenden Entscheidung", nie zu fehlen pflegt. Zum Lobe der Justizministerien muß gesagt werden, daß hier seit 1945 äußerste Zurückhaltung geübt wird. Die Berichte, die auch jetzt noch gefordert werden, gehen durchweg auf Petitionen der unterlegenen Prozeßparteien an das Parlament zurück. Daß der Richter auf diese Weise gezwungen wird, seine Entscheidungen nochmals zu begründen und „nach oben" zu rechtfertigen, bleibt ein nicht genug zu beklagender Mißstand. Aber auch sonst ist Wachsamkeit nicht ganz überflüssig. Als die Bundesregierung im Bonner Diplomatenprozeß während des schwebenden Verfahrens ostentativ („die Bundesregierung kann das") die Feststellung traf, die Angeklagten Botschafter Blankenhorn und Staatssekretär Hallstein hätten pflichtgemäß gehandelt, da wurde dies als ein befremdend rechtsstaatswidriger Eingriff in das Verfahren empfunden und öffentlich bloßgestellt. Die Bundesfinanzverwaltung veranstaltete vor einiger Zeit Lehrgänge, in denen die mit Steuerstrafrecht befaßten Richter mit der Eigenart der Materie vertraut gemacht werden sollten. Die Maßnahme, so gut sie gedacht war, verfiel mit Recht der Kritik. In Steuerstrafsachen ist das Finanzamt Partei, nämlich Nebenkläger neben dem Staatsanwalt; die Lehrgänge konnten den Eindruck erwecken, als würden die von der Justizverwaltung dorthin entsandten Richter einseitig auf die Auffassungen der Verwaltung ausgerichtet. Der Entwurf des Richtergesetzes bestimmte denn auch kategorisch: „Empfehlungen und andere Einflußnahmen, die geeignet sind, den Richter in seiner Unabhängigkeit zu beeinträchtigen, sind unzulässig."

Die Vorschrift des Entwurfs ist nicht Gesetz geworden. In den Ausschußberatungen des Bundestages glaubte man, auf sie verzichten zu können; man meinte, mit einer so allgemeinen Aussage sei für die Gestaltung des Richterverhältnisses nichts gewonnen. Ob der Verzicht richtig war, wird die Zukunft lehren. Denn der Entwurf traf (und sollte treffen) nicht zum wenigsten die para-legalen und die illegalen Einflußversuche, die von den modernen gesellschaftlichen Medien außerhalb des Staates heute auf das unabhängige Spruchamt des Richters andrängen. Ihnen gegenüber hätte selbst das unbewehrteste Verbot noch seine Aufgabe gehabt, den Griff nach der Sachgebundenheit der Rechtspflege als den Sündenfall der freiheitlichen Ordnung bewußt zu machen. So ist in diesem intermediären Bereich die Unabhängigkeit des Richters ausschließlich[4a]) auf

[4a]) Es sei denn, man nähme als rühmliche Ausnahme die Bestimmung in § 8 der (halboffiziellen) „Richtlinien für die Ausübung des Anwaltsberufs", wonach als standeswidrig gilt „jeder Versuch, die Entscheidung des Richters durch unsachliche Mittel zu beeinflussen, insbesondere Instanzen anzurufen, die nach dem Gesetz keinen Einfluß auf die Entscheidung nehmen können, oder mit Regreß- oder Aufsichtsbeschwerdeverfahren zu drohen".

Im strengen Sinne würde allerdings auch dieses Zitat nicht in den vorliegenden Zusammenhang gehören. Denn die Anwaltschaft ist nach § 1 der Bundes-

sein Gewissen gestellt. Und diese Aufgabe ist wahrlich die schwerere. Ein Wink des Ministeriums geschieht im Verborgenen; ihn kann der Richter stillschweigend ignorieren. Aber fast unmöglich wird es, wirkliche Unvoreingenommenheit des Urteils zu bewahren, wenn eine laute Presse und eine durch sie gelenkte öffentliche Meinung ihn im voraus auf eine bestimmte Wertung einer Verfahrenssituation festzulegen trachten. Käme der Richter unabhängig von derartigen Pressionen zum sachlich gleichen Ergebnis, so würde er in seinem Spruch gleichwohl gehemmt sein, weil er befürchten müßte, vor sich selbst und anderen als der Nachgiebige zu erscheinen. Also wird er in Umkehrung dessen versucht sein, überstreng mit sich zu Rate zu gehen: sein Urteil gerät in die Gefahr, sich unter dem Blickwinkel demonstrativer Bezeugung seiner Unabhängigkeit zu bilden. Unbefangen zu urteilen ist dann im eigentlichen Sinne nicht mehr denkbar. Es ist die Zuspitzung des contempt of court[4b]), der damit im deutschen Gesetz seinen Meister noch immer nicht gefunden hat.

4.

Der sachlichen Unabhängigkeit des Richters dient die persönliche. Mit ihr fährt Art. 97 GG fort: Der Richter ist unabsetzbar und unversetzbar; er kann „wider seinen Willen nur kraft richterlicher Entscheidung“ (durch Strafurteil, Entscheidung des Dienstgerichts oder auf Richteranklage hin durch das Bundesverfassungsgericht) vor Ablauf seiner Amtszeit entlassen, suspendiert oder wegversetzt werden. Der Richter soll keinerlei personalpolitischem Druck der ministeriellen Exekutive ausgesetzt sein. Über ihn sollen nur Richter verfügen dürfen. Das Richtergesetz behält dem Dienstgericht deshalb auch den Ausspruch darüber vor, ob ein Richter ohne seine Zustimmung „im Interesse der Rechtspflege“ versetzt werden soll, etwa wegen verwandtschaftlicher Beziehungen zur örtlichen Anwaltschaft o. ä. Ebenso entscheidet das Dienstgericht, ob ein Richter wegen Dienstunfähigkeit vorzeitig (zwangsweise) zu pensionieren sei. Daß von vornherein und bis heute eine Ausnahme bei Veränderungen der Gerichtsorganisation gemacht wurde, ergibt sich aus der Natur der Sache und ist solange hinzunehmen, als die dienstherrliche Verfügung über den freiwerdenden Richter an die Belassung des vollen Gehalts geknüpft bleibt.

Überhaupt hatte man im Jahre 1877 die wirtschaftliche Unabhängigkeit des Richters noch gesetzlich garantieren zu müssen geglaubt. Das GVG

Rechtsanwaltsordnung ein zwar unabhängiges, doch nichtsdestoweniger mitverantwortliches Organ der Rechtspflege. Aber jene außerstaatlichen Mächte sind so jedenfalls des wirksamsten Rammbocks beraubt, dessen sie sich sonst in der Gestalt eines standesrechtlich nicht gebundenen Advokatentums hätten bedienen können.

[4b]) Über ihn siehe unten Seite 183.

wies ihm „ein festes Gehalt unter Ausschluß von Gebühren“ zu und sicherte die Klagbarkeit des Gehalts im ordentlichen Rechtsweg. Das Richtergesetz hat diese Garantien in der allgemeinen wirtschaftlichen Sicherung des Staatsdieners aufgehen lassen. Ihr Grundgedanke ist dennoch gültig geblieben. Die Verwaltung soll es nicht in der Hand haben, durch Gehaltsteile oder Gehaltsaufbesserungen, die zu ihrer Disposition stehen, den Richter „gefügig“ zu machen. Bei den oberen Bundesgerichten sind noch heute die Bundesrichter vom Bezug der widerruflichen Ministerialzulage, die dort unter anderer Bezeichnung dem beamteten Hilfspersonal bis zum letzten Wachtmeister gewährt wird, ausgeschlossen. Das BVerfGer. hat eine Besoldungsordnung für nichtig erklärt, die die Justizverwaltung ermächtigte, nach ihrem Ermessen eine bestimmte Quote der Richter in Eingangsstellen mit Erreichen der neunten Dienstaltersstufe in eine höhere Besoldungsgruppe aufrücken zu lassen[5]). — Ursprünglich war der Richter nicht einmal pensionierbar. Das war nicht selten zum Nutzen der Sache, da die Reife des richterlichen Wirkens mit der Abgeklärtheit im Alter eher zu- als abnimmt. Eine Altersgrenze wurde für die Richter in Preußen erst im Jahre 1920, für das Reichsgericht im Jahre 1923 eingeführt. Im Anfang entsprach sie der für die Beamten; seit 1945 liegt sie im Bund und in der Mehrzahl der Länder unverändert höher (68 Jahre, für Bundesrichter bis vor einiger Zeit noch 72 Jahre). Das Richtergesetz bestimmt, daß „der Eintritt in den Ruhestand nicht hinausgeschoben werden könne“, um auch den Anschein einer personalpolitischen Beeinflussung des Richteramtes auszuschließen.

Aber hier, bei der persönlichen Unabhängigkeit, beginnen schon die Einschränkungen. Die Formel des Art. 97 GG über die Unabsetzbarkeit und Unversetzbarkeit gilt ausdrücklich nur für die lebenslänglich angestellten Richter. Die Justizgeschichte kennt nicht wenige Nebenformen des richterlichen Status: nicht fest angestellte Hilfsrichter, ehrenamtliche Richter mit befristeter Amtszeit, Richter kraft Auftrags; in typenmäßiger Entsprechung: Assessoren, Handelsrichter, kriegsdienstverpflichtete Anwälte, späterhin Flüchtlingsjuristen. Die Unabhängigkeit der Handelsrichter wird freilich durch den Zwang, sich zur Wiederernennung stellen zu müssen, kaum beeinträchtigt; Kaufleute pflegen die innere Unabhängigkeit von der Staatsgewalt in das handelsrichterliche Ehrenamt mitzubringen. Bei den Assessoren sehen die Dinge schon sehr viel ernster aus. Wer nicht fest angestellt, nicht unabsetzbar, also auf das Wohlwollen von Dienstvorgesetzten angewiesen ist, kann nicht wirklich unabhängig sein. Hier und ähnlich bei den Richtern kraft Auftrags stand die Unabhängigkeit bisher auf dem Papier. Das Richtergesetz hat es sich angelegen sein lassen, auf diesem

---

[5]) NJW 1961, 915.

Gebiet gründlich Wandel zu schaffen. Solange wir für die Berufung in das Richteramt auf Lebenszeit eine beamtenförmige Laufbahngestaltung haben, wird eine Beschäftigung von jungen Richtern auf Probe nicht zu umgehen sein. Richter auf Probe (Gerichtsassessoren) sollen indessen künftig aus wichtigem Grunde nur zum Ablauf des 6., 12., 18. oder 24. Monats nach ihrer Ernennung, wegen mangelnder Bewährung außerdem nur noch zum Ablauf des dritten oder vierten Jahres entlassen werden dürfen; spätestens nach sechs Jahren sind sie auf Lebenszeit anzustellen. Als Richter kraft Auftrags kommen künftig nur noch Beamte in Betracht, die sich für die Übernahme als Richter auf Lebenszeit bewähren wollen. Für sie gelten die gleichen Fristen wie für Assessoren, nur daß hier die Entscheidung über die endgültige Übernahme bereits nach zwei Jahren fallen muß. Im übrigen dürfen Richter auf Probe und Richter kraft Auftrags in allen Gerichtszweigen nur bei den Gerichten der Unterstufe — in der ordentlichen Gerichtsbarkeit: an Amts- und an Landgerichten — beschäftigt werden. Soweit diese Gerichte als Kollegialgerichte (in Kammern zu mehreren Berufsrichtern) entscheiden, darf jeweils nicht mehr als ein Richter auf Probe oder kraft Auftrags mitwirken; vom Vorsitz ist er ausgeschlossen. Auch eine Betrauung mit dem Vorsitz im Schöffengericht setzt für Assessoren den Ablauf des ersten Probejahres voraus.

Auch die Unversetzbarkeit des Richters ist nicht ausnahmslos gewährleistet. Der Minister kann einen der Wegversetzung gleichkommenden Effekt dadurch erreichen, daß er einen Richter als Hilfsrichter an ein anderes Gericht abordnet. Die Abordnung erscheint für sich betrachtet als ein nicht zu entbehrender Weg, um die Vertretung von erkrankten und beurlaubten Richtern oder die Bewältigung eines besonderen Geschäftsanfalls sicherzustellen. Für die Verwendung an Untergerichten stehen hierfür die Richter auf Probe oder die Richter kraft Auftrags beliebig zur Verfügung. Aus einem laufenden Beschäftigungsauftrag, selbst bei Gericht, können sie jederzeit herausgezogen werden[5a]; allein für eine Beschäftigung bei den Landgerichten in der ordentlichen Gerichtsbarkeit muß der Beschäftigungsauftrag im voraus auf eine unwiderrufbar bestimmte Zeitspanne lauten. Für eine Abordnung zu den Gerichten der Mittelinstanz — die oberen Bundesgerichte kennen keine Hilfsrichter — kommen jedoch nach ausdrücklicher gesetzlicher Vorschrift nur fest angestellte Richter in Betracht, in der Regel solche von Untergerichten, die sich für eine Beförderung qualifizieren sollen. Handelt es sich um Vertretungsfälle, so kann auch ihre Abordnung ohne und sogar gegen ihren Willen erfolgen. Vorausgesetzt dabei ist lediglich, daß der Zeitraum von insgesamt drei Mona-

---

[5a]) Die dienstherrliche Verfügung über sie ist lediglich dahin eingeschränkt, daß sie außerhalb der Gerichtsbarkeit einschließlich der Staatsanwaltschaft nur mit ihrer Zustimmung beschäftigt werden dürfen.

ten im Geschäftsjahr nicht überschritten wird. Erst bei längerer Dauer oder bei Verwendung außerhalb des angestammten Gerichtszweiges oder bei Abordnung zu besonderer Verwendung, z.B. im Ministerium, muß der Abzuordnende gefragt werden. Immerhin darf eine jede Abordnung festangestellter Richter nur fest befristet erfolgen.

5.

Die Garantie der Unversetzbarkeit des Richters dient nicht nur dem Schutz gegen Beeinflussung seiner Person. Sie soll auch die Gefahr ausschalten, daß politische Instanzen einem Richter die Spruchgewalt über eine Sache, mit der er befaßt ist oder befaßt werden würde, durch Wegversetzung entziehen, um die Entscheidung in einem von ihr gewünschten Sinne steuern zu können. Doch wäre gerade diese Garantie unvollständig, wenn nicht auch die Geschäftsverteilung innerhalb eines mit mehreren Richtern besetzten Gerichts gegen Eingriffe ähnlicher Zielsetzung gesichert wäre. Die Unversetzbarkeit weitet sich so zur Inamovibilität (Fritz Baur), die Forderung nach ihr zum Postulat des gesetzlichen Richters.

„Ausnahmegerichte sind unzulässig. Niemand darf seinem gesetzlichen Richter entzogen werden", sagt Art. 101 GG und wiederholt damit einen Fundamentalsatz aller modernen Verfassungen. Der „gesetzliche Richter" ist der nach dem Gesetz zur Entscheidung berufene Richter. Sein Gegensatz ist der Richter, der für den Streitfall ad hoc eingesetzt oder dessen Zuständigkeit für den Streitfall „manipuliert" worden ist. Dem Richter ad hoc, dem manipulierten Richter gilt das rechtsstaatliche Mißtrauen, als einem vermuteten Werkzeug der ihn bestellenden oder vorschiebenden Gewalten. Ihn unmöglich zu machen ist das Ziel von Sicherungen, die die Züge konsequentester Strenge nicht verleugnen und nicht verleugnen dürfen. Will man verhindern, daß Machttendenzen, woher sie auch kommen, auf die Besetzung des Gerichts in irgendeiner Weise Einfluß nehmen, so ist ein Doppeltes nötig. Einmal muß eine gesetzliche Zuständigkeitsabgrenzung das Gericht bestimmen, vor welches die Sache gehört. Unter diesem Gesichtspunkt sind die sogenannten ausschließlichen Zuständigkeiten, bei denen keine Wahlmöglichkeit des Klägers (Anklägers) zwischen mehreren zuständigen Gerichten besteht, dem Rechtsstaat am meisten gemäß. Zum anderen muß eine strikte und umfassende Geschäftsverteilung innerhalb des Gerichts dafür sorgen, daß für jeden denkbaren Fall, in welchem das Gericht angerufen wird, eine bestimmte Abteilung, eine bestimmte Kammer oder ein bestimmter Senat im voraus für zuständig erklärt ist. Der Richter muß sozusagen „blind", mit geschäftsplanmäßiger Ausschließlichkeit für die vor ihn gelangenden Sachen als „der" Richter berufen sein. Nur Amtsgerichte mit einem einzigen Richter können einer solchen Regelung entraten.

Meist geschieht sie durch eine Verteilung nach Buchstaben. Bei höheren Gerichten pflegt daneben eine Aufteilung nach Sachgebieten üblich zu sein. Die Stelle, die darüber befindet, den Geschäftsplan aufstellt und Zweifel über seine Handhabung entscheidet, ist wiederum eine unabhängig-richterliche, das sogenannte Präsidium. Präsidien werden innerhalb der ordentlichen Gerichtsbarkeit[6]) gebildet bei den Gerichten vom Landgericht ab aufwärts, und zwar beim Landgericht zugleich für die Geschäftsverteilung der Amtsgerichte seines Bezirks. Ihnen gehören an der Präsident, die Vorsitzenden der Kammern (Senate) nach einem gesetzlich festgelegten Schlüssel und mehrere teils nach ihrem Dienstalter bestimmte, teils gewählte Räte des Gerichts. Das Präsidium beschließt mit Stimmenmehrheit. Den Bestand an Abteilungen (Kammern beim Landgericht, Senaten bei den höheren Gerichten) in der von der Justizverwaltung festgelegten Zahl findet es vor. Es verteilt ihre Zuständigkeiten und weist ihnen die Richter und Hilfsrichter des Gerichts zu. Die Geschäftsverteilung wird auf ein Jahr im voraus aufgestellt. Sie kann innerhalb dieser Frist nur bei zwingendem Anlaß auf gleichem Wege, d.h. nur durch das Präsidium abgeändert und ergänzt werden.

Daß bei solcher „blind" im voraus festgelegten Zuständigkeit eine Sache vor einen Richter kommen kann, der dafür weniger geeignet wäre als der einer benachbarten Abteilung, nimmt der Rechtsstaat in Kauf. Jede „elastischere" Alternative gilt ihm als das Einfallstor rechtstaatsfeindlicher Steuerung des Verfahrens. An dem gesetzlichen Richter innerhalb des Gerichts könnte nicht einmal das Einverständnis der Beteiligten einschließlich des Richters selbst etwas ändern.

Doch sogar diese letzte Strenge ist nicht frei von Lücken und Durchbrechungen.

Zum Teil sind es Geburtsfehler. Im Jahre 1877 erschien den Justizministerien der bestimmende Einfluß auf die Besetzung der Schwurgerichte und die Bestellung des Untersuchungsrichters als ein Politikum und damit als ihre Domäne. Sie haben hart darum gekämpft, haben dieses Reservat durchgesetzt und es — für den Untersuchungsrichter — bis heute behalten. Für die Schwurgerichte ist es im Richtergesetz nunmehr zugunsten der Präsidien gefallen; ihre überragende Bedeutung in der Strafrechtspflege ist ohnehin längst geschwunden. Eine andere Entwicklung aber hat im Jahre 1924 eingesetzt und bis heute angehalten, obwohl sie als rechtsstaatswidrig

---

[6]) Diese im folgenden als Beispiel. Ihm entspricht die Regelung in allen anderen Gerichtszweigen; in der Finanzgerichtsbarkeit freilich einstweilen, solange eine Finanzgerichtsordnung des Bundes noch aussteht, nur erst beim Bundesfinanzhof.

oft bekämpft worden ist. Das BVerfGer.[7]) hat sich mit ihr befassen müssen. Es ist die Hand des Staatsanwalts am Schalthebel der Zuständigkeit.

Nehmen wir ein aktuelles Beispiel. Gewisse Gruppen von Staatsschutzsachen überweist das Gesetz zur Aburteilung grundsätzlich dem Bundesgerichtshof. Von diesen Sachen kann der Generalbundesanwalt beim Bundesgerichtshof den Einzelfall, wenn er ihn als minder gewichtig ansieht, zur Weiterverfolgung an den Generalstaatsanwalt beim Oberlandesgericht abgeben; der Fall wird alsdann beim Oberlandesgericht angeklagt und hier statt beim Bundesgerichtshof verhandelt und entschieden. Zugegeben, eine gesetzgeberische Maßnahme dieser Art war zur Entlastung des Bundesgerichtshofs dringend geboten. Aber warum hat die Entscheidung, ob die obere oder die niedere Instanz — die eine wie die andere endgültig! — zum Urteil berufen sein soll, die Staatsanwaltschaft zu treffen? Eine abhängige, nach § 146 GVG weisungsgebundene, politische Behörde? Der Staatsanwalt als Verfügender über den gesetzlichen Richter? Unkontrolliert, nicht einmal gebunden an eine richterliche Zustimmung, etwa die des Ermittlungsrichters beim Bundesgerichtshof? Die neueren Gesetze geben dem Staatsanwalt auch sonst ein überraschend weites Feld, den Richter, vor dem die einzelne Sache verhandelt werden soll, sich unter mehreren auszusuchen. Nicht nur, daß er von je nach seinem Belieben — und das heißt doch, wenn es hart auf hart geht, nach Willen und Weisung der Ministerialinstanz — die Anklage vor dem Gericht des Tatortes oder aber vor dem Gericht des Wohnsitzes des Beschuldigten erheben konnte. Er hat jetzt auch das Recht, für zahlreiche Fälle zwischen der Anklageerhebung vor dem Einzelrichter oder vor dem Schöffengericht, vor dem einfachen oder dem erweiterten Schöffengericht, vor dem Schöffengericht oder der Strafkammer, vor dem Erwachsenengericht oder dem Jugendgericht zu wählen. Bei mehreren von diesen Alternativen ist zudem der Rechtsmittelzug unterschiedlich: der Staatsanwalt trifft mit seiner Wahl zugleich die Entscheidung darüber, ob Berufung oder Revision oder nur Revision, ob die Revision zum Bundesgerichtshof gegeben ist oder ob sie beim Oberlandesgericht endet. Das Gesetz steuert die Wahl durch kaum mehr als diskretionäre, allgemein gehaltene Gesichtspunkte. Kein Zweifel, daß in einer Gegenwart geläuterter und unangefochtener Rechtsstaatlichkeit die Staatsanwaltschaft von ihren gesetzlichen Möglichkeiten nur einen pflichtmäßigen Gebrauch macht und die Justizministerien sich einseitiger politischer Einflußnahmen enthalten. Eben dies ist der Hauptgrund des BVerfGer. gewesen, die rechtsstaatlichen Bedenken gegen die der Entschließung des Staatsanwalts unterstellte Wandelzuständigkeit zwischen Schöffengericht und Strafkammer — um sie ging es in jener Verfassungsstreitsache — zu verneinen. Aber reicht es aus, darauf zu vertrauen, daß die Staatsanwaltschaften und die

[7]) NJW 1959, 871.

Ministerien von ihrem Ermessen in aller Zukunft den pflichtgemäßen Gebrauch auch tatsächlich machen werden[8]) — nur, weil das GG sie auf rechtsstaatliche Denkweise verpflichtet? Hier liegt die petitio principii. Rechtsstaatliche Sicherungen sind in einer Schönwetterperiode des Verfassungslebens nur scheinbar überflüssig. Notwendig werden sie stets für den Fall, daß Krisenzeiten kommen und die politischen Mächte geneigt sein könnten, formalen Befugnissen einen politischen Inhalt zu geben. Etwa dort anklagen zu lassen, wo es „gewünscht" wird, um bestimmte Richter, Gerichte oder Rechtszüge auszuschalten. Die Probe auf die Bewährung stünde für unsere Teilfrage noch aus. Daß bei einer Anklage vor der Strafkammer statt vor dem Schöffengericht die Strafkammer die Entschließung der Staatsanwaltschaft noch korrigieren und das Hauptverfahren vor dem Schöffengericht eröffnen kann, beträfe nur einen Ausschnitt aus dem Problem, würde auch an seiner Grundsätzlichkeit nichts ändern.

Wie sehr wir in Wahrheit noch uns darum sorgen müssen, den gesetzlichen Richter nicht durch sachfremde Einflüsse manipuliert zu sehen, hat ein aufsehenerregender Fall aus jüngster Zeit gezeigt. Es war die sogenannte H-Spaltung im Bestechungsprozeß gegen den persönlichen Referenten des Bundeskanzlers, Ministerialrat Dr. Kilb. Das Verfahren lag bei der 1. Strafkammer des Landgerichts Bonn. Diese Strafkammer hatte kurz zuvor im sogenannten Diplomatenprozeß eine dem Bundeskanzleramt nahestehende Persönlichkeit, den Botschafter Blankenhorn, verurteilt, und den früheren Staatssekretär im Bundeskanzleramt, Hallstein, mangels Beweises freigesprochen. Der Kilb-Prozeß lief unter dem Namen eines Mitangeklagten namens Hummelsheim; er war unter der Aegide einer sozialdemokratisch geführten Landesregierung von Nordrhein-Westfalen, zu dessen Gebiet Bonn gehört, angelaufen. Inzwischen war die Regierung dort durch eine Gegenkoalition auf der Linie der Bundesregierung abgelöst worden. Sie besetzte den gerade vakanten Posten des Bonner Landgerichtspräsidenten mit einem Ministerialrat aus dem Düsseldorfer Justizministerium. Kurze Zeit, nachdem dieser sein Amt angetreten hatte, beschloß das Präsidium des Landgerichts Bonn mitten im Lauf des Geschäftsjahres eine andere Geschäftsverteilung mit der Begründung, daß die bestehenden Strafkammern überlastet seien. Hierbei wurden die Sachen mit dem Anfangsbuchstaben des Angeklagten „H" in der Weise aufgeteilt, daß die Verfahren bis „Hn" einschließlich bei der 1. Strafkammer verblieben, während diejenigen ab „Ho" der neugebildeten (7.) Strafkammer zugewiesen wurden. Der Kilb-Prozeß war damit der von der Bundesregierung mit Mißtrauen beobachteten Zuständigkeit der 1. Strafkammer entzogen.

Der Eindruck in der Öffentlichkeit war ausgesprochen ungünstig. Er wurde nicht besser dadurch, daß die neue Kammer alsbald das tat, was die

[8]) Die neuerliche Berliner Justizkrise (unten Seite 164) hat immerhin einige Zweifel an der gesetzmäßigen Ausübung des ministeriellen Weisungsrechts wiedergeweckt.

bisherige abgelehnt hatte: sie beschloß eine nochmalige Vernehmung des Bundeskanzlers, die dieser gewünscht hatte, als Zeugen und begab sich hierzu in seine Wohnung. Fatale Mutmaßungen, daß die Zuständigkeit „höheren" Intentionen angepaßt worden sei, konnten in der Tat sich aufdrängen, auch wenn die Dinge formal ihren gesetzmäßigen Weg gegangen waren. Die Mutmaßungen mochten der sachlichen Berechtigung entbehren. Es ist schwer vorstellbar, daß die Mitglieder des Präsidiums sich an andere als objektive Kriterien sollten gebunden geglaubt haben; die Gründe für den gefaßten Beschluß stehen unter dem Schutz des Beratungsgeheimnisses und entziehen sich der Kritik. Dennoch hätte man sich von einem richterlichen Gremium solchen Ranges gewünscht, es hätte auch den Schein einer Beeinflussung vermieden. Man mag das politischen Takt nennen. Es ist im Grunde kein anderer als der elementare berufliche Takt, der dem Richter verbietet, eine Scheidelinie zu ziehen zwischen sich selbst und solchen Umständen, die geeignet sind, „Mißtrauen in seine Unparteilichkeit zu rechtfertigen" (§§ 24 StPO, 42 ZPO).

6.

Selbstverständlich unterliegt der Richter einer Dienstaufsicht, wie jeder, der im öffentlichen Dienst steht. Er muß seine Verhinderung anzeigen, um Urlaub einkommen, die Genehmigung zu Nebentätigkeiten erbitten, über Dienstreisekosten abrechnen, die ihm überwiesenen Referendare ordnungsgemäß ausbilden. Das alles hat mit der Unabhängigkeit seiner Spruchtätigkeit nichts zu tun. Aber wie, wenn der dienstvorgesetzte Präsident meint, der Richter müsse schneller arbeiten, er verursache vermeidbare Kosten bei den Zeugenvernehmungen, bringe in der Urteilsverkündung unnötig verletzende Schärfen? Der Satz, daß die Dienstaufsicht auch die Befugnis umfasse, dem Richter die ordnungswidrige Ausführung eines richterlichen Amtsgeschäfts vorzuhalten und ihn zur ordnungsgemäßen, unverzögerten Erledigung zu ermahnen, ist zwar von jeher anerkannten Rechtes und in dieser Fassung in das Richtergesetz eingegangen. Doch wo ist die Grenze zwischen der disziplinären Gebundenheit an die „gute Ordnung" und der gestaltenden Freiheit in der reinen Bindung an das Gesetz? Der Richter hat bei seiner Entscheidung ein nicht mehr geltendes Gesetz angewandt — aber vielleicht war dessen Weitergeltung zweifelhaft; er hat zwingende Verfahrensvorschriften zu Lasten der Beteiligten außer acht gelassen — aber die Entscheidung wird durch den Fehler nicht berührt und ist trotzdem richtig: muß der Richter sich vor seinem Präsidenten verantworten? Hier würde man schon eher zur Bejahung neigen. Es ist die alte Frage der Spannung zwischen Freiheit und Verantwortlichkeit der Rechtsprechung. Zu ihrer Lösung gibt das Richtergesetz ein wahrhaft rechtsstaatliches Mittel. Glaubt der Richter, eine Maßnahme der Dienstaufsicht beeinträchtige ihn in seiner Unabhängigkeit, so kann er eine Nachprüfung der Maßnahme durch das Dienstgericht verlangen; das Prüfungsverfahren endet gegebenenfalls mit dem Ausspruch, daß die Maßnahme unzulässig sei.

Daß der Richter auch nach gefälltem Spruch für dessen Inhalt nicht disziplinär zur Verantwortung gezogen werden kann, ergibt sich aus dem Wesen seiner Unabhängigkeit von selbst. Ihr dient auch hier das Beratungsgeheimnis. In Deutschland, mit seiner noch nicht gefestigten Grenze zwischen Dienstaufsicht und richterlicher Unabhängigkeit, ist es selbst dann nicht zu entbehren, wenn die Unebenheit stört, daß der Einzelrichter des gleichen Schutzes nicht teilhaftig ist. Es ergibt sich aber auch, daß das Beratungsgeheimnis da zu weichen hat, wo das Gremium für seinen Spruch dennoch und ausnahmsweise in corpore zur Verantwortung gezogen wird und der einzelne in ihm mitwirkende Richter überstimmt worden war. Das ist für Sondergerichtsurteile aus der Zeit des Dritten Reiches akut geworden.

7.

Die Sicherung der Unabhängigkeit des Richters geht stufenweise von außen nach innen. Sie ist unentbehrlich auch innerhalb des Gerichts — im Kollegium —; sie darf endlich nicht versagen gegenüber der Gefahr, die aus der Befangenheit des Richters selbst erwächst.

Der Unabhängigkeit des Richters im Kollegium dienen Vorschriften wie die, daß bei der Beratung der Laienrichter vor dem Berufsrichter, der jüngere vor dem älteren, der Vorsitzende zuletzt seine Stimme abgibt. Jede Stimme zählt gleichviel; zur Ermöglichung klarer Mehrheiten sind die Kollegien durchweg mit ungerader Zahl (drei, fünf oder, beim Schwurgericht, neun Richtern) besetzt; nur die Anomalie des vierköpfigen erweiterten Schöffengerichts kennt notgedrungen einen Stichentscheid des Vorsitzenden, und auch dies gesetzlich erst seit 1953.

Alle äußere — persönliche, sachliche und funktionale — Unabhängigkeit bliebe nutzlos, wenn der Richter nicht seine innere Unabhängigkeit zu wahren willens wäre. Diese ist die verpflichtende Antwort auf jene, die ihm, um es zu wiederholen, nicht in seinem persönlichen Interesse, sondern um der Rechtsstaatlichkeit willen verliehen ist. „Sicherungen" kann es hier nun allerdings nur sozusagen stützpunktartig geben. Eine wichtige ist die Ausschließung und die Ablehnung des Richters wegen Befangenheit. Der Richter kann wegen Befangenheit abgelehnt werden. Ihm ist jedoch in erster Linie zur Pflicht gemacht, sich selbst als befangen zu erklären, wenn die Dinge aus der Sicht der Beteiligten ihm Anlaß zu einem solchen Schritt geben müssen. Der Richter pflegt diesen Punkt als die eigentliche Probe auf seine Unvoreingenommenheit zu betrachten: Selbstablehnungen geschehen eher zu viel als zu wenig. Ferner ist von jeher nicht gestattet, daß ein naher Verwandter des Richters als Rechtsanwalt oder Staatsanwalt am gleichen Gericht tätig ist. Auch soll der Richter nicht in einen Konflikt mit seinem eigenen früheren Spruch gebracht werden. Daher die Bestimmung, daß er, wenn inzwischen bei der Rechtsmittelinstanz tätig, nicht über sein eigenes Urteil aus der Vorinstanz zu Gericht sitzen darf[9]). Das Revisionsgericht in der ordentlichen und in der Arbeitsgerichtsbarkeit kann die Verhandlung und Entscheidung der Sache, die es an die Berufungsinstanz zurückverweist, einem anderen Berufungsrichter übertragen. Eine öffentliche Kontroverse gab es vor einiger Zeit, als die Frage erörtert wurde, ob im Strafverfahren ein anderer Richter das Hauptverfahren eröffnen solle[9a]) als der, der demnächst zur Verhandlung und zum Spruch berufen sei. Eine solche Regelung galt bis 1924, seitdem ist sie abgeschafft und der eröffnende mit dem erkennenden Richter identisch. Man hat ihn dieserhalb den „zum Vorurteil verpflichteten Richter" genannt und gemeint, wer das Hauptverfahren gegen den Angeklagten eröffnet habe, gehe notwendig schon mit einem Vorurteil in die Hauptverhandlung hinein, da der Eröffnungsbeschluß den Angeklagten ja als der Tat hinreichend verdächtig bezeichne. Der Vorwurf geht fehl. „Hinreichend verdächtig" ist eine mit allem Vorbehalt summarische, vorläufige Kennzeichnung. Es gibt keinen Richter, der nicht bereit wäre, eine vorläufig gewonnene Meinung beim endgültigen Spruch noch zu revidieren. Dazu ist er erzogen. Er vergäbe sich auch nichts an seiner Würde, im Gegenteil. Wäre es anders, so wären die meisten Freisprüche nicht zu verstehen. Traut man doch dem Richter sogar zu, in der Abstimmungen über den Schatten seiner eigenen Auffassung zu springen, wenn er in einer Vorfrage überstimmt worden ist: er darf, nach § 195 GVG, seine Mitwirkung bei der weiteren Abstimmung nicht aus diesem Grunde verweigern.

Unabhängig ist der Richter von Präjudizien. In keinem Falle ist er an seine eigene frühere Rechtsprechung in gleichliegenden Sachen gebunden, wenn sie ihn nicht mehr überzeugt. Hat er doch die königliche Freiheit, nicht einmal der Rechtsprechung höherer, ja höchster Gerichte folgen zu brauchen. Daß die Entscheidungen des BVerfGer. in gewissen Fällen objektives Recht schaffen (unten Seite 138), liegt auf anderem Gebiet. „Rechtseinheit" im Sinne einer „Übereinstimmung" aller gerichtlichen Entscheidungen könnte nur ein totalitäres System dekretieren; durchzusetzen wäre sie selbst dann nicht.

Das Richtergesetz gibt weitere Kautelen. Der Richter soll kein privates Rechtsgutachten erstatten noch unentgeltlich Rechtsauskünfte erteilen. Eine publizistische Stellungnahme zu Rechtsfragen, die in einem vor ihm schwebenden Rechtsstreit eine Rolle spielen können, wird er zu vermeiden

[9]) Auffälligerweise ist ihm dagegen gesetzlich nicht verwehrt, in einem Wiederaufnahmeverfahren erneut an der Urteilsfindung mitzuwirken.

[9a]) Darüber unten Seite 187.

haben[10]). Die Übernahme eines Amtes als Schiedsrichter darf ihm nur genehmigt werden, wenn beide Parteien darum antragen oder er von einer unbeteiligten Stelle benannt ist.

Besonderes Augenmerk verdient schließlich die Regelung der parteipolitischen Tätigkeit des Richters. Sie stand ihm bis 1933 im Grundsatz ohne Einschränkung offen. Der kaiserliche wie der Weimarer Reichstag haben von Eduard v. Simson bis hin zu Wilhelm Marx, dem nachmaligen Reichskanzler, hervorragende aktive Richter zu ihren Abgeordneten gezählt. Man wird sich aber trotzdem fragen müssen, ob eine parteipolitische Exponierung mit dem Richteramt verträglich sei. Einer Honoratiorendemokratie wird die Frage sich anders stellen als einer Verbands- und Funktionärsdemokratie, einem Gemeinwesen mit verhärteten innerpolitischen Fronten anders als einem solchen mit vorwiegend taktisch bestimmter Parteienstruktur. Die westlichen Besatzungsmächte hatten nach 1945 dem Richter jegliche politische Betätigung verboten. Das Verbot ist damals von der Richterschaft weithin gutgeheißen worden. Es besagt dies nicht, daß der Richter sein Ideal im Unpolitischen sähe. Unpolitisch vermöchte er schon deshalb nicht zu sein, weil er, wie früher ausgeführt, die politischen Wertvorstellungen des GG sich mit seiner ganzen Person zu eigen machen muß. Jedes parteipolitische Stellungbeziehen in der Öffentlichkeit aber muß notwendig das Vertrauen in die Unvoreingenommenheit des Richters bei dem politischen Gegner, der vor seinem Forum steht, schwächen. Das Mißtrauen mag noch so unbegründet, der Richter noch so integer sein: man muß mit dem Mißtrauen rechnen, und es wird nicht nur von unleidlichen Querköpfen gehegt werden. Man kann auch nicht argumentieren (wie es geschehen ist), der Richter sei ja auch Katholik oder Protestant, Norddeutscher oder Bayer, vermögend von Haus aus oder mit Glücksgütern nicht gesegnet. Denn in jene Bindungen und Lebensumstände wird man hineingeboren; für die Parteipolitik dagegen optiert man. Der Entwurf des Richtergesetzes war dem allem gegenüber auf eine vernünftige Mittellinie zurückgeschwenkt. Er stellte dem Richter die Zugehörigkeit zu einer politischen Partei frei, wie dies ja schon durch die verfassungsförmliche Anerkennung der Parteien in Art. 21 GG bedingt war, verbot ihm jedoch, sich darüber hinaus im aktiven Sinne parteipolitisch zu betätigen. Wenn der nunmehrige Wortlaut des Gesetzes es mit der allgemein gehaltenen Pflicht des Richters bewenden läßt, bei politischer Betätigung sich so zu verhalten, daß das Vertrauen in seine Unabhängigkeit nicht ge-

[10]) Es war wenig glücklich, als in dem beginnenden Streit um die Verfassungsmäßigkeit des geplanten „Solidaritätsbeitrags“ gewerkschaftlich Nichtorganisierter (unten Seite 173) ein prominentes Mitglied des Bundesarbeitsgerichts öffentlich erklärte, er halte den Solidaritätsbeitrag für zulässig — in einer Frage also, deren streitiger Austrag mit Sicherheit vor das Bundesarbeitsgericht hätte kommen müssen.

fährdet werde, so wäre bei geboten strenger Auslegung dem Richter dennoch wohl nicht mehr gestattet, als der Entwurf ihm hatte zubilligen wollen.

8.

Der Richter ist seinem Wesen nach nicht Beamter, kann nicht Beamter sein. Diese Erkenntnis ist in Deutschland erst sehr jung. Der Beamtenrichter preußischer Prägung war einer der Kompromisse des absterbenden Obrigkeitsstaates; seinen Rechtsstatus, für den das GVG vorerst nur ein karges Modell bereithielt, pflegten noch lange nachher die Beamtengesetze in irgendwelchen Anhängen zu geben. Erst das geschärfte Gefühl der Gesetzgeber nach 1945, voran das GG, haben mit der Scheidung des Richters vom Beamten Ernst gemacht. Überall wird jetzt der Richter neben (und vor) dem Beamten besonders aufgeführt. Freilich gehört auch er zum „Öffentlichen Dienst". So gesehen bewahrt der richterliche Alltag viel von dem, was den Staatsdiener von jeher auszeichnet: Pflichttreue und Unbestechlichkeit, Gründlichkeit und Wahrung des Amtsgeheimnisses, nicht zuletzt die für die Justiz wie eh und je kennzeichnende Sparsamkeit in der Verwendung öffentlicher Mittel. Kann es Wunder nehmen, wenn sogar in der führenden Presse gelegentlich noch heute von Richtern als „Justizbeamten" gesprochen wird[11])? Auch der konsequenteste verfassungsgesetzliche Sprachgebrauch hat den gesellschaftlichen Ort des Richters gegenüber früher kaum erst verändert. Überall haftet ihm im Standestypus seine beamtenmäßige Vergangenheit an. Dazu gehört die Überbürdung mit einem Dienstpensum, die „Rats"-titulatur (statt „Richter am ... Gericht"), die beamtenmäßige Besoldung, für die die Besoldungsgesetze ihn unter bestimmten Beamtenkategorien „einreihen"; namentlich aber der bürokratische Stil, der seine Arbeitsweise noch immer drosselt. Hier zeigt sich, wieviel für Gesetzgebung und Verwaltung, aber auch für die Richterschaft selbst zu tun bleibt, um den Richter gegenüber dem Beamten sein eigenes Profil bis hinein in das Bewußtsein der Öffentlichkeit gewinnen zu lassen. Freilich muß der Richter sich darüber klar sein, daß er seiner Unabhängigkeit wegen nicht ausnahmslos erwarten kann, sein Ressortminister werde sich vor ihn stellen und seine Entscheidungen so decken, wie dies für die öffentliche Verantwortlichkeit des Beamten guter dienstherrlicher Brauch ist. Auch dafür hat es bis in die letzte Zeit nicht an Beispielen gefehlt.

Das Richtergesetz verbietet, daß der Richter zugleich Beamter (und ein Beamter daher im Nebenamt Richter, etwa planmäßiger Disziplinarrichter) sei. Soll er mit seiner Zustimmung in beamteter Funktion verwendet

---

[11]) Sie hat einen Eideshelfer: die Bayerische Dienststrafordnung von 1955 (!); dort ist tatsächlich noch von „richterlichen Beamten" die Rede.

werden, so muß er solange aus seinem Spruchamt ausscheiden: er darf „Aufgaben der rechtsprechenden Gewalt und Aufgaben der gesetzgebenden oder der vollziehenden Gewalt nicht zugleich wahrnehmen". Die Reinhaltung des Spruchamtes steht dem Rechtsstaat obenan. Wird der Richter als Abgeordneter gewählt und nimmt er das Mandat an, so ruht sein Richteramt. Schon während des Wahlkampfs ist er im Hinblick auf seine Kandidatur von Gesetzes wegen beurlaubt.

Denn das Wesen des Richters ist Abstand. Abstand von der Sache, Abstand von sich selbst, Abstand von der Macht, die in anderen Gewalten zur Verwirklichung drängt. So paradox es klingt: er hat Macht — und welche Macht! „si terrible parmi les hommes", sagt Montesquieu im Blick auf die Strafjustiz —, aber er darf sie nicht haben wollen. Mit wieviel Askese der deutsche Richter dieser Forderung genügt, hat Martin Beradt eindringlich beschrieben. Abstand klärt endlich auch jenes enge Verhältnis des Richters zur Geschichte, dessen Aufhellung und Beschreibung wir Fritz Werner verdanken[12]). Zum Richter gehört, daß er über Vergangenes befindet. Er hat Gesetze anzuwenden, die, in der Vergangenheit beschlossen, in aller Regel noch weiter als der Tatbestand selbst zurückliegen und die den Niederschlag der Rechtsauffassungen entrückter Generationen darstellen. Der Richter ist seiner innersten Haltung nach konservativ. Nicht so sehr im politischen Sinne als in einem existentiellen. Darin liegt die Wurzel für so viele Mißverständnisse, denen er immer wieder ausgesetzt ist. Sein Amt nötigt ihn zur Zurückhaltung gegenüber der schnell fertigen öffentlichen Meinung in den Tagesgeschehnissen. Allzuleicht gilt er dann als weltfremd. Das verbreitete Unvermögen der zeitgenössischen Generation, geschichtlich zu denken und sich selbst geschichtlich zu begreifen, ist eine der Ursachen für das oft schrille Echo der Gerichte in der Öffentlichkeit. Der Richter ist unmodern, bis dorthin, wo er unbequem wird. Aber gerade der „unbequeme" Richter verbürgt den Rechtsstaat. Deshalb ist es für seine innere Freiheit so notwendig, daß die Öffentlichkeit seine Unabhängigkeit, sein scheinbares „Nonkonformistentum", sein kompromißloses Streben nach Gerechtigkeit ernst nimmt und zu tragen bereit ist. Sie darf sicher sein, daß dem Richter die Haltung des Selbstgerechten ferner ist als jedem seiner Tadler. Er, der (mit den Worten von Fritz Werner) um die Unvollendetheit der Geschichte weiß, weiß auch um die Unvollendetheit des Rechts.

Der Richterberuf ist ein tragischer Beruf. An der in der Anm. 3 zitierten Stelle fährt die Einführungsrede des gegenwärtigen Präsidenten des BGH fort: „Darin gerade liegt die Tragik des Richteramtes, daß der Mensch vom Richter die Gerechtigkeit schlechthin erwarten möchte, daß der

[12]) Die geistige Situation des Richters von heute, in „Zeitwende" 1952 Heft 8; „Bemerkungen zum Verhältnis von Richter und Geschichte" DRiZ 1956, 228.

Richter aber nur irdische, mit Mängeln versehene Gerechtigkeit zu geben vermag. Selbst das optimale Maximum irdischer Gerechtigkeit ist nicht immer frei von einem Körnchen Unrecht, und nicht selten läßt sich die Frage, wer Recht hat, gar nicht beantworten, sondern nur die Frage, wer mehr Recht und weniger Unrecht hat." Um wieviel schwerer hat ein ganzer Berufsstand an der generationenalten Schuld von Justizirrtümern zu tragen. Man hat gesagt, zum guten Richter gehöre ein schlechtes Gewissen. Es mag mehr als einen geben, der, im Angesicht so mancher menschlichen Schwäche vor seinen Schranken, das Wort Goethes auf sich bezogen weiß: „Ich sehe keinen Fehler begehen, den ich nicht auch begangen hätte" — faßte er die Wahrheit dieses Wortes auch nur dahin, daß er aller dieser Fehler hätte fähig sein können. Verständlich, wenn er unter der moralischen Last seines Amtes im Alter oft genug resigniert. Söhne von Richtern werden selten Richter. Es gibt keine Richterdynastien, so arm wie wir an biographischen Selbstzeugnissen von Richtern sind, ein Mangel, den schon Martin Beradt beklagt hat.

In den Jahren 1931 und 1932 rollte vor dem erweiterten Schöffengericht in Lübeck ein umfangreiches Strafverfahren ab. Die Anklage lautete auf fahrlässige Tötung von 68 Kindern und auf fahrlässige Körperverletzung von weiteren 131 Kindern. Sie waren mit einem, wie sich später herausstellte, nicht einwandfreien Calmette-Prophylacticum gegen Tuberkulose behandelt worden. Auf allen Beteiligten lastete der Prozeß mit selten erlebter Schwere. Die angeklagten Ärzte hatten das Beste gewollt; der Hauptangeklagte war eine ergraute, um das Gesundheitswesen der Stadt hoch verdiente Persönlichkeit. Das Ja oder Nein in der Frage ihrer Fahrlässigkeit ging an die Grenze richterlichen Beurteilungsvermögens. Ein unermeßliches Leid wurde Person in dem Aufgebot der Eltern, die sich als Nebenkläger angeschlossen hatten und denen es nicht erspart blieb, sich in endlosen Wiederholungen als Zeugen vernehmen zu lassen. Es kam zu Verurteilungen mit hohen Strafen. Die Verkündung erfolgte in beklemmender Stille. Das Reichsgericht hat das Urteil später bestätigt. Aber der Vorsitzende, der die Hauptverhandlung untadelig zu Ende geführt hatte, war in den quälenden Zweifeln an der Gerechtigkeit des Spruches zerbrochen. Er versank in unheilbare Schwermut.

III. Abschnitt

Der Rechtsstaat des Bonner Grundgesetzes

Der Rechtsstaat der Bundesrepublik zieht die Summe der Lehren aus drei politischen Epochen. Sein Selbstverständnis hat sich vor dem grausigen Spektrum der Jahre von 1933 bis 1945 geformt. Zum erstenmal, seit es Verfassungen auf deutschem Boden gibt, nennt das Staatsgrundgesetz ihn mit seinem Namen. Er will den Rechtsstaatsgedanken seiner Zeit in lückenloser Dichte — seine Kritiker sagen: bis an die Grenze der Perfektion — darleben. Seine exemplarische Folgerichtigkeit mag stellenweise allzusehr an der jüngsten Vergangenheit kontrastiert sein. Wovon er lebt und was ihn glaubwürdig macht, ist das, was an ihm in die Zukunft weist.

Denn der Rechtsstaat der Bundesrepublik zieht zugleich die Summe der Wandlungen der Sozialstruktur, die das GG in hellsichtiger Weise zu seinem Teil vorwegnahm. Zwar geht auch er noch aus von dem Menschenbild des freien Bürgers, der selbstverantwortlich sein Schicksal meistert und in der Mitverantwortlichkeit für das Ganze am öffentlichen Leben tätig Anteil nimmt. Doch die Bruchlinie zur sozialen Wirklichkeit leugnet er nicht; ihre wachsende Klüftung deutet er richtig. Der Verstrickung des einzelnen in die zahllosen Abhängigkeiten der massentümlichen Gesellschaft setzt er den komplizierten Apparat einer ausgleichenden Steuerung entgegen. Die Bundesrepublik ist zum Rechtsstaat ihrer nivellierten Mittelstandsgesellschaft geworden. Rechtsstaat der politischen „Mitte" bedeutet strikte Ausgewogenheit der politischen Macht, Rechtsstaat der sozialen „Mitte" die Frontstellung gegen den Mißbrauch kollektiver Macht. Agglomeration von Macht wäre Sünde wider seinen Geist. Er kennt kein Notverordnungsrecht des Bundespräsidenten, keinen Regierungssturz durch Machtstreich des Parlaments, in dem sich heterogene Gruppen zu einem Mißtrauensvotum zusammenfinden könnten. Temperierte Stabilität, Kontrolle und Kompromiß, Ausgleich der Spannungen um jeden Preis geben ihm sein Gesicht. „Keine Experimente!" Wagt das überspitzte Wort zuviel, daß er im Jahrhundert des kleinen Mannes eine Entwicklung hin zum Rechtsstaat des kleinen Mannes genommen habe?

Der kleine Mann ist mißtrauisch. In dubio pro libertate — die Vermutung spricht gegen die Rechtmäßigkeit der Macht; Macht ist unter dem

GG immer in der Lage, sich rechtfertigen zu müssen. Sparsamster Einsatz der Machtmittel, Wahl des den Bürger am geringsten belastenden Eingriffs ist ihr alleiniger Ausweis. Galt das schon früher nach der Rechtsprechung des preußischen Oberverwaltungsgerichts für die Polizei, so gilt es heute für den Gesetzgeber, für jegliche Form innerer Politik, ja auch für richterliche Maßnahmen. Der Rechtsstaat der Gegenwart, der Rechtsstaat der Libertät wird auf das Ganze des Verfassungslebens bezogen, nachdem er im Legalstaat lange genug auf die Gesetzmäßigkeit der Verwaltung beschränkt gewesen war.

Mißtrauen haftet am Buchstaben. Allbekannt ist, mit welcher Verbissenheit und bis zum Exzeß konsequent das Verlangen auf Durchführung der im GG statuierten Gleichberechtigung von Mann und Frau sich hat vernehmen lassen. Mißtrauen fordert Sicherungen. Die beste Sicherung des Rechtsstaats bleibt zwar die Gesinnung, aus der er gelebt wird. Aber nicht Sicherung: Sicherungen, greifbare Kautelen werden gefordert. Das GG gibt sie, indem es das meiste von dem, was frühere Verfassungen nur erst als grundrechtliches Programm gekannt hatten, zum Range anerkannter verfassungsmäßiger Einrichtungen erhebt, anderes wie die Gewaltenteilung zum Höchstmaß systemrein ausbildet, beides aber gegen Angriffe auf seinen institutionellen Bestand durch umfassende Einsetzung der richterlichen Gewalt zu schützen sucht. Der Rechtsstaat des GG ruht auf dem Grunde seiner Institutionen. Gewisser fast noch, als seine Schöpfer es haben voraussehen können.

1. Kapitel

Staat und Grundrechte

1.

Daß und warum die Grundrechte des GG *Institution* sind, lehrt ein Vergleich mit früheren Stufen ihrer Entwicklung.

Die WRV bot in ihren Grundrechten ein gestücktes Kompromiß. Sie fügte Programmsätze für den Gesetzgeber zu einem überlieferten Bestand an Freiheitsrechten des Individuums, der sich auf die Menschen- und Bürgerrechte von 1789 und deren Vorläufer in der amerikanischen Unabhängigkeitserklärung zurückschrieb. Die breitwürfige Programmatik, so wertvolle Ansätze sie für den Sozialstaat der Zukunft enthielt, war für den einzelnen ohne unmittelbare Geltung. Die Freiheitsrechte richteten sich einseitig gegen den Staat. Ideengeschichtlich waren sie über den status negativus einer reinen Abwehrhaltung, über die Abmarkung einer vom Individuum beanspruchten staatsfreien Sphäre nicht hinausgelangt. Um einem der dringendsten Anliegen des sich wandelnden Rechtsstaats zu genügen, mußte die Rechtsprechung des Reichsgerichts in eine Vorschrift, die ursprünglich als Programmsatz gedacht war — die Bestimmung über die Haftbarkeit des Staates für Amtspflichtverletzungen seiner Beamten — die Verbindlichkeit geltenden Rechts hineindeuten.

Das GG sieht die Grundrechte anders. Positivistische Unterscheidung zwischen Rechtssatz und Planungsentwurf ist ihm fremd. Wie es dem Gedanken einer wertneutralen, einer bloßen Zuständigkeitsordnung betont entsagt, proklamiert es in den Grundrechten eine reich gestufte Wertordnung, um sie in ihrer Gesamtheit für das Gemeinschaftsleben verbindlich zu machen. Die Grundrechte sind nach Art. 1 Abs. 3 „unmittelbar geltendes Recht". Die Wertordnung ist unteilbar; sie kann nicht mehr nur das Verhältnis des Bürgers zum Staat bestimmen. Sie befiehlt dem Kollektiv[1]). Sie äußert nicht zuletzt und nicht zum wenigsten ihre Kraft in der unmittelbaren Wirkung auf die Rechtsverhältnisse der Bürger untereinander. Der Ausstrahlungsbereich der Grundrechte hat sich zu dieser, der sogenannten Drittwirkung, geweitet. Die Grundrechte sind „aktualisiert" bis hinein in den Alltag des Rechtslebens.

Eine reiche Judikatur der Gerichte aller Grade gibt hiervon Zeugnis[2]). Auf höchster Ebene wacht über die Wahrung der Grundrechte das BVerfGer.; auf Verfassungsbeschwerde hin, wenn ihnen Eintrag durch Verwaltung und Justiz, und im Wege der objektiven Normenkontrolle, wenn

---

1) Darüber im 2. Kapitel des 4. Abschnitts.

2) Beispiele zur Drittwirkung:

Menschenwürde: Gegen die personale Würde einer Ehefrau als Frau verstößt es, wenn der Ehemann seine Geliebte in die Ehewohnung mitnimmt, mag auch er die Wohnung gemietet haben, mag selbst die Ehefrau zeitweilig abwesend sein. Der BGH hat ihrer Verbotsklage stattgegeben (FamRZ 1956, 50).

Leben: Den Selbstmörder, wenn er nach Inswerksetzen seines Vorsatzes sich bereits in hilfloser Lage befindet, aber noch gerettet werden kann, muß jeder Hinzukommende nach seinen Kräften ins Leben zurückzuholen suchen, bei Gefahr der Strafe wegen unterlassener Hilfeleistung. Das Leben ist unverfügbar, auch für seinen eigenen Träger. Ein der Hilfeleistung entgegenstehender Wille des Selbstmörders, ob gesund oder krank, ob entschuldbar oder unentschuldbar, ist als vom Recht mißbilligt unbeachtlich (Plenarentscheidung BGHSt. 6, 147).

Gewissen (BGH in NJW 1961, 68): In der Ehe ist die Gewissensentscheidung des einen Ehepartners, die ihn zum Konfessionswechsel veranlaßt, vom anderen Teil zu respektieren. Der Übertritt zur anderen Konfession ist, auch wenn er den Ehepartner kränken muß, als solcher kein Scheidungsgrund. (War ein Urteil des Landesarbeitsgerichts Rheinland-Pfalz aus dem Jahre 1952 zu billigen, das die fristlose Entlassung einer Apothekengehilfin für rechtmäßig erklärte, nachdem diese — gläubige Katholikin — sich aus Gewissensgründen ihrem Chef gegenüber geweigert hatte, empfängnisverhütende Mittel im Handverkauf abzugeben? Mitgeteilt bei Bosch-Habscheid JZ 1954, 213).

ihnen Eintrag durch die Gesetzgebung geschehen ist. Grundrechte können durch Mißbrauch zum Kampf gegen die freiheitliche Grundordnung verwirkt werden; die Verwirkung und ihr Ausmaß spricht das BVerfGer. aus. Doch ihre Institutionalisierung geht weiter. Soweit die Grundrechte jenseits des Naturrechts, mithin für den Gesetzgeber verfügbar sind, stellt das GG sie unter den Vorbehalt des Gesetzes, d.h. sie können durch Gesetz eingeschränkt oder Einschränkungen durch Gesetz gestattet werden. Für diese Fälle wird, um der Majestät des Grundrechts willen, der Gesetzgeber vom GG (Art. 19) in die schärfste Zucht genommen. Das Gesetz muß allgemein, es darf nicht nur für den Einzelfall gelten. Es muß das einzuschränkende Grundrecht unter Angabe des Artikels des GG ausdrücklich aufführen. Immer nur darf es einzelne Erscheinungsformen des Grundrechts im Auge haben, niemals aber dessen Wesensgehalt antasten. Für den Geist des GG ist kennzeichnend, daß es diese geradezu argwöhnende Restriktion des Gesetzgebers in dem selben Artikel 19 mit der uneingeschränkten Garantie des Rechtswegs gegen jede Beeinträchtigung des Bürgers durch die öffentliche Gewalt gekoppelt hat.

Der Weg vom Individuum zum Bürger ist auch in den Grundrechten zu Ende gegangen. In ihnen entfaltet das GG seine stärkste staatsgefühlschaffende Kraft.

2.

Die Legalordnung, die Anordnung des Gesetzesstoffs im Aufbau des Gesetzes, ist ein Abbild der Rangvorstellungen des Gesetzgebers. Die WRV begann noch mit dem Abschnitt „Reich und Länder“ und ließ den ganzen staatsrechtlichen Teil folgen; die Grundrechte fanden sich erst in den Artt. 109 ff. Das GG beginnt mit den Grundrechten. Auch das ist bereits ein Bekenntnis; es hätte kaum ausdrucksvoller bekannt werden können.

An die Spitze seiner Folge stellt das GG die absoluten Werte, die die menschliche Person konstituieren: Leben, Menschenwürde, Gewissen. Um diesen Kern gruppieren sich: als Bestandteil der Menschenwürde (über den Unterbegriff der Intimsphäre) die Unverletzlichkeit der Wohnung sowie das Brief-, Post- und Fernmeldegeheimnis, zum Leben gehörig die körperliche Unversehrtheit und die persönliche Freiheit, dem Gewissen zugeordnet das Asylrecht politisch Verfolgter und die Befreiung vom Kriegsdienst aus Gewissensgründen. Bei den Kernwerten geht es um Seinselemente der Persönlichkeit, um etwas, was sie von Natur aus „hat“ und auf dessen Schutzbedürftigkeit daher das Naturrecht antwortet. Naturrechtlich ist, daß das GG alle soeben aufgezählten Grundrechte unterschiedslos allen Menschen zuspricht. Noch die WRV hatte ihr Grundrechtssystem auf der Geltung für Deutsche aufgebaut. Naturrechtlich ist aber auch die Unantastbarkeit von Menschenwürde und Gewissen. Kein Gesetz darf sie einschränken. Unverlierbar sind sie selbst für den Verfassungsfeind. Dieser mag im äußersten Fall sein Asylrecht in der Bundesrepublik verwirken können — Menschenwürde und Gewissensfreiheit sind auch ihm gewährleistet.

Die Würde des Menschen steht über allen anderen Grundrechten. Sie ist der innere und zugleich soziale Wert- und Achtungsanspruch, der dem Menschen als Träger höchster geistig-sittlicher Werte zukommt[3]). An ihr hat alles Teil, was Menschenantlitz trägt. Teil an ihr hat der Verbrecher, die gewerbsmäßige Dirne, der unheilbar Geisteskranke, der Säugling. Ein Verstoß gegen die Menschenwürde wäre es, den ergriffenen Verbrecher zur Schau durch die Stadt zu schleppen, für Prostituierte einen Kasernierungszwang wieder einzuführen, einen Idioten auf irgendwelche Albernheiten abzurichten, um ihn in einem Schmierenzirkus auftreten zu lassen, einem Säugling durch Gesetz die Rechtsfähigkeit zu entziehen. „Die Rechtsfähigkeit *des* Menschen beginnt mit der Vollendung der Geburt", lautet § 1 des BGB. Die wenigsten Jurastudenten, die diesen Satz im ersten Semester lernen, wissen, welch fundamentaler naturrechtlicher Erkenntnis damit schon der Gesetzgeber von 1896 sich offen gezeigt hat.

Daß Sklaverei, Rauschgifthandel, Mädchenhandel dem Gebot der Achtung der Menschenwürde zuwiderlaufen, würde sich bereits aus internationalrechtlichen Normen ergeben. Aber die Menschenwürde des GG wirft auch recht aktuelle Fragen auf. Die künstliche Insemination hat hier ihre letzte Problematik. Der Lügendetektor, die „Wahrheitsdroge" sind geradenwegs unzulässig; es verstößt gegen die Menschenwürde, den Beschuldigten vom Herren seiner freien sittlichen Entschließung, sich schuldig zu bekennen, zum Objekt technifizierter Gehirnwäsche zu degradieren. Die Menschenwürde steht über der Wahrheitsermittlung! Die Intimsphäre ist wiederholt Gegenstand öffentlicher Erörterung geworden. Kann ich gezwungen werden, meinen Körper durchleuchten zu lassen, samt allen damit verbundenen Begleitumständen? Die Christian Scientists haben diese Frage anläßlich der staatlich angeordneten Röntgen-Reihenuntersuchung vom Bayerischen Verfassungsgerichtshof nachprüfen lassen; sie sind damit allerdings unterlegen. Muß ich mir gefallen lassen, daß meine Persönlichkeit mit Raster und totaler Schablone „durchleuchtet" wird? Daß der hundertspaltige Fragebogen verflossenen Besatzungsstils, heute wieder aufgelegt, gegen die Menschenwürde verstieße, ist nachgerade Gemeingut. Deutschen Behörden beginnt bei dem Gedanken an die weitere unbefangene Verwendbarkeit der damals abgenötigten unbehaglich zu werden; neue „Aktionen" dieser Art wären verfassungswidrig.

Mit der Menschenwürde sind Grundwert und Grundrecht des Lebens in mannigfacher Weise verknüpft. Wie bewußt das GG das Leben in

---

[3]) in der Formulierung des Bayerischen Verfassungsgerichtshofes (ÖV 1955, 508).

Schweitzerscher Ehrfurcht achtet, erhellt die Bestimmung des Art. 12 Abs. 3, wonach Frauen zum Dienst mit der Waffe in den Streitkräften ausnahmslos nicht verwendet werden dürfen. Wer das Leben trägt, soll nicht Leben zerstören helfen. Die Vorschrift, die zugleich die Menschenwürde der Frau schützt, scheint den Standpunkt des Bayerischen Verfassungsgerichtshofes zu widerlegen, eine Verletzung der Menschenwürde könne nur in einem Verstoß gegen die Würde „der Menschheit" — als des Menschenbildes schlechthin — gesehen werden. Die Überformung des Grundrechtsgehalts des Lebens durch die Menschenwürde wird auch am Problem der Todesstrafe[4]) deutlich.

Es läßt sich der Standpunkt vertreten, die Vollstreckung der Todesstrafe widerspreche der Menschenwürde. Einmal in der Person des Vollstreckenden; mehr noch in der Person des Verurteilten, dem dadurch die Möglichkeit genommen wird, durch ein irdisches Leben zu sühnen, tiefer und vollkommener vielleicht, als es jedes Erleiden des sofortigen Todes vermöchte. Sühnen zu dürfen ist die Würde des Menschen, wie nur er allein schuldig werden kann. Zwar ist die Todesstrafe nach dem GG Art. 102 ohnehin abgeschafft. Aber ihre Wiedereinführung, selbst durch verfassungsänderndes Gesetz, wäre unzulässig, müßte sie irgend die Menschenwürde kränken; denn Art. 79 Abs. 3 GG stellt eine jede gegen Art. 1 gerichtete Verfassungsänderung unter feierliches Verbot. Die Frage sei hier nur aufgeworfen, nicht entschieden. Andere exekutionsartige Eingriffe in fremdes Leben — Femegerichte, Euthanasie — werden vor der Menschenwürde (und vor dem Strafgesetz) ungleich eindeutiger zum Unrecht. In der Überordnung der Menschenwürde liegt deshalb zugleich die Korrektur der Anomalie, die die Unterstellung des Rechts auf Leben unter den Gesetzesvorbehalt des Art. 2 Abs. 2 Satz 2 bedeutet: das Gesetz kann Zerstörung von Menschenleben nur als Notwehr oder Notstand oder als Kampfhandlung im Kriege gestatten.

Man darf sicher sein, daß das GG der Gewissensfreiheit die alt-pathetische Gedankenfreiheit an die Seite gestellt hätte, wäre seinem Eintritt in die Geschichte schon das ganze Ausmaß der Möglichkeiten artifizieller Beeinflussung von psychischen Geschehensabläufen gegenwärtig gewesen[5]). Die persönliche Freiheit hat es in eindringlichster Weise zu sichern gestrebt. Jeder Entzug der persönlichen Freiheit bedarf, um legal zu sein, einer richterlichen Anordnung. Die Anordnung ist spätestens am Tage nach geschehenem Zugriff zu erwirken; ist das unterblieben oder nicht möglich, muß der Betroffene unverzüglich auf freien Fuß gesetzt werden. Das gilt nicht nur für die Untersuchungshaft. Es gilt auch für die Zwangsunterbrin-

---

[4]) Seine Erörterung im Grundsätzlichen verbietet der Rahmen dieser Schrift.

[5]) Immerhin kennt die Europäische Menschenrechtskonvention von 1950, der die Bundesrepublik im Jahre 1953 beigetreten ist und deren Inhalt sich mit den Freiheitsrechten des GG in etwa deckt, auch das Recht auf Gedankenfreiheit (Art. 9).

gung von Geistesgestörten und für die Zwangsasylierung bei ansteckender Krankheit. Gerade gegenüber der Verbringung in die Irrenanstalt ist die Öffentlichkeit höchst mißtrauisch, daß nicht durch unkontrollierbare Machenschaften irgendwelche unliebsame Personen als geisteskrank deklariert werden, um sie hinter Anstaltstoren verschwinden zu lassen. Das BVerfGer. ist in seinen Anforderungen an die richterliche Überwachung mit Recht scharf. Es hat beispielsweise ausgesprochen, daß das Einverständnis des Vormundes über einen entmündigten Volljährigen, seinen Schutzbefohlenen in eine Anstalt einweisen zu lassen, keine Handhabe biete, um den Richter auszuschalten. Die Notwendigkeit der unabhängigen richterlichen Kontrolle wird durch nichts besser belegt als durch die eifernde Kritik, mit der die Fachpsychiater seit Jahren gegen sie Sturm laufen.

3.

Aus dem personalen Sein abgeleitet sind die Grundrechte der Gestaltungs- und Betätigungsfreiheit. Sie gewähren subjektiv-öffentliche Rechte auf Erfüllung des Auftrags der Persönlichkeit: auf ungestörte Religionsausübung, auf freie Meinungsäußerung und ungehinderten Zugang zu den Quellen der Meinungsbildung, auf Freizügigkeit, auf freie Wahl des Berufs und des Arbeitsplatzes (mit dem Korrelat des Verbotes der Zwangsarbeit), auf Freiheit des Sichversammelns und Sich-vereinigens einschließlich der Koalitionsfreiheit. Gemeinsam ist ihnen allen die staats„freie" Sphäre. Unterschiede im Rang allerdings spiegelt ihre Abstufung im persönlichen Geltungsbereich. Während die freie Meinungsäußerung, die ungestörte Religionsausübung und die Koalitionsfreiheit, auch das Zwangsarbeitsverbot als Menschenrechte garantiert sind, sind es die anderen hier genannten nur als Bürgerrechte. Sie gelten „allen Deutschen".

Die Schöpfer des GG haben den Betätigungsgrundrechten ein eigenwilliges „Muttergrundrecht" (Andreas Hamann) vorangestellt, das Recht auf freie Entfaltung der Persönlichkeit. Mit diesem Begriff betrat man sprödes Neuland. Unbestreitbar erfüllt er seine Aufgabe als Eingriffsverbot gegen den Staat. Er garantiert die bürgerliche Vertragsfreiheit. Er hindert den Gesetzgeber, beliebig Gesetze mit Rückwirkung zu schaffen. Abgeschlossene Tatbestände lassen sich jedenfalls nicht mit nachträglich fingierten „Handlungspflichten" belasten und dadurch mit Verantwortlichkeiten, die die frei sich entfaltende Persönlichkeit seinerzeit noch gar nicht kennen konnte[6]). Auch dient unser Grundrecht dazu, Lücken im

[6]) Für das Strafrecht hat das allzeit zum rechtsstaatlichen Grundbestand gehört: nulla poena sine lege; Art. 103 Abs. 2 GG, Art. 116 WRV, § 2 des StGB von 1871. Auch der Steuergesetzgeber darf nicht für abgeschlossene Tatbestände aus zurückliegenden Veranlagungszeiträumen eine Steuererhöhung mit Rückwirkung einführen (BVerfGer. NJW 1962, 291).

Grundrechtskatalog auszufüllen, wie etwa in der Frage der Ausreise- und Auswanderungsfreiheit. Aber die materiale Wertvorstellung, die es zum Ausdruck bringen will, eindeutig zu bestimmen hat sich bisher als nahezu unmöglich erwiesen. Denn die freie Entfaltung der Persönlichkeit darf nicht nur „nicht gegen die verfassungsmäßige Ordnung und gegen das Sittengesetz verstoßen" — das wäre noch unschwer abzugrenzen —, sondern sie darf auch „nicht die Rechte anderer verletzen". Wo hört im Konfliktsfall die Freiheit der Entfaltung der Persönlichkeit des einen auf, wo beginnt die des anderen? Das Charakteristikum aller Betätigungsgrundrechte ist eben dies, daß sie Kollisionen im sozialen Kontaktbereich nahezu herausfordern. Die Gesetzesvorbehalte häufen sich. Auf kaum einem anderen Gebiet ist die Verfassungsrechtsprechung genötigt, so differenziert mit der Wertung widerstreitender Interessen zu arbeiten; die „Güter- und Pflichtenabwägung" des BGH ist hierfür die stereotype Formel geworden[7]).

Die Schwierigkeiten der Grenzziehung haben sich bei den beiden markantesten Einzelgrundrechten aus diesem Bereich in gleichem Maßstab zeigen müssen. Was ist der Inhalt des Grundrechts auf die freie Berufswahl, und wie wird es durch kollidierende Interessen begrenzt? Das Einführen eines staatlichen Zulassungszwanges für bestimmte Berufe und das Aufstellen bestimmter Voraussetzungen der Zulassung beeinträchtigt die Berufswahl noch nicht, wenn das Zulassungsverfahren zum Schutz übergeordneter, von der Verfassung geschützter Rechtsgüter der Allgemeinheit (Gesundheit: Heilberufe!) unumgänglich ist und der Bewerber die Voraussetzungen in seiner Person erfüllen kann. Es hat langwieriger Bemühungen des BVerfGer. bedurft, um diesen Satz klar herauszuarbeiten. Den Gegensatz zu den „erfüllbaren" Voraussetzungen bilden die „diktierten", vorab die der Bedarfslage. Hier hatte eine obrigkeitsstaatliche Bedarfs- und Wettbewerbslenkung den Zugang zu zahlreichen Berufen — neben anderem — von der Anerkennung eines Bedürfnisses abhängig gemacht. Eine solche Sperre behindert, da außerhalb der Macht eines jeden Bewerbers stehend, die freie Entfaltung der Persönlichkeit; sie wurde im Laufe von Jahren Schritt um Schritt als verfassungswidrig erklärt. So geschehen für die Errichtung von Apotheken, für die Anerkennung als Kassenarzt, für die Zulassung von Kreditinstituten, namentlich von Teilfinanzierungsbanken, von Heilpraktikern, Rechtsbeiständen, Pfandleihern, Versteigerern, für

[7]) Beispiele: Die Entscheidungen zum Recht am gesprochenen Wort (Verbot der Bespitzelung durch Tonband und der Verwertung derartiger Tonbänder), zum Recht an den eigenen Aufzeichnungen (Verbot des ungenehmigten Hervorzerrens von Briefen und Tagebüchern), zum Recht am eigenen Namen und Bild (Verbot der ungenehmigten Verwendung durch andere zu Reklamezwecken). Die Schwierigkeit, ein „allgemeines Persönlichkeitsrecht" mit praktikablem Inhalt in die Gesetzgebung einzuführen, beleuchtet am besten der stark umkämpfte Persönlichkeits- und Ehrenschutzentwurf des Bundesjustizministeriums, der entscheidend auf eben diesen in den Umrissen zerfließenden Begriff abstellt.

die Erteilung einer Gaststättenkonzession, einer Milchhandelserlaubnis, einer Kraftdroschkengenehmigung. — Das andere hier zu exemplifizierende Grundrecht sei das der freien Meinungsäußerung[8]). Ist es nur private Berechtigung (und als solche begrenzbar) oder weiterreichende staatsbürgerliche Funktion? Die Frage ist in zwei charakteristischen, übrigens am selben Tage verkündeten Entscheidungen des BVerfGer.[8a]) zum Austrag gekommen. Der eine Fall betraf den Streit des Filmkritikers Lüth gegen den durch den Jud-Süß-Film bekannt gewordenen Regisseur Veit Harlan. Lüth hatte öffentlich zum Boykott eines neuen Harlanschen Films aufgefordert; Harlan hatte daraufhin gegen Lüth ein rechtskräftiges Urteil auf Unterlassung des Boykotts erwirkt. Nunmehr erhob Lüth Verfassungsbeschwerde und berief sich auf sein Grundrecht der freien Meinungsäußerung. Das BVerfGer. gab der Verfassungsbeschwerde statt. Eine Verlautbarung, soweit sie durch einen dazu Legitimierten in der Diskussion um eine die Öffentlichkeit bewegende Frage erfolge, sei nicht auf die gleiche Stufe zu stellen wie etwa eine Maßnahme des wirtschaftlichen Boykotts; der Kampf der Meinungen, die ständige geistige Auseinandersetzung seien in einem Maße Lebenselement der Demokratie, daß der in einem solchen Kampf Angegriffene sich den Angriffen stellen müsse, ohne sie nach zivilrechtlichen Grundsätzen verbieten zu können. Die Eigenschaft, legitimiertes Organ der Öffentlichkeit zu sein, fehlte in dem Kontrastfalle dem Mieter eines Hauses, der aus den Fenstern seiner Wohnung große Wahlplakate hatte heraushängen lassen. Seine Berufung auf das Grundrecht der freien Meinungsäußerung gegenüber dem Mietvertrag, der dergleichen nicht gestattete, griff nicht durch. Das BVerfGer. mußte ihn enthören und dem Vermieter Recht geben.

4.

Eine dritte Gruppe von Grundrechten gilt dem Rechtsstaat als Ganzem. Sie sind Institution schlechthin. Zwar kann auch der einzelne sich auf sie berufen; doch sind sie ihrem Wesen nach überindividuelles, sich selbst darstellendes Element der freiheitlichen Grundordnung. Teils sind sie naturrechtlicher Art und von der Person her gesehen: Eigentum und Erbrecht, Ehe und Familie, Elternrecht. Teils sind sie stärker auf das Funktionieren der Demokratie (Pressefreiheit, Lehrfreiheit, Petitionsfreiheit), teils auf die Reinheit der Dritten Gewalt (gesetzlicher Richter, rechtliches Gehör) gerichtet. An ihrer Spitze steht ein Grundrecht demokratischster Prägung. Es ist die Gleichheit vor dem Gesetz.

---

[8]) Sein Inhalt ist das Sagen-dürfen des für wahr Gehaltenen, als der subjektiven Wahrheit: „eines der kostbarsten Menschenrechte", wie die Deklaration von 1789 es ausdrückt (Helmut K. J. Ridder, „Meinungsfreiheit" in Neumann-Nipperdey-Scheuner, Die Grundrechte Bd. II S. 265).

[8a]) NJW 1958, 257, 259.

Die Abschaffung der Standesvorrechte, als ihr ursprüngliches Ziel, hat sich längst erfüllt. Wollte man den Gleichheitssatz weiterhin wörtlich nehmen, müßte er sich zu einer alles einebnenden Gleichmacherei verhärten. Selbst hierbei bliebe die Frage offen, „was wem" anzugleichen wäre[9]). In einem System werthaft gedachter Grundrechte kann der Gleichheitssatz nicht anders als von der Idee der materialen Gerechtigkeit her verstanden werden. Über das „ohne Ansehen der Person" hinaus fordert er, Gleiches gleich, Ungleiches seiner Verschiedenheit gemäß ungleich zu behandeln. Er gebietet Gerechtigkeit durch Verbot der Willkür. In diesem Sinne richtet er sich, da ja die Rechtsprechung willkür-fremd schon per definitionem, zunächst an die Exekutive. Die Dienststellen der Verwaltung bilden in Ermessensfragen eine feste Praxis heraus: der Gleichheitssatz hindert sie, hiervon im Einzelfall ohne ausreichenden Grund abzuweichen. Pflegen doch sogar die Gerichte ihre eigene „ständige Rechtsprechung" nur bei zwingendem Anlaß aufzugeben und sonst sich angelegentlich auf sie im Geist des Gleichheitssatzes zu berufen. Überhaupt darf eine Sache nicht willkürlich, d. h. ohne erkennbares Bemühen um sachliche Gesichtspunkte, beschieden werden. Das völlig „ungebundene", das schlechtweg „freie" Verwaltungsermessen gibt es im Rechtsstaat nicht. Nur wer sich selbst von vornherein an Maßstäbe bindet, kann auch in künftigen Fällen solche Maßstäbe anlegen und damit dem Gleichheitssatz Genüge tun[9a]).

Daß dennoch gleiche Tatbestände von Behörde zu Behörde, von Gericht zu Gericht unterschiedlich behandelt und entschieden werden, zeigt jeder Alltag. Zwar ist es nicht so häufig, wie Beteiligte und Außenstehende wahrhaben möchten; denn um vergleichen zu können, muß man alle Einzelheiten des vermeintlichen Parallelfalles kennen und unbefangen abzuwägen in der Lage sein. Auch geschieht organisatorisch das Mögliche, um echte Divergenzen zu vermeiden. Der ganze hierarchische Verwaltungsaufbau, der mehrstufige Rechtsmittelzug bei den Gerichten dienen als Institution ganz wesentlich der Gewähr einer Einheitlichkeit der

---

[9]) Beteiligte eines Verwaltungsverfahrens haben sich allen Ernstes darauf berufen, sie hätten ein Recht darauf, „genau so" behandelt zu werden wie andere in früheren vergleichbaren Fällen, obwohl die Behörde damals ersichtlich fehlerhaft oder sogar gesetzwidrig verfahren war. Aber es gibt keinen Gleichheitsanspruch auf Wiederholung von Fehlern. Das hat mehrfach höchstrichterlich ausgesprochen werden müssen (BayVerwGH in ÖV 1952, 315 — Nr. 118 — und, aus früherer Zeit: PrOVGE 99, 202; 102, 251).

[9a]) Einen weiteren, höchst illustrativen Beleg für recht verstandene Handhabung des Gleichheitssatzes durch die Exekutive gibt Günther Beitzke (Grundgesetz und Internationalprivatrecht, Berlin 1961, S. 15): er macht auf die neuerliche Praxis der Verkehrspolizeibehörden aufmerksam, das Parken in Einbahnstraßen, wenn es wegen der Verkehrsdichte eingeschränkt werden muß, an geraden Wochentagen für die eine, an ungeraden für die andere Straßenseite zu verbieten.

Rechts- und Verwaltungspraxis durch Vereinheitlichung der Maßstäbe[10]). Trotzdem lassen sich nicht alle Lücken schließen. Unterschiede von Land zu Land im Ermessensbereich der landeseigenen Verwaltung, von Gericht zu Gericht bei Fehlen eines Rechtszuges an eine gemeinsame obere Instanz — wie z.B. in Alimentenprozessen unehelicher Kinder, die beim Landgericht in der Berufungsinstanz enden — bekommt auch ein so modellgerecht organisiertes Gemeinwesen wie die Bundesrepublik nicht in den Griff. Das Drückende dieser Hypothek auf unserem allgemeinen Rechtsleben wird kein rechtsstaatliches Denken verkennen. Sie ist der Preis, der in der Verwaltung für den Föderalismus, in der Rechtsprechung für die Weisungsfreiheit des Richters gezahlt werden muß.

Am lebhaftesten diskutiert wird, ob die Gleichheit „vor dem Gesetz" auch die Gleichheit vor dem *noch zu schaffenden* Gesetz bedeute, also auch den Gesetzgeber binde. Hier ist das Verständnis des Gleichheitssatzes aus der materialen Gerechtigkeit gegenüber einer bloß maßstabgleichen Verfahrensweise vornehmlich fruchtbar geworden. Das BVerfGer. hält auch den Gesetzgeber an den Gleichheitssatz für gebunden. Es prüft Gesetze darauf hin, ob sie die in ihnen geregelten Tatbestände, verglichen mit anderen gesetzlichen Regelungen und gemessen an den in der Sache selbst liegenden Gesetzlichkeiten, willkürlich und damit ungerecht ungleich behandelt haben. Bei der Verwerfung der Kommunalwahlgesetze, durch die die sogenannten Rathausparteien ausgeschlossen werden sollten[10a]), hat z.B. der Gesichtspunkt willkürlicher Versagung der Chancengleichheit eine Rolle gespielt. Natürlich muß nicht jede tatsächliche Verschiedenheit zu konsequentester Differenzierung im Gesetz führen. „Bestimmend ist, ob für eine am Gerechtigkeitsdenken orientierte Betrachtungsweise die tatsächlichen Ungleichheiten in dem jeweils in Betracht kommenden Zusammenhang so bedeutsam sind, daß der Gesetzgeber sie bei seiner Regelung

---

[10]) Weichen Oberlandesgerichte (Oberverwaltungsgerichte, Landesarbeitsgerichte, Landessozialgerichte) von der Rechtsprechung ihres oberen Bundesgerichts ab, so müssen sie die Revision zulassen. Wo die Oberlandesgerichte in dritter und letzter Instanz entscheiden (Strafsachen, die bei den Amtsgerichten begonnen haben, Angelegenheiten der freiwilligen Gerichtsbarkeit), hat jedes Oberlandesgericht Meinungsunterschiede zur Rechtsprechung eines anderen Oberlandesgerichts dem BGH vorzulegen. Meinungsverschiedenheiten über ein und dieselbe Rechtsfrage im Schoße eines der oberen Bundesgerichte werden verbindlich durch sogenannte Plenarentscheidung (vgl. oben Seite 74) geklärt; der Name trifft insofern nicht mehr zu, als nicht, wie ehedem, das Plenum entscheidet, sondern ein erweiterter „Großer Senat", dem in der Regel Mitglieder aus allen einzelnen Senaten angehören. Meinungsverschiedenheiten in Rechtsfragen können endlich zwischen mehreren oberen Bundesgerichten entstehen. Hier sieht das GG zur Koordinierung ein Oberstes Bundesgericht vor, das allerdings bisher noch nicht errichtet ist.

[10a]) BVerfGE 11, 266ff. (Saarland), 352ff. (Nordrhein-Westfalen); 12, 10ff. (Niedersachsen).

beachten muß", sagt das BVerfGer. Eine derart überlegene Kontrollbefugnis des Verfassungsrichters gegenüber der gesetzgebenden Körperschaft nicht nur aus der Legitimation des Naturrechts, nicht nur zur Wahrung des positiven Verfassungssatzes, sondern zur Verwirklichung der „fundierten allgemeinen Gerechtigkeitsvorstellungen der Gemeinschaft" konnte verständlicherweise nicht ohne heftigen Widerspruch bleiben. Gerechtfertigt ist diese Erhöhung der rechtsprechenden Gewalt solange, als sie sich auf eine wirkliche Kontrolle beschränkt. Das BVerfGer. lehnt es ausdrücklich ab, den Gesetzgeber zu korrigieren, wenn er, obschon zur Abhilfe gegen stets neue Ungleichheit veranlaßt, noch nicht tätig geworden ist. Der richterlichen Nachprüfung unterliegt nur das geschaffene Gesetz, nicht etwa das fehlende Gesetz einer richterlichen Substituierung. Dem Verfassungsrichter bleibt in solcher Lage allenfalls die förmliche Feststellung, daß der Gesetzgeber einem bestimmten Auftrag der Verfassung noch nicht genügt habe[11]). Eine Warnung freilich, die ihr politisches Gewicht und damit ihre Durchsetzungskraft in sich trägt.

Gewisse Kriterien hat das GG selbst für absolut hinderlich erklärt, als Grund für eine unterschiedliche Behandlung dienen zu dürfen. Es sind dies die in Art. 3 Abs. 3 aufgezählten: Verschiedenheit des Geschlechts, der Abstammung, der Rasse, der Sprache, der Heimat und Herkunft, des Glaubens, der religiösen oder der parteipolitischen Einstellung. Die Gleichberechtigung von Mann und Frau hebt das GG daneben besonders hervor. Daß sie nicht egalitäre Gleichheit, sondern Gleich r a n g i g k e i t meint, die die Verschiedenheit des Schöpfungsauftrages der Geschlechter nicht negiert, sondern ihr die gebotene Gerechtigkeit auch in wesensgesetzlichem Gefälle widerfahren läßt, beginnt als Leitgedanke der Rechtsprechung sich durchzusetzen[12]).

5.

Dem Gleichheitssatz nahe verwandt ist die Institution des Rechtsstaats als eines Sozialstaats. Die Vokabel „sozialer Rechtsstaat", sprachmächtige Verdichtung der noch in der WRV weit gestreuten sozialen Verfassungsbürgschaften, findet sich an einer Stelle, wo man sie zunächst nicht suchen würde, nämlich bei den Anforderungen an die verfassungsmäßige Ordnung in den Bundesländern (Art. 28 GG). Doch spricht schon Art. 20 vom „sozialen Bundesstaat". Dieser ist damit über Art. 79 Abs. 3 zum höchsten, zum unabänderlichen Verfassungsgrundsatz erhoben.

[11]) BVerfGE 6, 257.

[12]) Aus der Rechtsprechung des BGH — NJW 1951, 810; 1959, 1173 —: die Bevorzugung des männlichen Geschlechts für die Hofesnachfolge in den Höfegesetzen verstößt ebensowenig gegen die Gleichberechtigung wie seine „Benachteiligung" für die Strafbarkeit der Homosexualität (gegenüber der Straflosigkeit der lesbischen Liebe).

Dem Sozialstaat ist ein von Natur ebnender Wesenszug eigen. Sein Ziel ist das menschenwürdige Dasein für alle Bewohner. Darin erfüllt er den Auftrag des Art. 1, den Schutz der allgemeinen Menschenwürde, indem er diesen Schutz zur Daseinsvorsorge erweitert. Er gewährleistet sie zunächst durch Zwangsausgleich. Die vielbesprochene Umverteilung des Volkseinkommens ist sein ständiges Werk. Nicht nur dies: auch gewisse Eingriffe in Eigentums- und Besitzverhältnisse (Wohnungszwangswirtschaft, Lastenausgleich), ein ausgedehnter Kündigungsschutz für abhängig Beschäftigte, die Begünstigung einkommensschwacher Bevölkerungsteile in der Finanzgebarung der öffentlichen Hand (Volksaktie, Steuertarif) gehören dazu. Doch wirkt der Sozialstaat auch durch Beispiel. Seinen Geist atmet die Forderung des BGH an die Verwaltung, ungewandte, schutzbedürftige Rechtsgenossen bei der Verfolgung ihrer Anliegen sachgemäß zu unterstützen. Nobile officium war es schon immer; jetzt steht die Verabsäumung dieser Pflicht unter der Drohung des Regresses kraft Amtshaftung. Ziel des Sozialstaats ist endlich der Abbau sozialer Spannungen. Er hat den Arbeitnehmern die Mitbestimmung in den Betrieben gegeben, die Beteiligung des Arbeitnehmers an der betrieblichen Erfindung gesetzlich gesichert, ein soziales Mietrecht geschaffen. In der Fürsorgepflicht des Arbeitgebers für seine Arbeitnehmer, von der Bereitstellung von Parkplätzen angefangen bis zum allgemeinen Anspruch auf Urlaub, hat das Bundesarbeitsgericht die Drittwirkung der Sozialstaatlichkeit wiederholt zum Ausdruck gebracht. Egalitär allerdings ist der Sozialstaat in der Schematisierung seiner zur Daseinsvorsorge gewährten Leistungen. Es geht kaum anders; diese Leistungsfälle sind Massentatbestände, und sie sind anspruchsförmig, nicht kann-förmig gestaltet. Seine letzte Steigerung erfährt er deshalb dort, wo die Leistungen unterschiedslos allen ohne Rücksicht auf Bedürftigkeit zugute kommen, wie bei der Schulgeldfreiheit und (in einigen Bundesländern) der Lehrmittelfreiheit. Doch ist hier schon der Punkt erreicht, über den hinaus der Umschlag in den totalen Wohlfahrts- und Versorgungsstaat droht. Sozialer Rechtsstaat ist mit Erscheinungsformen der letzteren Art nicht gleichzusetzen. Sein Wesen ist die soziale, nicht die sozialistische Gerechtigkeit.

Sie zu bestimmen birgt alle Schwierigkeiten, die ein so komplexer Begriff ahnen läßt. In besonderem Maße gilt das für die grundgesetzliche Garantie des Eigentums und seine Sozialbindung.

Das Eigentum in Art. 14 GG ist Element der verfassungsmäßigen Ordnung und zugleich garantierte Rechtsstellung des einzelnen Eigentumsträgers. In seinem erstgedachten Sinne schützt das GG es gegen den Gesetzgeber. Nur Inhalt und Schranken des Eigentums darf er bestimmen. Darin kommt andererseits zum Ausdruck, daß Eigentum kein absolutes, schrankenloses Herrschaftsrecht ist, sondern nur den Wirkungsraum hat und haben kann, den „die im Recht ausgeformte Sozialordnung ihm überhaupt an Inhalt und Möglichkeiten zuerkennt" (Werner Weber). Freilich muß es auch dann in seinem Wesensgehalt unangetastet bleiben (Art. 19 Abs. 3). Sozialisierung durch Gesetz läßt das GG allein in dem beschränkten Rahmen des Art. 15 zu. Gesetze, die das Eigentum — in wessen Hand immer — durch Eingriffe in seine Substanz zu schmälern drohen, sind unter diesem Gesichtspunkt der Anzweiflung hinsichtlich ihrer Verfassungsmäßigkeit ausgesetzt. So erging es dem Mitbestimmungsgesetz, nicht weniger auch der vielerorts als konfiskatorisch empfundenen Steuerprogression[13]). Beide sind dem Leser im voraufgegangenen Zusammenhange bereits begegnet: die Reibungsfläche zum Sozialstaatsprinzip drängt sich der Betrachtung auf.

Die Rechtsstellungsgarantie des Eigentums ist älter. Auch sie steht seit der WRV unter der sozialen Pflichtbindung: „Eigentum verpflichtet. Sein Gebrauch soll zugleich dem Wohl der Allgemeinheit dienen." Verlangt das Wohl der Allgemeinheit ein Mehr, verlangt es die Opferung des Eigentums, so darf enteignet werden. Für die Enteignung entnimmt das GG einer ehrwürdigen Verfassungstradition den Vorbehalt des Gesetzes, den bedingungslosen Anspruch auf Enteignungsentschädigung und die Gewähr seiner Verfolgbarkeit im ordentlichen Rechtsweg. Die Entschädigungspflicht erscheint in der geistvollen Formulierung von Martin Wolff[14]) geradezu als Fortsetzung der Eigentumsgarantie, die sich so zur Eigentumswertgarantie wandelt. Daß „Enteignung" heute nicht nur im klassischen Sinne der Entziehung von Sacheigentum, sondern als ein jeder Eingriff in eine geschützte Vermögensposition zu verstehen ist, der der Sachwertbeschaffung für öffentliche Aufgaben oder der sonstigen Durchsetzung lebenswichtiger öffentlicher Interessen dient, ist im übrigen längst anerkannt. Der Rechtsstreit über die Enteignungsentschädigung hat die Gerichte aber oft genug mit der Kardinalfrage des sozialen Rechtsstaates befaßt, wie im Einzelfalle die Grenze zwischen dem eigentlichen Vermögenseingriff und der bloßen, dem Eigentum immanenten und daher nicht entschädigungspflichtigen Sozialbindung zu ziehen sei. Vor einem Laden-Eckgrundstück bringt die Verkehrspolizei längs des Bordsteins ein Schutzgitter an, das die Fußgänger am diagonalen Überqueren der gefährlichen Kreuzung hindern soll. Der Passantenstrom wird dadurch an dem Ladeneingang vorbeigeleitet. Duldungslast kraft Sozialbindung oder entschädigungspflichtiger Eingriff in den Gewerbebetrieb? Der BGH[15]) entschied im ersteren Sinne. Zum Kriterium wird hier der Gleichheitssatz:

---

[13]) Wenngleich erst im verfassungsrechtlichen Schrifttum; zum Austrag ist die Frage nicht gekommen.

[14]) Reichsverfassung und Eigentum, in: Festschrift für Wilhelm Kahl (1923), S. 13.

[15]) BGH 8, 273.

Trifft die Maßnahme den einzelnen so, wie sie jeden anderen in gleicher Lage treffen würde, oder legt sie gerade ihm ein im Verhältnis zu anderen ungleich belastendes Sonderopfer auf? Das Schutzgitter hat oft nur da einen Sinn, wo am anderen Ende der Diagonale, womöglich an allen vier Ecken der Kreuzung das gleiche Gitter angebracht wird. Insofern traf es den Ladeninhaber nicht ungleich anderen. Wer an einer verkehrsreichen Kreuzung heutzutage sein Ladengeschäft betreibt, muß es in Kauf nehmen, daß Verkehrsbeschränkungen, die sich aus den örtlichen Notwendigkeiten ergeben, den Strom der Laufkundschaft eindämmen.

6.

Die sinnfällige Verklammerung von Grundrechten und Rechtsstaatlichkeit vollzieht das GG außerhalb seines offiziellen Grundrechtsteils, in den Artikeln 101 und 103. Sie enthalten die sogenannten justiziellen Grundrechte. Des Rechts auf den gesetzlichen Richter (Art. 101) wurde oben auf Seite 90 ff. bereits gedacht. Hier ist noch das Grundrecht auf rechtliches Gehör (Art. 103 GG) zu behandeln.

Die Wachsamkeit des Bundesverfassungsgerichts nimmt es sehr ernst. „Vor Gericht hat jedermann Anspruch auf rechtliches Gehör“: das gilt nicht nur für Beteiligte jeglichen Rechtsstatus, Inländer und Ausländer, natürliche und juristische Personen, sogar für den Staat selbst, etwa in der Person des Staatsanwalts. Es gilt auch für jegliches gerichtliche Verfahren, nicht nur für das Strafverfahren, wie der Zusammenhang des Art. 103 vermuten lassen könnte. Wo die geltenden Verfahrensordnungen eine Anhörung nicht vorsehen, sind sie verfassungskonform zu ergänzen. Inhalt des Anspruchs auf rechtliches Gehör ist, im Verfahren zur Tatsachen- wie zur Rechtslage die eigene Auffassung dem Gericht vortragen zu dürfen (daher nach Abschluß von Erhebungen zu deren Ergebnis Stellung nehmen zu dürfen), ehe entschieden wird. Offenkundige, gerichtskundige Tatsachen machen keine Ausnahme. Auch sie dürfen im Spruch nicht verwertet werden, ehe den Beteiligten Gelegenheit gegeben gewesen ist, zu ihrer Offenkundigkeit und ihrer Tragweite sich zu äußern. Das Gericht soll mit seiner Entscheidung, und wäre sie noch so billigenswert, die Beteiligten nicht „überfahren“. Das wäre kein fair trial. Zu einem solchen gehört, daß Gerechtigkeit nicht nur geübt wird, sondern auch, daß offensichtlich sein müsse, daß Gerechtigkeit geübt wird. Voraussetzung ist hierfür freilich eine Sachäußerung der Partei, die vom Gericht nicht nur entgegengenommen, sondern auch ernsthaft gewürdigt werden kann. Unter diesem Gesichtspunkt kann beispielsweise das rechtliche Gehör verkürzt erscheinen, wenn ein Pflichtverteidiger oder ein Armenanwalt nicht beigeordnet worden ist, selbst wo die Beiordnung nicht zwingend vorgeschrieben war.

Ganz sicherlich verstieß gegen die Pflicht zur Gewährung des rechtlichen Gehörs jene Unsitte mancher älterer Richter, in einer Strafsache die Urteilsformel schon niederzuschreiben, während der Angeklagte noch sein Schlußwort sprach.

Damit tritt ein letzter, entscheidender Gesichtspunkt in den Kreis der Betrachtungen. Das rechtliche Gehör ist nicht nur Strukturelement jeden rechtsstaatlichen Gerichtsverfahren. Es ist auch Ausdruck der alle Grundrechte durchwaltenden allgemeinen Menschenwürde. Der Bürger vor Gericht soll nicht Objekt, sondern Subjekt des Verfahrens sein. Er soll es mitgestalten. Die Gerechtigkeit ist im demokratischen Rechtsstaat nicht das Produkt „einsamer" Rechtsfindung des Gerichts. Das Gericht soll sich konfrontiert wissen mit jedem möglichen und ehrlichen Nein zu einem jeden Schritt in der Bildung seines Urteils. Erst aus dem „Rechtsgespräch" in Verantwortung und Gegenverantwortung sieht das GG die Wahrheit im Rechtsgang aufleuchten.

2. Kapitel

Gewalten und Funktionen

1.

So bewußt das GG in der Diskussion über die Grundrechte neue Wege geht, so unreflektiert hat es die Gewaltenteilung von allen seinen Vorgängern übernommen. Auch sie erhebt es zum Rang einer Institution, noch dazu einer für alle Zeiten unabänderlichen (Art. 79), wenn es in Art. 20 bestimmt, die Staatsgewalt werde „durch besondere Organe der Gesetzgebung, der vollziehenden Gewalt und der Rechtsprechung" ausgeübt.

Dabei ist diese, die vertikale Gewaltenteilung in der parteienstaatlichen Massendemokratie kaum länger unproblematisch. Ihr Wert als eines überzeitlichen, weil aus dem Wesen der Staatsgewalt entwickelten Gliederungsprinzips, ihre steuernde, Gleichgewicht verbürgende, den Mißbrauch staatlicher Macht hemmende Potenz ist unbestreitbar. Aber in welchem Grade diese Potenz verfassungspolitisch wirksam wird, hängt entscheidend davon ab, welche realen Gewalten in dem von der Gewaltenteilung vorgestellten Polaritätsverhältnis sich begegnen. Werner Weber hat diesen Fragenbereich mit meisterlicher Sprachkraft ausgebreitet. Ist der Einklang von Anspruch und Wirklichkeit gestört, dann sinken Gewaltenteilung und Gewaltentrennung zum bloßen Organisationsschema, die in ihm angesprochenen „Gewalten" zu bloßen Funktionsbereichen herab, während Gewalt und Macht im Staate über alle Verfassungskonstruktionen hinweg von anderen Trägern einander streitig gemacht werden.

Die bundesrepublikanische Wirklichkeit beginnt die Möglichkeiten eines Auseinanderklaffens zwischen der geschriebenen und der gelebten Verfassung hier in ganzer soziologischer Konsequenz zu entrollen. Der Entwicklung hat das GG selbst die Tore geöffnet. Die Exekutive ist ihrer ungebrochenen Gegenspielerschaft zur Volksvertretung beraubt. Sie ist zum Exekutivausschuß der Parlamentsmehrheit geworden. Der Bundeskanzler wird vom Bundestag gewählt und abberufen. Da er wiederum sich seine Minister sucht (die auf seinen Vorschlag vom Bundespräsidenten ernannt und entlassen werden), und da er im Bundeskabinett die Richtlinien der Politik bestimmt, wirkt durch ihn hindurch der Wille der Mehrheitspartei oder der Parteienkoalitionen des Bundestags, die ihn gewählt hat. Die persönliche Autorität, die der gegenwärtige Träger des Bundeskanzleramts gegenüber seiner eigenen Fraktion besitzt, darf nicht darüber hinwegtäuschen, daß die „Kanzlerdemokratie" wesentlich an seine Person gebunden, keinesfalls institutionell über den Wechsel des Amtes hinaus gesichert ist. Sogar die Befehls- und Kommandogewalt über die Streitkräfte hat nicht der Bundespräsident (in der WRV hatte sie der Reichspräsident), sondern der Verteidigungsminister und im Verteidigungsfalle der Bundeskanzler, in der Regel also ein Parlamentarier. Hinter den getrennten „Gewalten" von Exekutive und Legislative steht nicht mehr das Widerspiel von gewachsenen, realen Machtfaktoren: hie Verwaltung und Militär, beide allein dem Staatsoberhaupt verantwortlich[1]), dort die kampfesfrohe Vertretung des politisch mündigen Staatsvolkes. Hinter beiden steht die Macht derselben Parteien, wo nicht die Macht **der** Partei, die die Regierungsmannschaft stellt und hält.

Demgegenüber verschlägt es nichts, daß das GG die Funktionen um so sauberer abgegrenzt wissen will. Die Rechtsetzungsgewalt der Exekutive ist nachdrücklich beschnitten. Ihr Notverordnungsrecht aus der WRV ist geschwunden. Rechtsverordnungen darf sie nur noch erlassen, wenn sie durch Gesetz dazu ermächtigt ist; Ermächtigungen solcher Art sind unter strengste Vorbehalte gestellt (Art. 80)[2]). Auf der anderen Seite wacht die Exekutive, und hier im besonderen die Ministerialbürokratie, eifersüchtig darüber, daß das Parlament nicht in ihr verantwortliches Regiment hineinredet — eine Gefahr, die um so größer ist, je kleinräumiger die Verhältnisse zusammenrücken. Der bayerische Landtag versuchte einmal, durch

---

[1]) Eine nicht auf die Monarchie beschränkte Erscheinungsform, wie das Beispiel der USA zeigt. Zu der Gegenüberstellung oben im Text: Werner Weber, Spannungen der Kräfte[2] S. 42 ff., 104.

[2]) Inhalt, Zweck und Ausmaß müssen im Gesetz bestimmt sein; die gesetzliche Grundlage ist in der Verordnung anzugeben. Die ermächtigten Stellen dürfen die Ermächtigung nur da weiterübertragen, wo das Gesetz es ihnen ausdrücklich gestattet hat, und auch dann nie durch internen Erlaß, sondern ausschließlich durch förmliche, insbesondere gehörig publizierte Rechtsverordnung.

Parlamentsbeschluß der Landesregierung einen Schlüssel für die Verwendung der Mittel des sozialen Wohnungsbaues vorzuschreiben. Er mußte sich vom Verfassungsgerichtshof darüber belehren lassen, daß er damit seine Kompetenzen überschritten hatte[3]). Das BVerfGer. erklärte es für verfassungswidrig, als die bremische Bürgerschaft mit dem Personalvertretungsgesetz den Vorstoß unternahm, der Exekutive ihre Personalhoheit zugunsten eines Entscheidungsrechts der Personalvertretungen zu entwinden[4]). In Niedersachsen scheiterte eine Bestimmung der Geschäftsordnung des Landtages, die die Landesregierung von der Teilnahme an den Sitzungen bestimmter Ausschüsse, u. a. der parlamentarischen Untersuchungsausschüsse ausschloß, am Verdikt des Staatsgerichtshofs. Die Funktionalisierung des Gewaltentrennungsprinzips im Verhältnis der Legislative zur Exekutive besagt also nicht, daß es zwischen beiden nicht Konflikte — auch fruchtbare —, Kompromisse, Initiative und Gegeninitiative, ein Sichdurchsetzen der stärkeren Persönlichkeit gäbe. So weit darf man das oft gebrauchte Wort vom Exekutivausschuß der Parlamentsmehrheit nicht klischieren. Der Wehrbeauftragte des Bundestages ist als Institution nicht zuletzt deshalb so umstritten gewesen, weil er für seinen Bereich geradezu *die* Kompetenzfrage stellen lassen mußte. Seine Einrichtung entsprach übergeordneten rechtsstaatlichen Notwendigkeiten, denn militärische Subordination schirmt von Natur aus leichter gegen Aufdeckung von Befehlsmißbräuchen ab. Aber ein „Parlamentsbeauftragter für die Verwaltung“, wie man ihn hier und da gefordert hat[5]), wäre mit der Funktionsverteilung des GG unvereinbar. Der Wehrbeauftragte und der Bundesrechnungshof, als unmittelbar in die Exekutive hineinwirkende Kontrollorgane des Bundestages, haben ihren Standort nicht zufällig im GG selbst. Jede andere Form parlamentarischer Kontrolle der Exekutive geschieht vor dem Forum des Parlaments, und nur dort.

2.

Die Gewaltenteilung in der modernen Integration von Staat und Gesellschaft zeigt in Wahrheit andere, und zwar vielfältig andere Fronten. Der Ausdruck Nebenfronten würde ihrer Bedeutung nicht einmal gerecht. Reale Mächte, die im innerstaatlichen Leben mit politischem Geltungsanspruch rivalisieren und einander balancieren, sind die politischen Parteien als Mehrheit und Minderheit, in Regierung und Opposition, sind die Gewerkschaften und die Arbeitgebervereinigungen, die Organisationen der

[3]) DVBl. 1959, 816.

[4]) NJW 1959, 1171.

[5]) Anderswo gibt es ihn: in Dänemark. Doch von dort wird berichtet, nur 3 % der an ihn gelangenden Eingaben stammten von Querulanten. Ein für deutsche Verhältnisse unerreichbares Ideal!

Erzeuger und der Verbraucher, der Grundbesitzer und der Mieter, die Kartelle, die Kampf- und Schutzverbände aller Art, die Konfessionen, das verwirrende Mit- und Gegeneinander verbandsmächtiger Interessen, dem man Begriff und Namen des gesellschaftlichen Pluralismus beizulegen pflegt.

Im ganzen ein Ringen der Kräfte, das vielfach noch ungeordnet, beziehungslos wirkt. Dennoch entbehrt es nicht einer regulierenden Interdependenz, dank des beherrschenden Einflusses weniger in diesem Ringen agierender Führungsgruppen — die innerpolitische Stabilität der Bundesrepublik wäre ohne ein praktisch erreichtes Gleichgewicht auch im pluralistischen Interessengefüge nicht denkbar. Daß ein solches Gleichgewicht eine nicht geringe rechtsstaatliche Komponente zu den Daseinsbedingungen der heutigen Gesellschaft beisteuert, wird den nicht überraschen, der als einen der Grundzüge des Rechtsstaats die Mäßigung der Macht in Ausgleich und Kompromiß, die Abkehr von jeglicher Form totalitärer Freund-Feind-Schablone anerkennt. Freilich bleibt diese Art Gleichgewicht, labil wie es ohnehin ist, für den Rechtsstaat fragmentarisch. Dem Außenseiter der Gesellschaft nützt es nichts. Auch verschleiert es im bedenklichen Grade die demokratischen Verantwortlichkeiten. Es ist nicht leicht abzuschätzen, wieviel an demokratischem Bürgersinn verloren geht durch das verbreitete Empfinden, man könne „ja doch nichts machen", weil zahlreiche öffentliche Anliegen in undurchsichtigen, unzugänglichen, quer-verbundenen Funktionärsklüngeln ausgehandelt und entschieden seien, noch ehe sie in das Stadium der öffentlichen Erörterung in den verfassungsmäßig verantwortlichen Gremien gelangen.

Es ließe sich daran denken, auch diese Sphäre — soweit möglich und sinnvoll — in institutionellen Formen erkennbar zu machen, um sie aus dem Zwielicht des Halb-Legitimen in die volle verfassungsrechtliche Legitimität zu heben. Die Dinge stehen da notwendig erst in den Anfängen. Interessenvertretungen in die staatspolitische Mitarbeit zu berufen ist unter der WRV im Vorläufigen Reichswirtschaftsrat versucht worden; das 326-köpfige Monstrum hat wirkliche Bedeutung nie erlangt. Mit größerem Wirklichkeitssinn bildet die gegenwärtige bayerische Verfassung aus den „politischen Ständen" ihre 2. Kammer, den Senat. Im Bund ist man über den bescheidenen Ansatz der aus den USA übernommenen hearings — öffentlichen Informationssitzungen unter Zuziehung von Interessenvertretungen als Vorbereitung für die Ausschußberatungen von Gesetzen (§ 73 Abs. 2 der Geschäftsordnung des Bundestages) — nicht hinausgelangt. Das Institut hat sich nicht bewährt und ist bald außer Übung gekommen, so daß es einstweilen bei der halb-lobbyistischen Existenz der in Bonn „akkreditierten" sogenannten Kontaktstellen von Interessenverbänden sein Bewenden behält. Den Sozialpartnern hat das GG eine institutionelle Anerkennung wenigstens im Negativen zugebilligt, insofern es mit Vorbedacht von der staatlichen Zwangsschlichtung, wie die Weimarer Republik sie bei Lohnkämpfen gekannt hatte, abgegangen ist. Innerhalb der Sozialpartner sind die Gewerkschaften auf dem Wege von einer bloß wirkenden zur formierten Institution die Weiteren. Der Kampf um den Solidaritätsbeitrag der Unorganisierten hat das Ziel dieses Weges gezeigt, die Gewerkschaften den Status von Zwangsorganisationen öffentlichen Rechts erreichen zu lassen. Hier, auf einer von Werner Weber nachgezeichneten Linie der Entwicklung, wächst der gewerkschaftlichen Position eine Stärke zu, die in ihren Ursprüngen sich der quasi-anarchischen Situation nach 1945 entrang und deren Konsolidierung an innerer Logik gewinnt, wenn man erwägt, daß gleich den Gewerkschaften auch die anderen großen Organisationen aus der Zeit der Verfolgung im Dritten Reich zum Range einer verfassungsrechtlichen Institution gelangt sind, weil sie im Jahre 1945 als die einzigen Sprecher der Nation auf dem Plan waren: die politischen Parteien und die Kirchen. Die Religionsgemeinschaften sind heute sämtlich Körperschaften des öffentlichen Rechts, die evangelische und die katholische Kirche bei der Bundesregierung offiziell vertreten. Die Parteien werden durch Art. 21 GG als Organe der politischen Willensbildung des Volkes nunmehr auch förmlich anerkannt. Regierungsparteien und Oppositionsparteien nehmen da, wo sie bereits besteht, gleichberechtigt an der staatlichen Subventionierung teil. Die Opposition als solche ist zwar im Bund noch nicht Institution wie etwa in England, wo sie in der Person ihres Führers im Unterhaus eine reguläre Dotierung erhält. Immerhin zahlt z. B. Schleswig-Holstein dem Führer der Oppositionspartei bereits eine Aufwandsentschädigung. Auch gehört das „Recht auf verfassungsmäßige Bildung und Ausübung einer parlamentarischen Opposition“ zu den strafrechtlich, also wiederum institutionell geschützten Grundsätzen der Verfassung (§ 88 Abs. 2 Ziff. 3 StGB). Endlich kann die Oppositionspartei im Bund über ihre Hausmacht in den einzelnen Ländern durch den Bundesrat sich sehr wirksam zur Geltung bringen — auch dies eine institutionelle Chance parteienstaatlichen Kräfteausgleichs, deren Legitimität kaum hoch genug eingeschätzt werden kann.

Im übrigen sind paritätische Gremien ein bewährtes Mittel, um gegensätzliche gesellschaftliche Kräfte zum Segen der rechtsstaatlichen Ordnung zusammenwirken zu lassen. Zahlreiche Beiräte und Ausschüsse, auch Beschwerdeausschüsse innerhalb der Verwaltung geben dieser schon in ihrem inneren Aufbau ein demokratisch-rechtsstaatliches Gepräge. Es genügt, auf das Beispiel des Rundfunks hinzuweisen. In seinen Verwaltungsräten sind alle Faktoren des öffentlichen Lebens paritätisch vertreten. Sie sichern das von ihnen kontrollierte Instrument vor Usurpierung und Monopolisierung. Eine „Rundfunkfreiheit“ nach dem Bilde der Pressefreiheit ist solange entbehrlich, als diese im besten Sinne rechtsstaatliche Balance an der Spitze einen Mißbrauch des Rundfunks — und um wie vieles leichter erreicht die Massenhypnose den Hörenden denn den Lesenden! — verhindert. Ähnliche Lösungen für ein selbständiges Fernsehen zu finden hatte der Spruch des Bundesverfassungsgerichts den Ländern aufgegeben. Hier allerdings sind sie inzwischen durch eine Aufteilung der Fernsehräte-Posten nach dem Proporz der politischen Parteien nicht unbedenklich verfälscht worden. Die von Werner Weber fortentwickelte These[5a]) von der Zukunft der Gewaltenteilung als einem System gruppenbündischer Teilhabe an der Macht gewinnt damit einen sprechenden Beleg.

3.

Das Verhältnis des zentrifugalen Pluralismus zum gewaltengliedernden Verfassungssystem ist taktisch bestimmt. Es reicht vom propagandistischen Einfluß, vom Druck aller Art bis zur erstrebten Durchdringung. Die pluralistischen Machtgruppen suchen den Staat in seinen Funktionszentren Legislative und Exekutive für ihre Ziele dienstbar zu machen, indem sie das formale Schema der Gewaltentrennung unangetastet lassen, aber innerhalb desselben Einfluß auf die Schlüsselpositionen gewinnen, wo nicht sie für sich beanspruchen. Verhältnismäßig am leichtesten gelingt das im Parlament und auf dem Wege über das Parlament. Die Exekutive kann schon eher der Infiltration und der Pression durch die Gruppeninteressen begegnen. Nicht immer kann sie es mit Erfolg. Es entbehrt nicht einer beklemmenden Parallelität, zu sehen, wie sowohl an der Spitze der Hierarchie als an deren unteren Enden (in der Kommunal- und der den Kommunen überantworteten staatlichen Auftragsverwaltung) die organisierten Gruppeninteressen sich heute schon Gehör zu verschaffen wissen. Dennoch hat es an Beispielen einer bewußten Behauptung des Gemeinwohls in Unabhängigkeit gegenüber allen Einflußnahmen von Interessentenseite nicht gefehlt. Die Aufwertung der D-Mark im Frühjahr 1961 hat hierfür einen hervorragenden Beweis geliefert. Auch die Bäume der Machtgruppenpolitik wachsen nicht in den Himmel. Wer die Apparaturen von Legislative und Exekutive für seine Zwecke einspannen will, gleichwohl aber den Respekt vor den Formen der Verfassung für sich in Anspruch nimmt, ist damit den in dieses Verfassungssystem aus dem Geist des Gewaltengleichgewichts eingebauten subtilen Sicherungen gegen übermäßige Konzentration der Macht unterworfen und kann ihnen auf die Dauer seinen Tribut nicht vorenthalten.

Einzig die rechtsprechende Gewalt versagt diesem Spiel sich uneingeschränkt. Hier gibt es keine „Intervention“, keine „Hintermänner“, deren Sprachrohr sie sein könnte. Parteipolitische, konfessionelle Personalpolitik

[5a]) Festschrift für Carl Schmitt, S. 266 ff.

wird zwar für die höheren Richterämter gelegentlich praktiziert: die formende Kraft einer reichen richterlichen Tradition vermag solches Exponententum noch stets zu neutralisieren. Wo man in den Gerichten die Laienbeisitzer paritätisch nach Gruppeninteressen beruft, werden diese in die strenge Würde von Verhandlung und Beratung eingeschmolzen. Aus der Arbeitsgerichtsbarkeit ist zu hören, daß die Arbeitgeber- und die Arbeitnehmerbeisitzer sich keinesfalls als die Sachwalter „ihrer" Partei zu fühlen pflegen, sondern daß sie hier, wo sie aus der Kampfsituation herausgenommen und auf Recht und Gewissen verpflichtet sind, ihre Aufgabe als Unparteiische im allgemeinen gut erfüllen. Die rechtsprechende Gewalt steht jenseits der innerpolitischen Fronten. Man mag sie aus solcher Sicht sogar als Dritte Gewalt bezeichnen dürfen.

4.

Ihr Verhältnis zur Legislative, wie es sich unter dem GG entwickelt hat, bedarf an dieser Stelle noch eines kritischen Umblicks.

Von der Not des Richters in der aufgezwungenen Rolle des Gesetzgebers sei nicht nochmals die Rede. Aber wie steht es um die Jurisdiktion über parlamentarische Akte? Als der rheinland-pfälzische Ministerpräsident Altmeier in einer Regierungserklärung vor dem Landtag (Anfang 1960) ehrenrührige Vorwürfe gegen den Abgeordneten Schikora von der DRP erhob, rief dieser das Zivilgericht an und erwirkte eine einstweilige Verfügung auf Unterlassung. Die heftige Debatte, die darüber in der Öffentlichkeit entbrannte, wurde vielfach auf das falsche Gleis der Abgeordneteneigenschaft Altmeiers geschoben. Gegen ihn als Abgeordneten war die einstweilige Verfügung — sie wurde nächstdem aufgehoben, weil der Wahrheitsbeweis als erbracht galt — schon deshalb unzulässig, weil das gerichtliche Unterlassungsgebot sich auf mögliche Wiederholung der gleichen Vorwürfe in späteren Landtagssitzungen miterstreckte. Insoweit stand die parlamentarische Indemnität entgegen, die es verbietet, einen Abgeordneten wegen seiner Äußerungen in der gesetzgebenden Körperschaft zur Rechenschaft zu ziehen, ihm vielmehr die volle Freiheit der Kritik in Ausübung seines Mandats als Volksvertreter sichern soll. Nach richtiger Ansicht mußte das gleiche Privileg aber auch sinngemäß gelten, wenn das Parlament wie hier mit einer Regierungserklärung angesprochen war. Um die Waffengleichheit in der verantwortlichen Auseinandersetzung zwischen Parlament und Regierung wäre es schlecht bestellt, dürfte der Abgeordnete straflos sagen, was zu sagen dem Ministerpräsidenten bei Strafe wegen Beleidigung oder übler Nachrede oder bei Gefahr der Unterlassungsklage verboten wäre. Schikora hätte allenfalls mit der Beschränkung auf private Äußerungen klagen können. Die innerparlamentarische Hoheitssphäre ist nicht justiziabel. Art. 44 GG bringt das für einen Sonderfall dahin zum Ausdruck, daß die Beschlüsse der Untersuchungsausschüsse des Bundestages der richterlichen Erörterung entzogen sind[6]).

Doch auch in umgekehrter Richtung erweist die Grenze sich als durchlässig. Amnestieakte können empfindlich darauf abzielen, einen Beschuldigten seinem Richter zu entziehen. Zwar ist die sogenannte Abolition, die förmliche Niederschlagung eines einzelnen schwebenden Strafverfahrens, auch der Volksvertretung untersagt. Begnadigen kann nur das Staatsoberhaupt, nachdem das Gericht gesprochen hat. Amnestien bedürfen eines Gesetzes[7]). Darin liegt, daß sie nur *allgemeine* Amnestien sein dürfen, die Straffreiheit also einem unbestimmten Personenkreis zugute kommen lassen müssen. Erfüllen sie diese Voraussetzung, so ist gegen sie vom rechtsstaatlichen Blickpunkt nichts einzuwenden, höchstens vom justizpolitischen. Aber die Versuchung liegt nahe, durch gesetzestechnischen Kunstgriff eine Amnestie als „allgemeine" so zu tarnen, daß sie in Wahrheit zur gezielten, auf den einzelnen Fall gemünzten wird.

Behauptet wurde das in dem Falle des Wirtschaftsjournalisten Dr. Platow. Platow hatte in den Jahren 1949 bis 1951 durch Bestechung von Angehörigen des Bundeswirtschaftsministeriums sich laufend vertrauliche Informationen zur Weitergabe an Interessenten verschafft. Das Straffreiheitsgesetz 1956 gewährte Amnestie für Strafen bis zu einer gewissen mäßigen Höhe: allein bei Straftaten, welche „die Mitteilung, Beschaffung oder Verbreitung von Nachrichten über Angelegenheiten zum Gegenstande haben, mit denen Angehörige des öffentlichen Dienstes befaßt sind", wurde Straffreiheit ohne Rücksicht auf die Höhe der verwirkten Strafe gewährt, „wenn die Tat vor dem 1. 1. 1952 begangen war". Das Landgericht Bonn, vor dem das Strafverfahren gegen Platow und 18 Mitangeklagte aus dem Ministerium anhängig war, erblickte hierin einen intendierten Eingriff in sein Verfahren. Es legte die Frage nach der Verfassungswidrigkeit der Amnestie dem BVerfGer. vor. Dieses erkannte auf Verfassungsmäßigkeit[8]), nachdem aus dem gesamten Bundesgebiet acht weitere Fälle zusammengetragen worden waren, in denen die Platow-Amnestie — so wurde sie allgemein genannt — Anwendung finden konnte. Die Entschei-

[6]) Parlamentarische Untersuchungsausschüsse untersuchen unabhängig vom gerichtlichen Verfahren, die Gerichte unabhängig von den Untersuchungsausschüssen. Doch kommt der Untersuchungsausschuß nie zu einem „Urteil", sondern nur zu einer abschließenden Feststellung, die er dem Plenum des Parlaments als Material oder als Grundlage für weitere Entschließungen vorlegt. Gewisse Mißstände, wie sie im Oberländer-Ausschuß des Bundestages und im Spielbankenausschuß des bayerischen Landtags in den Jahren 1959 und 1960 zutage getreten waren (Verteidigungsbefugnis des Ausschusses — oben Seite 64 Anm. 1 —, mangelnde Distanz der Ausschußmitglieder vom Gegenstand der Untersuchung) haben Reformwünsche wach werden lassen.

[7]) Das ist anerkannten Rechts, auch wenn das GG (im Gegensatz zur WRV und zu zahlreichen Länderverfassungen) es nicht ausdrücklich ausspricht.

[8]) BVerfGerE 10, 234.

dung des BVerfGer. befriedigte auch deshalb so wenig, weil sie eine hervorragende Gelegenheit ungenutzt ließ, sich zu der im Zeitpunkt der Tat soeben verkündeten, damals noch stark gefährdeten Institution des Berufsbeamtentums und seinen hergebrachten Grundsätzen (Art. 34 Abs. 5 GG) zu bekennen.

Parlamentarische Selbstherrlichkeit sucht mitunter sogar das Verfassungsgericht zu überspielen. In Österreich erregte Ende der fünfziger Jahre ein Präzedenzfall dieser Art scharfen Anstoß. Der Verfassungsgerichtshof hatte ein Gesetz über die Haushaltsbesteuerung, das nur die Selbständigen, nicht die Lohnempfänger traf, wegen Verletzung des Gleichheitsgrundsatzes für verfassungswidrig erklärt und durch Bestimmung einer Übergangsfrist bis Februar 1959 dem Gesetzgeber Gelegenheit zur Beseitigung der Anstände gegeben. Der Gesetzgeber tat nichts dergleichen, sondern beschloß das Gesetz mit verfassungsändernder Mehrheit von neuem, als „Verfassungsgesetz". Damit war es nach österreichischem Recht bestandsfest und der verfassungsgerichtlichen Kontrolle entzogen. Ein derartiges Verfahren wäre allerdings nach dem GG nicht gangbar gewesen. Hier ist ein Abgehen von der Verfassung nur in der Weise möglich, daß der Wortlaut des GG ausdrücklich geändert oder ergänzt wird (Art. 79). Dennoch ist versucht worden, auch diese Fessel mit juristischen Kunstgriffen zu umgehen. Als der Bundestag die Bonner und die Pariser Verträge von 1952 zur Ratifizierung der Europäischen Verteidigungsgemeinschaft beschlossen hatte, wurde deren Vereinbarkeit mit dem GG von der Opposition bestritten. Es kam zu einer Klage vor dem BVerfGer. Um sich nicht der Gefahr eines Unterliegens auszusetzen, griff die Bundestagsmehrheit zu einem nicht unbedenklichen Ausweg. Sie beschloß eine Ergänzung des Art. 79 dahin, daß bei völkerrechtlichen Verträgen, die eine Friedensregelung betreffen oder die der Verteidigung der Bundesrepublik zu dienen bestimmt sind, eine „Klarstellung" der Vereinbarkeit mit dem GG in Form einer autoritativen Feststellung genüge, wenn eine dahin lautende Klausel in das GG aufgenommen sei. Der erste und bisher einzige Anwendungsfall waren eben die EVG-Verträge (Art. 142 a GG). Sie sind bekanntlich später nicht wirksam geworden. Doch die grundsätzliche Frage blieb, wer denn nun im Streitfalle die Feststellung der Vereinbarkeit mit dem GG zu treffen hat. Kann der Bundestag, auch mit verfassungsändernder Mehrheit, sich selbst diese Kompetenz gegen das BVerfGer. beilegen? „Zur Vermeidung von Zweifeln", sagt die Präambel des den Art. 79 ergänzenden Gesetzes. War es schon damals kein guter Stil, der Entscheidungshoheit des BVerfGer. in der schwebenden Verfassungsklagesache vorzugreifen, so wäre für die Zukunft ein gefährlicher Weg beschritten, den Bundestag auf bestimmten Gebieten zum Richter in eigener Sache zu machen und ihn über klar erkannte Verfassungswidrigkeit von Gesetzen mit einer „Klarstellung" des Gegenteils „zur Vermeidung von Zweifeln" sich hinwegsetzen zu lassen. Videant iudices! Der Ruf ist damals alsbald laut geworden.

3. Kapitel

Rechtsweg und Rechtsweggarantie

1.

Wenn dem Rechtsstaat des GG ein Vorwurf gemacht zu werden pflegt, dann ist es der, zur Übersteigerung seiner selbst geworden zu sein. Der „Rechtswegstaat" (Jahrreiß), der „Rechtsmittelstaat" triumphiert. In nie zuvor gekannter Lückenlosigkeit kann gegen jedwede Schmälerung von Rechten durch jedwede Ausübung öffentlicher Gewalt der Richter angerufen werden. Und nicht nur dies. Eine schlechthin perfekte Durchbildung des Rechtsschutzes sowohl vertikal — in die verschiedenen Gerichtszweige — wie horizontal — in einem für jeden Gerichtszweig mehrstufigen, meist dreistufigen Instanzenzug — sorgt dafür, daß auch die kleinste Querel ihr oberes Bundesgericht, die eigensinnigste Verfassungsbeschwerde den Weg zum BVerfGer. offen findet oder doch nur unter größten richterlichen Sicherungen von dieser letzten Instanz ferngehalten werden kann. Die Juridifizierung des öffentlichen Lebens, als Gewaltenkontrolle über der Gewaltenteilung, ist das Kennzeichen bundesdeutschen Rechtsdenkens.

Das GG hat den Schritt dahin mit einem großen institutionellen Wurf getan. In Art. 19 Abs. 4 bestimmt es: „Wird jemand durch die öffentliche Gewalt in seinen Rechten verletzt, so steht ihm der Rechtsweg offen. Soweit eine andere Zuständigkeit nicht begründet ist, ist der ordentliche Rechtsweg gegeben." Die lapidare Bestimmung wurde, als sie ins Leben trat, überschwänglich als die Krönung des Rechtstsaats gefeiert. Inzwischen hat der Überschwang manch nüchterner Betrachtung Platz gemacht. Maßhalten-Können im Gebrauch der staatlichen Rechtsschutzeinrichtungen hat noch nie zu den Stärken des deutschen Nationalcharakters gehört. Eine allzu großzügige Praxis der Armenrechtsbewilligung und die Kostenfreiheit für ganze Gerichtszweige und Verfahrensarten tun ein Übriges. Die Zahl der Prozesse gegen die öffentliche Hand allein vor den Zivilgerichten wegen angeblicher Amtspflichtverletzung, aus Enteignung, enteignungsgleichem Eingriff und sogenannter Aufopferung steigt beängstigend. Die Sucht nach einer „Staatsrente durch Prozeß" ist unverkennbar. Dennoch bleibt Art. 19 Abs. 4 eine verfassunspolitische Grundsatzentscheidung allerersten Ranges. Sie mag aus Mißtrauen vor allem gegen die Exekutive geboren sein. Ihr sittliches Anliegen, die Gewähr des Rechts als Waffe in der Hand des freien Bürgers, ist hoheitsvoll genug. Die Gerichte werden, wenn sie angerufen sind, in aller Regel nur mit dem unbereinigten Restbestand menschlichen Zusammenlebens befaßt; aber allein wichtig ist ihr Da-sein, ist die Gewißheit, daß man sie anrufen kann und sich nicht dem Druck der Staatsübermacht bedingungslos zu beugen braucht. Nicht so sehr der beschrittene: der offenstehende Rechtsweg ist Wille des Grundgesetzes.

2.

„Der Rechtsweg", den Art. 19 Abs. 4 eröffnet, wird in Art. 96 fachlich aufgegliedert. Es sind die Gerichtszweige der ordentlichen Gerichtsbarkeit, der Verwaltungs-, der Finanz-, der Arbeits- und der Sozialgerichtsbarkeit; an ihrer Spitze je ein oberes Bundesgericht, nämlich — in der vorangegangenen Reihenfolge — der Bundesgerichtshof (Karlsruhe), das Bundesverwaltungsgericht (Berlin), der Bundesfinanzhof (München), das Bundesarbeitsgericht und das Bundessozialgericht (beide in Kassel). Hinzu kommen noch der Bundesdisziplinarhof (Berlin) und neuerdings das mit dem BGH verbundene Bundespatentgericht. Über ihnen thront das „Oberste Bundesgericht" für die Koordinierung der Rechtsprechung der oberen Bundesgerichte; es ist noch nicht errichtet. Das Bundesverfassungsgericht (gleichfalls in Karlsruhe) steht jenseits dieser Gliederung. Es ist unmittelbares Verfassungsorgan in besonderer Funktion. Übergeordnetes Gericht im Instanzenzuge über den oberen Bundesgerichten und dem Obersten Bundesgericht ist es nicht; wohl aber kann es gegen deren Entscheidungen (wie gegen rechtskräftige Entscheidungen eines jeden anderen Gerichts) angerufen werden, wenn in ihnen ein Grundrecht der Verfassung zu Lasten des Betroffenen verkürzt erscheint.

In solchem Sinne läßt sich sogar sagen, daß gegen (Grund-) Rechtsverletzungen durch die rechtsprechende Gewalt der Weg zum höchsten aller Gerichte als außerordentlicher offensteht. Es ist der gleiche, der den Gesetzgeber in die Verantwortung zwingt, im Normenkontrollverfahren[1]). Doch die Stoßrichtung des Art. 19 Abs. 4 geht gegen die Exekutive. Für sie mußte die generelle Öffnung des Rechtsweges in der umfassenden Gewähr des Verwaltungsrechtsschutzes aufgefangen werden[2]). Art. 19 Abs. 4 steht im Hintergrund, wenn die ordentlichen Gerichte gegenüber der Exekutive mit einer Machtvollkommenheit durchgreifen, wie sie noch vor einem Menschenalter undenkbar gewesen wäre. Um den Bürger gegen Steuerdenunzianten durch Spitzel, sogenannte V-Männer der Finanzverwaltung zu schützen, sah die Staatsanwaltschaft sich verschiedentlich genötigt, Strafverfahren gegen Unbekannt wegen falscher Anschuldigung einzuleiten und, als das Finanzamt ihr die Angabe der Namen des V-

---

[1]) Darüber im folgenden Kapitel.

[2]) § 40 VGO: „Der Verwaltungsrechtsweg ist in allen öffentlich rechtlichen Streitigkeiten nicht verfassungsrechtlicher Art gegeben, soweit die Streitigkeiten nicht durch Bundesgesetz einem anderen Gericht ausdrücklich zugewiesen sind."

Mannes ohne stichhaltige Gründe verweigerte, kurzerhand die Akten des Finanzamts in dessen Amtsräumen zu beschlagnahmen. Die Landgerichte Bremen[3]) und Hannover[4]) haben solche Beschlagnahmen mit rechtsstaatlicher Gelassenheit bestätigt.

Art. 19 Abs. 4 eröffnet nicht nur den Rechtsweg überhaupt, sondern recht verstanden den Weg zu denjenigen Gerichten, die „nach ihrem allgemeinen Aufgabenkreis, nach ihrer Sachkunde und nach ihrer Besetzung aus der fachlichen Vielzahl der Rechtswege des Art. 96 als die bestgeeigneten anzusehen sind", zu den Gerichten der „größten Sachnähe". Ehe die Reservezuständigkeit des ordentlichen Rechtswegs zum Zuge kommt, ist also bei Fehlen einer sonstigen Zuständigkeitsnorm zu prüfen, ob nicht ein spezieller Gerichtszweig im gegebenen Falle den besseren Rechtsschutz zu gewähren berufen sei. Hieraus hat sich für eine Reihe von Fällen die Zuständigkeit der Finanzgerichte gegenüber der der allgemeinen Verwaltungsgerichte ableiten lassen. Der Sinn des Art. 19 Abs. 4 ist es gerade, dem Bürger einen effektiven, einen höchstmöglichen Schutz durch die Gerichte zur Verfügung zu stellen. Das führt zu einer Fülle weiterer Folgerungen. Die Behörde ist nach richtiger Auffassung gehalten, dem Bürger bei einer ihn belastenden Maßnahme über das einschlägige Rechtsmittel zu belehren. Zulässig ist der Rechtsweg schon dann, wenn der Kläger schlüssig *behauptet,* in seinen Rechten durch die öffentliche Gewalt verletzt zu sein — ob es der Fall ist, soll die Prüfung im Rechtsweg ergeben. Diese Prüfung erstreckt sich, mindestens in der Eingangsinstanz, gebotenermaßen auf die Sach- und die Rechtslage. Das Gericht auf eine Kontrolle der reinen Rechtsfrage zu beschränken hieße den Rechtsweg verkrüppeln[5]). Verfassungsrechtliche Bedenken wurden deshalb laut, als § 5 Abs. 1 des Bauland-Beschaffungsgesetzes von 1953 bestimmte, die Enteignung (für Baulandzwecke) sei „nur zulässig, wenn nach pflichtgemäßem Ermessen der Enteignungsbehörde der Nachweis erbracht ist, daß der Antragsteller sich ernsthaft, aber erfolglos um den freihändigen Erwerb von geeignetem Gelände (zu einem den amtlichen Richtlinien entsprechenden Preis) bemüht habe". Denn in der juristischen Fachsprache heißt das, daß die Enteignung zwar „nur" dann, aber bejahendfalls *uneingeschränkt* dann zulässig sein soll, wenn die Behörde die bezeichneten Voraussetzungen für dargetan erachtet. Das Gericht des Enteignungsprozesses wäre für diese Frage also an die tatsächliche Feststellung nach dem „Ermessen" der Verwaltungsbehörde gebunden. Das ist unzulässig — wie denn jeg-

3) Betr.Ber. 1955, 1121.

4) NJW 1959, 351.

5) Im Rechtsmittelzug ist daher auch nur die 3. Instanz auf die Nachprüfung von Rechtsfragen beschränkt, als „Revision" (im französischen Rechtskreis: „Kassation") im Gegensatz zur Berufung, die die 2. Instanz eröffnet und dort den Streit nach der tatsächlichen und der rechtlichen Seite neu erörtern läßt.

liche Vorschrift in früheren Gesetzen, wonach die Verwaltungsbehörde in diesen oder jenen Fällen „endgültig entschied“, einfach ungültig geworden ist.

Eines freilich gewährleistet Art. 19 Abs. 4 nicht: den Rechtsweg in Gestalt eines mehrstufigen Instanzenzuges. Es genügt, wenn „ein“ Richter zur Kontrolle der öffentlichen Gewalt angerufen werden kann. Ob gegen dessen Spruch Rechtsmittel an höhere Gerichte eröffnet sein sollen, ist Sache der Gesetzgebung. Aber dieser „eine“ Richter muß immer[6]) zur Verfügung stehen, und wäre es der des ordentlichen Rechtsweges, wenn kein anderer gegeben ist. Das ist verschiedentlich praktisch geworden. Einem Apotheker wurde im Entnazifizierungswege die Konzession entzogen. Er behauptete Ungesetzlichkeit der Maßnahme; da der Verwaltungsrechtsweg in Entnazifizierungssachen (vor Inkrafttreten des GG) vorsorglich ausgeschlossen worden war, erschloß das Oberlandesgericht Hamburg[7]) dem Apotheker auf Grund von Art. 19 Abs. 4 Satz 2 den Rechtsweg vor den ordentlichen Gerichten, um ihn gegen die Konzessionsentziehung sich wehren lassen zu können.

3.

Rechtsweg bedeutet Gerichtsweg. Gerichtsweg bedeutet von seinen Ursprüngen her Formenreichtum und Formenstrenge. Der Reichtum macht die Strenge erträglich; aber gerade die Strenge ist um des Rechtsstaats im Gericht willen vonnöten. Die Anwaltschaft weiß, um wieviel rechtsstaatlicher ein Prozeß in den gesetzlichen Formen des Terminzwanges, der nach gemessenen Regeln ablaufenden mündlichen Verhandlung[7a]) und des

---

[6]) Ob es nicht dennoch einen Bereich sogenannter justizfreier Hoheitsakte gebe, ist Gegenstand langjährigen Streites. Daß es sie gibt und geben muß (Akte der Kommandogewalt!), wird sich im Ernst nicht bezweifeln lassen. Der innerparlamentarische Hoheitsbereich, als nicht justiziabel, ist in anderem Zusammenhang bereits begegnet. Zu ihm gehört z. B. auch die Entscheidung über Gewährung oder Versagung der Abgeordnetenimmunität. Die Gewährung der Immunität kann den durch eine Straftat des Abgeordneten Geschädigten in der Verfolgung seiner Rechte nachhaltig treffen. Der Bayerische Verfassungsgerichtshof ließ ursprünglich die Verfassungsbeschwerde zu, zog sich aber schon 1952 davon zurück und sprach sich für die gerichtsfreie Autonomie des Parlaments auch in Immunitätsfragen aus (zitiert nach: ZBeamtR 1956, 203).

[7]) DVBl. 1952, 696.

[7a]) Was die Mündlichkeit des Verfahrens für den Rechtsstaat bedeutet, mag folgende selbst erlebte Episode beleuchten. Um die Zeit des Dritten Reichs war der Verfasser als Assessor in der Präsidialabteilung eines Oberlandesgerichts tätig und hatte dort die Prozesse des Justizfiskus, soweit sie in den Geschäftsbereich des Oberlandesgerichtspräsidenten fielen, zu bearbeiten. In einer dieser Prozeßsachen, in der der Justizfiskus verklagt war und die eine für ihn ungünstige Wendung zu nehmen schien, kam es dringend darauf an, den vor der

gesprochenen Urteils verläuft, verglichen mit der Formlosigkeit des Beschlußverfahrens, wo das Gericht im anonymen Aktenbetrieb sich verbirgt, Erhebungen und Anhörungen schriftlich durchführt und irgendwann seine beschlossene Entscheidung den Beteiligten zustellen läßt. Nicht von ungefähr ist das Rechtsmittel im gerichtlichen Beschlußverfahren nicht die Berufung oder die Revision, sondern die Beschwerde, die schon ihren Namen der Sphäre exekutivischen Denkens entlehnt. Der Zug der Zeit begünstigt allerdings den „legèren" Weg. Es ist kennzeichnend, daß neue Rechtsmaterien mit Vorliebe beschlußförmig prozediert werden. Möglicherweise ist die Entwicklung schon wieder rückläufig. Gewisse Ansätze dafür sind vorhanden. Das Bundes-Entschädigungsgesetz von 1953 beispielsweise hat die Wiedergutmachung für die Opfer der nationalsoziali-

Zivilkammer des Landgerichts anstehenden Termin vertagen zu lassen. Der Verfasser äußerte gegenüber seinem vorgesetzten Präsidialrat Zweifel, ob der Vertagungsantrag durchgehen werde. Dieser erwiderte kurzerhand: „Dann lassen wir der Zivilkammer die Akten durch den Landgerichtspräsidenten wegnehmen. Alle Gerichtsakten gehören ja uns (der Justizverwaltung), und ohne die Akten kann die Kammer eben nicht verhandeln." Die Prämisse war richtig, die Folgerung falsch. Gewiß „gehört" alles Aktenmaterial dem Staat, der für den Bereich der Justiz das Verfügungsrecht durch die Justizverwaltung ausüben läßt. Aber das Gericht kann, wenn es darauf ankommt, auch ohne Akten verhandeln. Der Vorsitzende kann, ganz wie die Prozeßordnung das im Prinzip vorsieht, die Anwälte auffordern, den Streitstoff nach der tatsächlichen und der rechtlichen Seite erschöpfend vorzutragen, und zwar einschließlich der Ergebnisse einer etwaigen Beweisaufnahme: wenn so vorgetragen, streitig verhandelt und daraufhin entschieden wurde, hätte die Gesetzmäßigkeit des Verfahrens nicht den mindesten Zweifel gelitten. Nicht die Akten sind das Wesentliche, sondern der Inbegriff der mündlichen Verhandlung, die durch die Schriftsätze der Anwälte lediglich vorbereitet wird. Auch im Strafverfahren sind nicht die Ermittlungsakten das Entscheidende — spiegeln ihre Protokolle doch größtenteils eine Welt, wie sie sich in den Köpfen von Gendarmen darstellt —, sondern ausschließlich die Ergebnisse der Hauptverhandlung.

Die Befugnis der Justizverwaltung, dem erkennenden Gericht die Akten „wegnehmen zu lassen", wäre im Rechtsstaat ohnedies zu verneinen. Denn jede intendierte Behinderung der Rechtsprechungstätigkeit ist ein Eingriff in die Unabhängigkeit der Rechtspflege. Nichts anderes wäre es, wenn die Justizverwaltung als Eigentümer der Justizbaulichkeiten durch den Gerichtspräsidenten einer Abteilung des Gerichts, die einen mißliebigen Prozeß zu verhandeln hat, die Sitzungssäle sperren ließe (ein selbstbewußter Vorsitzender würde in solchen Fällen einen Saal am Ort auf Kosten der Staatskasse anmieten). In der Strafjustiz ist das Einfordern von Akten durch das Justizministerium ein beliebtes obrigkeitsstaatliches Mittel gewesen, auf kaltem Wege gerichtliche Verfahren mit politischem Einschlag der Versenkung zu überantworten. Bismarck hat in seinen „Gedanken und Erinnerungen" (Cottasche Ausgabe 1898, Bd. I S. 6) einen solchen Fall erwähnt. Wieviele mögen vorher, wieviele nachher in ähnlicher Weise gelaufen sein?

stischen Verfolgung wieder der Form des klassischen Zivilprozesses unterstellt.

Zu den der rechtsprechenden Gewalt eigentümlichen Formen gehört auch eine gewisse Förmlichkeit der Sprache. Sie hat nun allerdings mit dem, was man Juristendeutsch nennt, nichts zu tun. Juristendeutsch ist eine Unart des Stils. Seine viel und mit Recht gescholtenen Kennzeichen: Bandwurmsätze, Blutlosigkeit des Ausdrucks, subalternes Beharren auf einem gespreizten Kurialstil aus den obrigkeitsstaatlichen Kanzleien im einzelnen darzulegen ist hier nicht der Ort. Die Sprache der Gesetze und der Gerichte kann alle diese Unarten ablegen. Aber sie würde ihrem Geist strenger Gehaltenheit entfremdet, wollte man von ihr verlangen, daß sie um jeden Preis volkstümlich sein müsse. Sie soll von ihrem Gegenstand her verständlich sein; Verständlichkeit und Volkstümlichkeit ist nicht dasselbe. Das Recht ist eine Kulturerscheinung im Reich des Geistes. Es hat noch niemand erwartet, die Medizin, die Physik, die Theologie müßten sich einer dem Mann auf der Straße eingehenden Ausdrucksweise bedienen. Man wird entgegenhalten, das Recht habe eine andere und besondere Affinität zur Sprache, weil es, anders als das Sittliche (und mit Ausnahme des Naturrechts), nur im geformten Befehl existent sei. Das ist richtig, und insofern muß es seine Befehle in eine Form kleiden, die bei denjenigen verstanden wird, an die diese Befehle sich jeweils wenden. Eine Verordnung, die bestimmte Ausnahmen vom Verbot der Fremdstoffverwendung in der Lebensmittelindustrie festsetzt, ein Urteil über die Schadensersatzpflicht aus falschem Manövrieren von Schiffen bedingen einen anderen Grad von Verständlichkeit als das Strafgesetzbuch oder ein Urteil über die Rückzahlung eines Darlehens. Gewollte Volkstümlichkeit der Sprache im modernen Recht einer hochzivilisierten Nation ist dagegen nur selten von Nutzen, meist ein bedenklicher Fehlschlag. Das Reichserbhofgesetz von 1933 hat das zum Greifen demonstriert. Seine „markige" Diktion machte im Laufe von zehn Jahren nicht weniger als dreizehn teils ergänzende, teils klarstellende Verordnungen erforderlich. Gesetze müssen nun einmal mit einem Mindestmaß an Worten — denn nichts kommt ihnen mehr zu als rationale Knappheit — ein Höchstmaß an inhaltlicher Präzision, d. h. an Aussagekraft für alle denkbaren und einzubegreifenden Fälle verbinden. Hier fordert jedes Wort sein genaues Nicht-zuviel und Nicht-zuwenig. Dem wiederum muß die Ausdruckswahl in den gerichtlichen Entscheidungen entsprechen. Nur da, wo der Richter beim Niederschreiben seiner Entscheidung sich selbst prüft, indem er über jedes der von ihm zu beachtenden gesetzlichen Merkmale Rechenschaft ablegt, ist der Rechtsstaat in guten Händen. Seine Sprache hat die letzte Kongruenz mit der Sprache der objektiven Rechtsordnung anzustreben.

Dazu ein Beispiel. Der Eröffnungsbeschluß, der auf Anklage wegen Diebstahls hin ergeht, lautet, daß der Angeschuldigte hinreichend verdächtig sei, „eine fremde bewegliche Sache eines anderen in der Absicht weggenommen zu haben, sie sich rechtswidrig zuzueignen". Die Formel ist vom Gesetz vorgeschrieben. Sie wirkt unbestreitbar steif. Aber sie ist notwendig, soll einem rechtsstaatfeindlichen Aufweichen des Straftatbestandes vorgebeugt werden. Zunächst das Merkmal der „Sache“: der sogenannte Diebstahl geistigen Eigentums ist nicht Diebstahl im Sinne des Strafgesetzbuchs; er wird nach anderen Vorschriften — und auch dort nur auf Antrag des Verletzten — geahndet (§ 69 PatGes., § 44 LitUrhGes., § 32 KunstUrhGes.). Eine „bewegliche“ Sache muß es sein: wer während der Auslandsreise seines Nachbarn von dessen Garten sich ein Stück wegnimmt und einzäunt, begeht keinen Diebstahl (die Eigenmacht liegt zutage; natürlich muß sie rückgängig gemacht, u. U. Schadensersatz geleistet werden). Die Sache muß für den Täter eine „fremde“ sein; wer seine eigene Sache in diebischer Absicht bei einem anderen wegnimmt in der irrigen Meinung, sie gehöre jenem, begeht höchstens einen versuchten Diebstahl. Die Absicht der Zueignung muß gegeben sein: wer die Sache bloß wegnimmt, um sie widerrechtlich zu benutzen, sie aber nachher wieder an ihren Platz zu stellen, ist nicht Dieb; sein Tun zieht möglicherweise Rechtsfolgen außerhalb des Strafrechts nach sich. Wäre also etwas damit gedient, wenn man die obige Formel ersetzen wollte durch eine weniger strenge, etwa die, daß der Angeschuldigte hinreichend verdächtig sei, „gestohlen zu haben“? Die Erinnerung an die Zeit des Dritten Reichs schreckt zur Genüge, als nach gesundem Volksempfinden angeklagt und bestraft werden konnte, sobald der Wortlaut des Strafgesetzbuchs nicht mehr genau zu passen schien.

Man darf nicht vergessen, daß die große rechtsstaatliche Bewegung des vorigen Jahrhunderts das Fortschreiten zur freien richterlichen Beweiswürdigung und Wahrheitsfindung mit institutionellen Bindungen der Form gesichert und beschwert hat. Dazu gehören Öffentlichkeit — und Mündlichkeit — der Verhandlung, Unmittelbarkeit der Beweisaufnahme, Sperrbefugnisse der Beteiligten durch förmliche Antragsrechte zum Verfahren, Beeidigungszwang, Formalisierung des Sitzungsprotokolls und Sicherung des Zugehens aller gerichtlichen Verfügungen durch genaueste Vorschriften über das Zustellungswesen. Im Bilde des öffentlichen Dienstes hat nichts so scharfe Kontur durch Gesetze für Organisation und Verfahren wie die Gerichtsbarkeit. Noch das Rechtspflegergesetz, die in dieser Art einzigartige Grundlage für den gehobenen mittleren Dienst in der ordentlichen Justiz, ist Teil davon. Eine gewisse solenne Feierlichkeit sollte auch in unseren Tagen der Ausdruck habitueller Gebundenheit des Rechtsweges bleiben. Die anstößige Dürre der Formen in der preußischen Justiz seiner Zeit hat schon Ludwig v. Gerlach beklagt, der Nationalsozialismus sie auf seine Weise unter propagandistischem Mißbrauch echten Formwillens zu beleben versucht. Eine Große Justizreform könnte auch hier manches nachholen lassen.

4.

„Die rechtsprechende Gewalt ist den Richtern anvertraut“, sagt das GG in Art. 92. In dieser auch sprachlich schönen Wendung klingt ein den deutschen Verfassungen bisher unbekannter Ton an. Es ist die institutionelle Einsetzung des Richteramtes, als des an ein vorgegebenes Persönlichkeitsbild gebundenen. Der Parlamentarische Rat hatte bei der Beratung des GG den Volksrichter östlichen Typs vor Augen. Er wollte den im Geist universaler Freiheit und akademischer Tradition herangebildeten Richter, wie er ihn vorfand, den Richter aus Beruf und Berufung. Aber er wollte ihn zugleich stärker als in der Vergangenheit demokratisch legitimiert sehen. Hierüber hat das GG durch die Bestimmungen über die Richterwahl (Art. 95, 96, 98) Vorsorge getroffen.

Die Entscheidung des GG für den rechtsgelehrten Richter gewinnt vor dem Hintergrund jahrhundertealter Anfeindungen doppelt an Gewicht. Denn diese Angriffe sind so alt, wie es rechtsgelehrte Richter in Deutschland überhaupt gibt, d. h. seit der Rezeption des römischen Rechts. Der rechtsgelehrte Richter war ursprünglich der im Dienst des Landesherrn stehende fürstliche Rat. Das Rechtsprechungsmonopol in seiner Hand zu brechen wurde eines der Hauptziele der Aufständischen in den Bauernkriegen. So unklare Vorstellungen sich mit diesem Ziel verbanden, ist die Gerechtigkeit der Geschichte dennoch an ihm nicht vorübergegangen. Mit der Einführung des Laienbeisitzers im Gericht hat sich eine gewisse Rückwendung zu den Formelementen germanisch-mittelalterlicher Rechtspflege vollzogen. Die im Jahre 1848 eingeleitete Bewegung dauert noch an. Damals haben Schöffen und Geschworene für die Strafrechtspflege den Anfang gemacht; seit 1863 folgten mit der Einrichtung der Laienbeisitzer die Verwaltungsgerichte, 1879 die Kammern für Handelssachen bei den Landgerichten, 1902 die Seemannsämter, 1919 die Finanzgerichte, 1926 die Arbeitsgerichte, 1933 die Gerichte in Landwirtschaftssachen, 1953 die Sozialgerichte — nicht zu erwähnen gerichtliche Einrichtungen temporären Charakters wie Mietschöffengerichte, Kammern für Wertpapierbereinigung u. ä. Auch dieses Moment einer Demokratisierung der Rechtspflege wird vom GG selbstverständlich, wenngleich unausgesprochen bejaht.

Den vielfältigen Nutzen der Beteiligung von Laien kann niemand bestreiten, der als Richter in der Beratung die Bereicherung und Kontrolle seines Urteils durch die Beisteuer verständiger Gedanken aus nichtjuristischem Munde hat erfahren dürfen. Wie unabweisbar aber der Primat des rechtsgelehrten Berufsrichters bei alledem bleibt, hat das Experiment einer reinen Laienrechtsprechung, das der südwestdeutschen Friedensrichter, erst unter dem GG vor Augen geführt. Die Gemeinde-Friedensgerichte in Württemberg-Baden judizierten unter dem Vorsitz des örtlichen Bürgermeisters. Sie entschieden in bürgerlich rechtlichen Streitigkeiten bis zum Streitwert von 150,— DM, und in Strafsachen über Anklagen wegen Übertretungen einschließlich Verkehrsübertretungen, Beleidigung, Hausfriedensbruch, Körperverletzung, unlauteren Wettbewerbs, Verletzung geistigen Eigentums (!). Schon bei den Rechtskenntnissen haperte es bedenklich.

Jeder Kundige weiß, daß selbst Zivilklagen mit unbedeutendem Streitobjekt, etwa kleinere Abzahlungskäufe, die schwierigsten rechtlichen Verwicklungen bergen können, z.B. wenn eine Vollmacht, eine Abtretung hineinspielt oder über Ehegüterstandsfragen zu entscheiden ist. Wurde vom Friedensgericht der Ausweg des Vergleichsvorschlages gewählt, so standen die Rechtssuchenden nicht selten unter dem Druck sachfremdester Überlegungen, wie der, daß es nicht ratsam sei, sich das Wohlwollen des Ortsgewaltigen durch Ablehnung des Vorschlages zu verscherzen. Vollends wurde über die Handhabung der Strafgewalt geklagt. Bei Verkehrsübertretungen konnte der Einheimische nicht selten auf ein zugedrücktes Auge hoffen (für den Bürgermeister eine Frage der Chancen für seine Wiederwahl), während man Fremden gegenüber um so schärfer durchgriff. Die Einrichtung der Gemeinde-Friedensgerichte ist inzwischen durch das Bundesverfassungsgericht für nichtig erklärt[8]). Ihr Scheitern macht anschaulich, was das Vorhandensein des rechtsgelehrten, in geistiger Tradition stehenden Berufsrichtertums für die Rechtspflege bedeutet. Es bedeutet Sachkunde und Distanz. Es bedeutet die Fähigkeit zur Zusammenschau gleichliegender und verwandter Fälle unter einheitlichen Gesichtspunkten, zur Scheidung der Tatbestände nach ihrem wirklichen und nur scheinbaren Gleichgelagertsein. Es bedeutet selbstkritische Haltung und wissenschaftlich geschulten Blick für die Interdependenz der Rechtsnormen, für die Grenze ihrer Anwendbarkeit und ihren sinnerfüllten Vollzug. Wenn Gerechtigkeit bedeutet, daß Gleiches mit gleichem Maße gemessen werde, dann erfordert sie bei dem, der sie als Richter üben soll, nicht zum geringsten eine Könnerschaft der Methode, ein Vertrautsein mit allem, was Rechtsgeschichte, Rechtsphilosophie, Naturrecht hierzu beizutragen haben. Die an anderer Stelle hervorgehobene Vielschichtigkeit der gegenwärtigen Rechtsordnung ist anders als durch den rechtsgelehrten Juristen ohnedies nicht mehr zu bewältigen. Damit schlägt sich auch der Hinweis auf den Friedensrichter in England oder den Kantonsrichter in der Schweiz, die beide Laien sind. Sie stehen in der Überlieferung eines zum guten Teil weistumsartigen, nicht kodifizierten Rechts; dazu in einem Gemeinwesen, welches den Obrigkeitsstaat nicht gekannt hat und in dem daher der angesehene Bürger Gemeinsinn und Unabhängigkeit des Urteils von Haus aus mitbringt. Im übrigen können auch sie des rechtskundigen Beistandes durch den „Gerichtsschreiber“ (in der Schweiz) und den clerk (in England) nicht entbehren.

Das Berufsbild des rechtsgelehrten Richtertums fixiert das GVG und nunmehr das Richtergesetz seit nahezu 80 Jahren unverändert an das Bestehen zweier Prüfungen, genauer: an die viergespaltene Voraussetzung

[8]) schon wegen Verstoßes gegen den Grundsatz der Gewaltenteilung (BVerfGE 10, 200).

von mindestens sechssemestrigem (jetzt siebensemestrigem) Studium, Referendarexamen, dreieinhalbjähriger Referendarausbildung und großer Staatsprüfung. Nicht mehr und nicht weniger wird zum Besitz der sogenannten Richteramtsfähigkeit gefordert. Über das Mechanistisch-Unzulängliche dieser Regelung sind die Einsichtigen sich längst im klaren. Mindestalter und praktische Bewährung im öffentlichen Leben außerhalb der Gerichtsbarkeit als weiterer Befähigungsnachweis sind oft debattiert. Mit Nutzen durchsetzbar wäre er nur da, wo der Richter wirtschaftlich über den gegenwärtigen Beamtenstand hinausgehoben würde (was ohne die Große Justizreform nicht zu verwirklichen): wer sich in jüngeren Jahren durch Tüchtigkeit bereits eine ansehnliche Position geschaffen hat, wird wenig geneigt sein, in einen mäßig bezahlten Richterdienst einzutreten; das Ergebnis wäre eine Gegenauslese nach dem Mittelmaß. Anzustreben bleibt allerdings, die Bewährung im richterlichen Dienst vor der Anstellung als Richter künftig unabdingbar zu machen. So selbstverständlich das klingt, so häufig ist hiergegen in der Vergangenheit gesündigt. Gesündigt namentlich von den Fachministerien für die Sonderzweige der Gerichtsbarkeit, wenn es galt, Angehörige der Ministerialbürokratie auf Präsidenten- oder sonstige Spitzenposten der Gerichte zu setzen. Es ist eine bedenkliche Nichtachtung der rechtsprechenden Gewalt, aber auch eine Verkennung der Würde des Richteramtes, wenn man glaubt, einen Beamten, und sei er der bestqualifizierte, von heute auf morgen dadurch zum Richter zu „machen", daß man ihm sozusagen den Talar umhängt. Richterliches Ethos, innere Unabhängigkeit und Hochgefühl des Standes wollen ihre Zeit, um zu wachsen und zu reifen — wer Jahre oder Jahrzehnte seines Berufslebens in der beamteten Hierarchie gestanden hat und von da her gewohnt gewesen ist, die Interessen der Verwaltung zum Maßstab seines dienstlichen Handelns zu nehmen, muß jener allerersten Eignung für das Richteramt notwendig entbehren. Ganz zu schweigen von dem sich aufdrängenden Argwohn, als wolle das Ministerium mit einer solchen Besetzungspolitik eine von ihm gewünschte Linie bei dem so besetzten Gericht durchdrücken. Das Richtergesetz hat im Grundsatz eine dreijährige Bewährung im richterlichen Dienst vor der Anstellung oder Übernahme als Richter obligatorisch gemacht. Für den Außenseiter aus anderen juristischen Berufen hat es die Spanne der Bewährung auf ein Jahr verkürzt. Aber es hat die damit aufgerichteten Mindestanforderungen, den Wünschen der Kabinette nachgebend, durch eine Prominentenklausel wieder durchlöchert. Mit dieser bedauerlichen Halbheit ist es in die Ära seiner Geltung eingetreten.

5.

Für die Berufung in das Richteramt rückt das GG die Richterwahl in den Vordergrund. Die Richter am Bundesverfassungsgericht, am Obersten

Bundesgericht und an den oberen Bundesgerichten müssen gewählt werden; die auf die Wahl folgende Ernennung ist lediglich ein statusrechtlicher Formalakt. Den Ländern hat das GG die Einführung der Richterwahl für die Richter im Landesdienst freigestellt. Wo das nicht geschehen ist[9]), herrscht noch das alte System der Auswahl und Ernennung durch die Ministerialinstanz.

Eine dritte Möglichkeit, die Selbstergänzung der Richterschaft durch Zuwahl (Kooptation), muß nach dem Sinn des GG ausscheiden. Sie würde zu einer Verkastung der Richterschaft führen und die Legitimation der rechtsprechenden Gewalt vom Volk her in Zweifel ziehen. Noch in der Beschränkung auf Beförderungen wäre ein solches Selbstbestimmungsrecht der Richterschaft abzulehnen; es wäre gleichbedeutend mit Herrschaft der Anciennität. Ein Mitspracherecht des Richterstandes in den Fragen seiner eigenen Ergänzung ist dessen ungeachtet natürlich wünschenswert. Ganz allgemein geschieht es seit jeher im Prüfungswesen, da zum mindesten bei der zweiten Staatsprüfung, dem Assessorexamen, als Prüfer überwiegend Richter beteiligt sind. Für die spätere Anstellung werden Beurteilungsunterlagen benötigt; die entscheidenden davon werden wiederum von Richtern erstellt, nämlich von den Kammervorsitzenden, deren Kammer der Richteramtsbewerber in seiner Probezeit zugeteilt gewesen ist. Endlich sieht das Richtergesetz für die Verleihung einer jeden Beförderungsstelle die gutachtliche Beteiligung von sogenannten Präsidialräten aus der Richterschaft vor. Über diese Neuerung wird unten auf Seite 167 Näheres und Kritisches zu sagen sein.

Die verbleibende Alternative: Richterwahl oder Richterernennung, steht noch im Brennpunkt der Diskussion.

Die Richterwahl im Bund ist eine getreue Spiegelung der einander durchdringenden Verfassungsgrundkräfte, von denen der Richter für die Berufung in die rechtsprechende Gewalt des Bundes getragen sein soll. Demokratismus und Föderalismus sind hier in einem kunstvollen Gleichgewicht berücksichtigt. Beim Bundesverfassungsgericht wird die eine Hälfte der Richter von einem Wahlmännergremium des Bundestages, in dem die Fraktionen nach ihrem Stärkeverhältnis vertreten sind, und die andere Hälfte vom Bundesrat gewählt. Jeder Wahlgang erfordert eine Zweidrittelmehrheit der abgegebenen Stimmen; die Opposition hat also eine gewichtige Sperrminorität, ein Punkt, den die SPD noch bei der Novelle zum Gesetz über das BVerfGer. (1956) nachdrücklich und mit Erfolg gegenüber Änderungswünschen der damaligen Bundesregierung verteidigt hat. Für die Wahl der Richter an den oberen Bundesgerichten tritt ein Richterwahlausschuß zusammen. Er besteht zur Hälfte aus Vertrauensleuten der Parteien des Bundestages, abermals nach dem Verhältnis

[9]) Richterwahl kennen von den Ländern bisher nur Berlin, Bremen, Hamburg und Hessen.

der Fraktionsstärke, und zur anderen Hälfte aus den Ressortministern[9a]) der Länder für den jeweiligen Gerichtszweig, dessen oberes Bundesgericht durch die Wahl ergänzt werden soll. Anders als bei der Wahl für das Bundesverfassungsgericht genügt hier die einfache Mehrheit der abgegebenen Stimmen.

Die Richterwahl hat den Vorzug, die Legitimation des richterlichen Amtes vom Volk — und, im Bundesstaat, von den diesen konstituierenden föderalen Kräften — unübertreffbar sinnfällig zu machen. Doch sind ihre Schattenseiten leicht zu ermessen. Sie birgt die Gefahr des konfessionellen, landsmannschaftlichen, parteipolitischen, gesellschaftlichen Proporzes. Diese Gefahr hat auch das GG nicht ausschalten können. Bei der Besonderheit der Wahlen zum Bundesverfassungsgericht haben Mißdeutungen solcher Art dazu geführt, daß längere Zeit das Gerede von einem „schwarzen" und einem „roten" Senat nicht verstummen wollte. Auch bei den Wahlen zu den oberen Bundesgerichten sind Fehlgriffe selbst von berufener Seite zugegeben worden. Noch weniger scheinen Erfahrungen aus den USA, zum Teil auch schon aus der Schweiz zugunsten der Richterwahl zu sprechen. Man könnte ihre Mißlichkeiten dadurch mildern, daß man in das Wahlgremium Richter delegierte, in der klassischen Form (Bremen 1854 bis 1935) zu gleicher Stärke wie die Mitglieder aus dem Parlament und der Exekutive. Aber dadurch würde das Hauptbedenken nicht entkräftet, dessen Grund in der Verschleierung der personalpolitischen Verantwortlichkeit liegt.

Denn das eine bleibt richtig: die Berufung in das Richteramt ist ein politischer Akt, ein Akt, der für sein Teil Gesicht und Stil der rechtsprechenden Gewalt im Staat bestimmt. Die Verantwortung für diesen politischen Akt kann nur ein Minister tragen, der die Ernennung nicht nur vollzieht, sondern über sie maßgeblich entscheidet. Die Frage nach der Legitimation des Richters vom Volke her läßt sich durchaus auch dann bejahen, insofern der ernennende Minister seinerseits der Volksvertretung verantwortlich ist. Im übrigen hat sich, solange in Deutschland parlamentarische Regierungsformen bestehen, jedenfalls in der Justiz gezeigt, daß bei der Berufung in die Eingangsstellen der Richterlaufbahn für den Minister kaum je andere als sachliche Gesichtspunkte eine Rolle zu spielen pflegen. Diese Eingangsstellen — Amtsgerichtsrat, Landgerichtsrat — sind ja auch weniger attraktiv. Im ganzen, so scheint es, ist die Ernennung durch den Minister immer noch der verhältnismäßig gangbarste Weg, um zu einem in der Breitengliederung homogenen, nach fachlichen und menschlichen Gesichtspunkten im großen und ganzen verantwortlich ergänzten Richterkörper zu gelangen.

[9a]) Wer das ist, darüber siehe im 1. Kapitel des 4. Abschnitts. Der zuständige Ressortminister des Bundes führt im Ausschuß den Vorsitz; er hat kein Stimmrecht.

4. Kapitel

Verfassungsschutz und Verfassungsgerichtsbarkeit

1.

Von Hughes, dem verstorbenen Präsidenten des Supreme Court der USA, stammt das Wort: „We are under a Constitution, but the Constitution is what the judges say it is." Ein Mitglied des Bundesverfassungsgerichts kommentierte die zu dem Urteil im Fernsehstreit hinführende Rechtsprechung des Gerichts dahin, „es könne kein Zweifel sein, daß der abstrakte Bundesstaatsbegriff des BVerfGer. hintergründig die Interpretation der durch das GG geschaffenen konkreten Verfassungsordnung beeinflusse". Das zweite klingt wie eine deutsche Version des ersten, gewendet auf einen deutschen Präzedenzfall. In beiden wird ein Grundzug der Verfassungsgerichtsbarkeit angerührt.

Das GG hat das Bundesverfassungsgericht[1]) als Teil der rechtsprechenden Gewalt verstanden. Ganz so selbstverständlich, wie es scheint, war das nicht. Denn die Verfassungsgerichtsbarkeit der Bundesrepublik ist von jeder anderen Gerichtsbarkeit deutlich abgehoben. Sie übt nicht nur Jurisdiktion. In ihre Hand ist die Gesetzeskontrolle und der oberste politische (im Gegensatz zum strafrechtlichen) Verfassungsschutz gelegt. Noch der Staatsgerichtshof der WRV hielt sich innerhalb reinen Richtens. Er entschied Streitigkeiten zwischen „Staaten", zwischen den verschiedenen innerdeutschen Ländern oder zwischen dem Reich und einem Land; organisatorisch war er dem Reichsgericht angegliedert; seine Entscheidungen vollstreckte der Reichspräsident. Das BVerfGer. dagegen ist selbständiges oberstes Verfassungsorgan. Als solches steht es gleichrangig neben dem Bundespräsidenten, dem Bundestag, dem Bundesrat, der Bundesregierung[2]). Seine Funktionen sollen, darüber scheint man sich bisher einig zu sein, auch im Fall des Staatsnotstandes unberührt bleiben[2a]). Es ist der „Hüter der Verfassung", die es authentisch interpretiert und zu deren Interpretation es für nahezu jeden Verfassungskonflikt angerufen werden kann. Über die

---

[1]) Auf die Verfassungsgerichte in den einzelnen Bundesländern nach den Landesverfassungen braucht im folgenden nur soweit eingegangen zu werden, als sich in einzelnen Punkten Besonderheiten ergeben.

[2]) Das zeigt sich beispielsweise in den protokollarischen Formen seines amtlichen Schriftverkehrs (kein „Dienstweg" über den Bundesjustizminister), aber auch in der Selbständigkeit, mit der es seinen eigenen Etat zum Bundeshaushalt einbringt und ihn verwaltet.

[2a]) Erfahrungen in Österreich unter der Ära Dollfuß (1933) haben gelehrt, wie sehr ein Notstandsgesetzgeber versucht sein kann, ein ihm unbequemes Verfassungsgericht auszuschalten, und wie schnell ein seines arrêt de pouvoir beraubter Staat in eine autoritäre Regierungsform abgleitet.

Vollstreckung seiner Sprüche trifft es im Bedarfsfalle selbst Bestimmung. Einige von ihnen haben die Kraft des Gesetzes. Sie gelten für jedermann; ihr Entscheidungssatz wird im Gesetzblatt veröffentlicht. In dieser Form bestimmt ist das für die im Normenkontrollverfahren ergehenden. Ohnehin aber „binden die Entscheidungen des Bundesverfassungsgerichts", gesetzlicher Vorschrift zufolge, „die Verfassungsorgane des Bundes und der Länder sowie alle Gerichte und Behörden". Eine Bindung, wie kein anderes gerichtliches Urteil sie kennt, über den konkreten Streitgegenstand hinausgehend, in den allgemeinen Erkenntnissen, deren tragenden Prämissen und deren formulierten Folgerungen. Die Tragweite der Vorschrift zu fassen mag dem Juristen gewisse Schwierigkeiten bieten. Doch überhebt sie selbst sich mehr und mehr ihrer eigenen Notwendigkeit. Alle Spruchtätigkeit des BVerfGer. im Bewahren des GG äußert aus sich heraus eine natürliche und überragende Autorität, die kein Träger des öffentlichen Lebens würde in Zweifel ziehen dürfen, will er sich nicht dem Vorwurf des Ungehorsams gegenüber dem Geist der Verfassung aussetzen: sie ist das, was die Verfassungsrichter von ihr sagen, daß sie sei.

2.

Die Größe der Aufgabe läßt den Gedanken innehalten. Denn die Verfassung ist ein Lebendiges, ein System von Wertvorstellungen und Ordnungsprinzipien, dem sich die politischen Gewalten zwar zu unterwerfen haben, das aber von dem Ringen dieser politischen Gewalten ein gut Teil seiner fruchtbaren Spannung zurückempfängt und das deshalb von der Resultante dieses Kräftepolygons nie ganz gelöst werden kann. Es hat seinen Grund, daß die Mehrheit der Bundesverfassungsrichter, im Gegensatz zu allen Maximen berufsrichterlicher Unabhängigkeit, auf beschränkte Dauer gewählt wird und daß die Amtsperioden der so Berufenen vermöge einer wohldurchdachten Staffelung der Wahltermine sich überlagern. Vertrautheit und Vertrautbleiben mit den politischen Strömungen der Zeit, aber auch ein ständig erneuerter Kontakt zu den anderen obersten Verfassungsorganen in ihrer wechselnden Konstellation gehört zur Lebensluft des Bundesverfassungsgerichts. Die Klage seines ersten Präsidenten darüber, daß der Gesetzgeber es „in die dörfliche Einsamkeit einer ehemaligen Residenzstadt verbannt habe", lieh dem beredten Ausdruck.

Unbeschadet dieses Exponiertseins ist dem BVerfGer. sein Status als des höchsten Trägers rechtsprechender Gewalt klar bezeugt. Die Befähigung zum Richteramt müssen alle Bundesverfassungsrichter besitzen (Außenseiter, Nur-Politiker dürfen also nicht berufen werden); drei von jeweils acht Mitgliedern eines jeden der beiden Senate werden aus der Richterschaft der oberen Bundesgerichte auf Lebenszeit gewählt. Die Freiheit des richterlichen Gewissens ist für den einzelnen Bundesverfassungsrichter in herausgehobenem Maße gesichert. Er hat das Recht des dissenting vote. Er kann jederzeit die Entbindung von seinem Amt beantragen. Er unterliegt keinem Disziplinarverfahren; nur das Plenum hat über die Integrität seiner Mitglieder zu wachen und gegebenenfalls seine Selbstreinigung zu vollziehen. Überliefert zu werden verdient, wie nachdrücklich das BVerfGer. seine Unabhängigkeit als Spruchkörperschaft gegenüber gelegentlichen ministeriellen Einmischungsversuchen zu verteidigen verstanden hat[3]).

Die Gefahr einer Politisierung der Verfassungsgerichtsbarkeit ist nichtsdestoweniger oft beschworen worden. Daß das BVerfGer. sie gebannt hat, kann nur ein getrübtes Urteil verkennen. Es möge genügen, auf die Urteile zur Ehegattenbesteuerung oder zum Fernsehstreit zu verweisen; sie sind gegen das von der Bundesregierung ins Feld geführte staatspolitische Interesse ergangen. Der Respekt vor den Entscheidungen des Gerichts ist denn auch beim Verlierenden seit langem guter Brauch. Was immer wieder zu Mißdeutungen führt, ist im Grunde etwas anderes. Es ist das Verfließen der Grenzen, jenseits deren das Politische aufhört, meßbar, judiziabel zu sein. Das ist namentlich in Fragen der Außenpolitik der Fall, wenn völkerrechtliche Verträge des Bundes zur Ratifikation den Weg des innerstaatlichen Gesetzgebungsverfahrens passieren müssen. Hier droht das BVerfGer. überfordert zu werden. Die Klage um die EVG-Verträge hätte die Gefahr erstmals evident gemacht, wenn sie nicht — das Gericht hatte in maßvoller Selbstbescheidung sich bis dahin auf Verfahrensstreitpunkte beschränkt — durch den Gang der Ereignisse gegenstandslos geworden wäre. Später, bei der Entscheidung über das deutsch-französische Saarstatut von 1954, bewies das BVerfGer. in einer hochpolitischen Frage eine immerhin glückliche Hand. Es billigte der Bundesregierung zu, daß im Verhandlungswege nicht mehr als das mit der Klage angegriffene Ergebnis (die Europäisierung der Saar unter Vorbehalt eines Plebiszits) sich habe erzielen lassen und daß diese Lösung, weil im Vergleich mit dem Zustand zuvor immer noch „näher am GG stehend“, jedenfalls für eine Übergangszeit tragbar sei[4]). Die Entscheidung ist sicherlich ein Zeugnis politischen Augenmaßes. Dennoch fragt sich, ob solche Rechtsprechung nicht bedenklich in die Nähe eines dezisionistischen Pragmatismus gerät. Ist es dem Recht überhaupt noch adäquat, Teilstücke einer außenpolitischen Gesamtkonzeption, für die der Bundeskanzler die verfassungsmäßige Verantwortung trägt, mit dem Mittel des Rechtsgangs herausbrechen zu wol-

---

[3]) Der Bundesjustizminister Dr. Dehler hatte (1952) in einem Telegramm dem BVerfGer. seine Mißbilligung wegen einer Plenarentscheidung ausgesprochen, durch die die Bundesregierung in einer schwebenden Verfassungsstreitsache sich für eine verfahrensrechtliche Vorfrage benachteiligt glaubte. Das Gericht wies durch seinen Präsidenten diese Rüge in würdiger Form zurück. Wiederholt hat sich derartiges seitdem nicht.

[4]) BVerfGE 4, 157.

len? Man beruft die Politisierung der Justiz: was man erreicht, ist die Juridifizierung der Politik. Das eine ist für den Rechtsstaat so tödlich wie das andere. Was eine justizförmige Korrektur des Ganges der Geschichte bewirkt, wenn sie zu richterlichen „Gestaltungen" greifen muß, hat die Entscheidung des Weimarer Staatsgerichtshofs im Konflikt Reich—Preußen aus dem Jahre 1932 ad absurdum geführt.

3.

Das BVerfGer. ist darin Gericht gleich allen anderen, daß es nur auf Anrufen tätig wird und daß es den ihm unterbreiteten Streitstoff nur insoweit entscheidet, als es darum angegangen ist. Mit der Abzugsfähigkeit von Spenden für politische Parteien ist es zweimal befaßt gewesen. Das erste Mal erhob eine Splittergruppe Verfassungsbeschwerde dagegen, daß die Bestimmungen der Einkommensteuer-Durchführungsverordnung die Abzugsfähigkeit nur bei Spenden zugunsten solcher Parteien anerkannte, die im Bundestag vertreten waren. Die Verfassungsbeschwerde hatte aus dem Gesichtspunkt der Verletzung des Gleichheitsgrundsatzes Erfolg; die Einschränkung wurde gestrichen[5]). Wenig später klagten mehrere sozialdemokratisch geführte Länderregierungen im Wege der abstrakten Normenkontrolle auf Feststellung, daß die Spendenabzugsfähigkeit in § 10b des Einkommensteuergesetzes als Ganzes verfassungswidrig sei, weil sie im Ergebnis die bürgerlichen Parteien begünstigte: auch dieser Klage wurde stattgegegeben[6]) und damit der Spendenabzugsfähigkeit ein Ende gemacht. Die Verfassungswidrigkeit der Einrichtung als solcher war eben im ersten Verfahren nicht Gegenstand des Streites gewesen.

Die Zuständigkeiten des Gerichts sind in einem gesetzlichen Katalog festgelegt. Zum überwiegenden Teil handelt es sich um eine Zusammenfassung seiner im GG verstreuten Kompetenzen. Ihnen fügt das Gesetz über das Bundesverfassungsgericht eine weitere, für die Praxis besonders bedeutungsvolle hinzu, die Verfassungsbeschwerde.

Beherrschende Mitte dieses vielgliedrigen Bereichs ist die Feststellung des Inhalts des GG im sogenannten Normenkontrollverfahren. Meinungsverschiedenheiten oder Zweifel über die Vereinbarkeit von Gesetzen („Normen") mit dem GG — oder über die Vereinbarkeit von Landesrecht mit Bundesrecht; denn „Bundesrecht bricht Landesrecht" — entscheidet das BVerfGer. auf Antrag der Bundesregierung, einer Landesregierung oder eines Drittels der Mitglieder des Bundestages. Diese Normenkontrolle heißt die „abstrakte", weil sie eines konkreten Anlasses nicht bedarf, sozusagen vorbeugend geschieht.

---

[5]) BVerfGE 6, 273.

[6]) BVerfGE 8, 51.

Die abstrakte Normenkontrolle ist sehr bald eine beliebte Waffe der politischen Opposition geworden. Mit ihr lassen sich Abstimmungsniederlagen im Parlament wettmachen; mit ihr kann man drohen, um gesetzgeberische Vorhaben der Regierung zu lähmen. Man hat solche Erscheinungen als Mißbrauch der Verfassungsgerichtsbarkeit hingestellt. Doch läßt sich entgegenhalten, daß es auch sonst an der Tagesordnung ist, gerichtliche Verfahren als Druckmittel um irgendwelcher verfahrensfremder Zwecke willen durchzuführen — jedem Zivilrichter ist das geläufig; wer den Rechtsschutz ohne Ansehen der Person und der Sache gewährt und seine Inanspruchnahme in das Belieben des Klägers stellt, darf die Klage nicht ihrer Motive zeihen. Übrigens sind bekannte Verfahren der abstrakten Normenkontrolle auch ohne parlamentarische Kampfsituation durchgefochten worden[7]).

Den Gegensatz zur abstrakten bildet die konkrete Normenkontrolle. Sie erfolgt aus Anlaß eines Einzelfalles, wenn dort Zweifel über die Vereinbarkeit der anzuwendenden Bestimmung mit dem GG aufgetaucht sind. Berechtigt, diese Frage an das BVerfGer. heranzutragen, sind nur Gerichte in einem gerichtlichen Verfahren. Glaubt eine Verwaltungsbehörde, Zweifel an der Verfassungsmäßigkeit eines Gesetzes zu haben, so mag sie solche Zweifel ihrer vorgesetzten Dienstbehörde unterbreiten; an deren Weisung ist sie gebunden[8]); äußerstenfalls haben Bundes- oder Landesregierung die Frage im abstrakten Normenkontrollverfahren abhängig zu machen. Dagegen ist jedes Gericht berechtigt, für sein Verfahren unmittelbar die Entscheidung des BVerfGer. einzuholen. Richter haben keiner anderen als richterlicher Interpretation zu gehorchen. Die Entscheidung über die Verfassungsmäßigkeit der Platow-Amnestie erging auf Vorlage durch die Strafkammer des Landgerichts Bonn, die Entscheidung über die Verfassungswidrigkeit des väterlichen Alleinvertretungsrechts in Kindesangelegenheiten auf Vorlage verschiedener Vormundschaftsgerichte, die Entscheidung über die Verfassungswidrigkeit rückwirkender Steuererhöhungen auf Vorlage des Finanzgerichts Düsseldorf. Vorzulegen braucht das Gericht nur, wenn es die Vereinbarkeit der Bestimmung mit dem GG verneinen will[9]); bejahen darf es, auch gegenüber aufgetretenen oder von

---

[7]) So die Klage um das Gesetz betreffend die Stiftung „Preußischer Kulturbesitz" (BVerfGE 10, 20) und die schon erwähnte Streitfrage der Abzugsfähigkeit von Spenden für politische Parteien.

[8]) Der Bundesfinanzhof hat entschieden (Betr.Ber. 1959, 364), die Finanzbehörden hätten nicht das Recht, Bedenken gegen die Verfassungsmäßigkeit von Steuergesetzen in eigener Machtvollkommenheit nachzugehen und die Vollziehung von Steuerbescheiden dieserhalb auszusetzen: es gibt keine „Normenkontrolle der Verwaltung". Doch ist die Frage im Schrifttum umstritten.

[9]) Und auch hier nur, wenn die Bestimmung nach Inkrafttreten des GG erlassen worden ist. „Vorkonstitutionelles" Recht fällt in keinem Falle unter die Vorlagepflicht. Die Entscheidung, ob solches Recht vor dem GG Bestand hält, hat das damit befaßte Gericht selbst zu treffen.

den Beteiligten aufgerührten Zweifeln, in eigener richterlicher Verantwortung.

Ein Seitenstück zur konkreten Normenkontrolle bildet endlich die sogenannte Organklage. Sie trägt ihren Namen daher, daß die Rechte und Pflichten eines obersten Bundesorgans streitig sind. Das Recht oder die Pflicht muß dem klagenden Organ durch das GG übertragen sein und der Streit auf die Auslegung des GG zurückgehen; die Klage muß Verletzung oder unmittelbare Gefährdung der Rechtsposition des Organs behaupten und deren Klärung notwendig machen. Zu den klageberechtigten Bundesorganen zählen übrigens auch ihre mit selbständigen Rechten ausgestatteten Teile, namentlich also die Fraktionen des Bundestages. Letzterer Fall wurde akut in der Organklage betreffend die Verfassungsmäßigkeit der Beschränkung der Redezeit im Bundestag (das BVerfGer. erkannte an, daß die Aufschlüsselung der Gesamtredezeit auf die Fraktionen nach ihrer Kopfstärke dem GG entspreche[10]). Organklage können aber auch die politischen Parteien erheben, ja sogar einzelne Abgeordnete, soweit es um ihren durch das GG gewährleisteten verfassungsrechtlichen Status geht; nicht dagegen bloße Abstimmungsmehrheiten oder -minderheiten. Es ist also nicht möglich, wie dies im Stadium der parlamentarischen Beratungen des EVG-Vertrages versucht worden ist, dem Werden eines Gesetzes durch „Organ"klagen von innerparlamentarischen Zweckgruppierungen vorzugreifen.

Als Staatsgerichtshof fungiert das BVerfGer. in Verfassungsstreitigkeiten zwischen Bund und Ländern und zwischen einzelnen Ländern. Auch hierfür hat es an Beispielen nicht gefehlt[11]). Es liegt auf der Hand, daß Überschneidungen mit dem abstrakten Normenkontrollverfahren nicht selten sind. Die Streitigkeiten besonders im Verhältnis Bund : Länder können gerade darauf zurückzuführen sein, daß das Land sich durch ein Bundesgesetz benachteiligt sieht, dessen Vereinbarkeit mit dem GG es bestreitet, und umgekehrt. In den ersten Jahren des BVerfGer. war die Zuständigkeit zwischen den beiden Senaten des Gerichts nach den Materien des Zuständigkeitskatalogs aufgeteilt, und zwar durch das Gesetz selbst. Dabei fielen die Normenkontrollverfahren an einen anderen Senat als die Verfassungsstreitigkeiten zwischen Bund und Ländern. Da damals noch der Eindruck entstanden war, als gebe es einen „schwarzen" und einen „roten" Senat, gab das zu recht unwürdigen Spekulationen und Mani-

---

[10]) BVerfGE 10, 4.

[11]) Zu nennen: Konkordatsklage (Vereinbarkeit der niedersächsischen Gemeinschaftsschule mit dem Reichskonkordat von 1933) — BVerfGE 6, 310 —, Klage des Bundes gegen das Land Hessen (mit der Begründung, dieses habe es unterlassen, von sozialdemokratisch regierten Stadtgemeinden beschlossene örtliche Volksbefragungen über die Atombewaffnung im Wege der Kommunalaufsicht zu unterbinden) — BVerfGE 8, 122 —, Fernsehstreit — BVerfGE 12, 205 —.

pulationen Anlaß, in welcher Richtung die Klage „aufzuziehen" sei, um sie an den „gewünschten" Senat gelangen zu lassen. Eine Änderung der Geschäftsverteilung innerhalb des Gerichts durch die Novelle zum Gesetz über das BVerfGer., von 1956, hat dem ein Ende gemacht. Überschneidungen der geschilderten Art sind jetzt praktisch nicht mehr möglich. Überdies wurde für das Plenum des BVerfGer. die Befugnis festgelegt, die Geschäfte abweichend vom Gesetz aufzuteilen, sobald dies durch eintretende nachhaltige Überlastung eines der beiden Senate notwendig werden sollte.

4.

Die Verfassungsbeschwerde hat in den zehn Jahren ihres Bestehens das Schicksal einer aus lauterster Rechtsstaatlichkeit gedachten Institution durchlebt. Sie ist Segen und Fluch zugleich. Segen, weil sie gegen jede Beeinträchtigung von Grundrechten durch die öffentliche Gewalt[12]) den Weg zum höchsten Gerichtshof eröffnet. Sie läßt damit auch den letzten Bürger an den Rechtsgarantien der Verfassungsgerichtsbarkeit unmittelbar teilhaben, indem sie ihm die Möglichkeit gibt, einen königlichen Kampf um sein Recht vor einem diesem Kampf gemäßen Forum zu führen. Und ein Fluch deshalb, weil untrennbar hiermit sich der Mißbrauch durch ein ungehemmtes Querulantentum verbindet. Mehr als 7000 Verfassungsbeschwerden in noch nicht einem Dezennium, davon nur 0,5 % erfolgreich — das BVerfGer. war unter ihrer Last fast zusammengebrochen.

Dem Mißbrauch läßt sich steuern. Ist gegen die behauptete Verletzung des Grundrechts der Rechtsweg zulässig, so muß dieser zuvor bis zur Erschöpfung aller Rechtsmittel durchlaufen sein. Die Verfassungsbeschwerde ist fristgebunden und bedarf einer an gewisse Förmlichkeiten geknüpften Begründung. Formwidrige, unzulässige, verspätete oder offensichtlich unbegründete Verfassungsbeschwerden können durch einstimmigen Beschluß des Gerichts verworfen werden, wenn der Beschwerdeführer zuvor auf diese Bedenken hingewiesen worden ist[13]). Mißbräuchliche Einlegung von Verfassungsbeschwerden kann das Gericht mit einer Art Strafgebühr bis zu 1000,— DM ahnden, während das Verfahren vor dem BVerfGer. sonst kostenfrei ist. Die Novelle von 1956 sucht die Flut von Verfassungsbeschwerden weiter einzudämmen. Ein Drei-Männer-Ausschuß des zuständigen Senats prüft jetzt die Verfassungsbeschwerde vor. Er kann sie durch einstimmigen Beschluß verwerfen, wenn weder von der Entscheidung die Klärung einer verfassungsrechtlichen Frage zu erwarten ist, noch dem Beschwerdeführer durch die Versagung der Entscheidung ein unabwendbarer Nachteil entsteht. Hier ist der Verfassungsbeschwerde als In-

---

[12]) Für diese Fälle ist sie im wesentlichen geschaffen (§ 90 BVerfGerGes.).

[13]) Dies wegen des rechtlichen Gehörs (oben Seite 115).

stitution eine profiliertere Bedeutung gegeben worden, die der objektiven Fortbildung des Verfassungsrechts an Stelle der subjektiven Zweckgerichtetheit für den Beschwerdeführer. Die Vorprüfung hat inzwischen Wesentliches zur Entlastung des Gerichts und das Flüssigbleiben seiner Arbeit beigetragen.

Der geschehenen Grundrechtsverletzung begegnet das BVerfGer. in sehr spezifischer Art und Weise. Gesetze werden für nichtig erklärt; für solche Fälle berührt die Verfassungsbeschwerde im Ziel sich mit der Normenkontrolle[14]). Verwaltungsakte werden kassiert, gerichtliche Verfahren werden unter Zurückverweisung an die gerichtliche Instanz wieder aufgerollt. Erfolgreiche Verfassungsbeschwerden in grundsätzlichen Fragen hat es nicht wenige gegeben. Die Kassenarztentscheidung (oben Seite 108), die Entscheidung über die Kontrolle des Richters bei der Verbringung volljähriger Mündel in eine Heil- und Pflegeanstalt (oben Seite 107), die Entscheidung über die Verfassungswidrigkeit des väterlichen Stichentscheids (oben Seite 50) sind auf Verfassungsbeschwerde ergangen[15]). Auch die Entscheidung, welche entgegen dem Bundesverwaltungsgericht feststellte, daß „die Personen, die bei ununterbrochener Fortgeltung des österreichischen Staatsangehörigkeitsrechtes zwischen 1938 und 1945 österreichische Staatsbürger geblieben oder geworden wären", ihrer durch den Anschluß 1938 erworbenen deutschen Staatsangehörigkeit mit dem 27.4.1945 automatisch wieder ledig geworden seien, gehört hierzu[16]). Der Beschluß ist aufschlußreich wegen der zeitkritischen Perspektiven, die er eröffnet. Ernst Forsthoff hat dazu bemerkt[17]), sein Gegenstand sei symptomatisch für eine der tiefsten geistigen Unordnungen der lebenden Generation: das

[14]) Hier wie dort ist vorgesehen, daß das BVerfGer. die verfassungswidrige Gesetzesbestimmung schlechthin für nichtig erklärt. Der Modus der Zurückwirkung auf vollzogene behördliche Akte und auf Akte des rechtsgeschäftlichen Verkehrs ist nur unzulänglich gelöst und hat mancherlei Zweifel offen gelassen. Besser erscheint die österreichische Regelung; danach kann dem verfassungswidrigen Gesetz durch den Verfassungsgerichtshof noch für eine Übergangsfrist die Gültigkeit belassen werden. Die französische Verfassung vermeidet die Unzuträglichkeiten des bundesdeutschen Rechtszustandes dadurch, daß sie die Verfassungsmäßigkeit eines jeden Gesetzes durch den Conseil Constitutionnel prüfen läßt, bevor es verkündet wird. — Interessant übrigens eine Bestimmung aus dem bayerischen Recht: sie gibt bei Beeinträchtigung von Grundrechten durch (Landes-) gesetz einem jeden Bürger die Verfassungsbeschwerde an den Verfassungsgerichtshof des Landes, als sogenannte Popularklage, mag er durch das Gesetz betroffen sein oder nicht. Dem Verfassungsrecht des Bundes ist eine solch weitgehende Befugnis, kraft deren sich jedermann zum Sachwalter der Verfassungsgesetzlichkeit machen kann, unbekannt.

[15]) BVerfGE 11, 30; 10, 302; 10, 59.

[16]) BVerfGE 4, 322.

[17]) ÖV 1956, 516.

primitive Bestreben, durchlittene Geschichte ungeschehen zu machen, sie abzuleugnen, mindestens ihre Folgen zu beseitigen. Als 1814 der in seine Rechte wiedereingesetzte Kurfürst von Hessen-Kassel mit seinem „Siebenschläferregiment" die Uhr seiner gesamten Staatsmaschinerie bis zum letzten Amtsdiener auf das Jahr 1807 zurückdrehen und die Zwischenzeit einfach ignorieren wollte, verfiel er dem Gelächter von ganz Europa. Künftig geht restauratives Bestreben verbissenen Ernstes an die Gerichte bis zum Verfassungsgericht, um mit Forsthoffs Ausdruck „negative Geschichte" zu machen.

5.

Der Staat des GG ist eine kämpferische Demokratie. So hat man ihn im Gegensatz zum Weimarer Staat genannt. Er kennt verschiedene, zum Teil neuartige Formen politisch akzentuierten Verfassungsschutzes, deren Handhabung dem BVerfGer. anvertraut ist. Hierher gehört der repressive Verfassungsschutz durch Präsidentenanklage und Richteranklage. Mehr aktuell ist der vorbeugende Verfassungsschutz durch Feststellung der Verfassungswidrigkeit einer Partei und durch Ausspruch der Grundrechtsverwirkung; ersterer sind 1952 die SRP, 1956 die KPD verfallen.

Wären diese Formen des Verfassungsschutzes die einzigen, dann böten sie im Rechtsstaat kein Problem. Sie vollziehen sich in aller Öffentlichkeit und mit allen Garantien eines richterlichen Verfahrens. Aber es gibt, im Alltag weit wichtiger und wirksamer, den in der Anonymität arbeitenden administrativen Verfassungsschutz des Bundes-Verfassungsschutzamtes und der Verfassungsschutzämter der Länder. Sein Halbdunkel paßt sich den subversiven Methoden der Verfassungsgegner an: ein abgründiger Spiegel der auf Tod und Leben gehenden Notwehrlage heutiger demokratischer Existenz. Der Einsatz exekutivpolizeilicher Machtmittel ist ihm vorenthalten. Er sammelt Material über den potentiellen Verfassungsfeind. Er beschattet, er wertet aus und gibt weiter. Von der Art dieser Arbeit, die sich modernster technischer Mittel und eines ausgedehnten Apparates von Zuträgern bedient, dringt wenig in die Öffentlichkeit. Nur die Ergebnisse werden von Zeit zu Zeit bekannt, wenn etwa ein Spionagering ausgehoben ist. Doch gibt es auch alarmierende Mißgriffe. Im Fall der sogenannten Vulkanaffäre erfolgten (im Jahre 1953) auf Grund von undurchsichtigen Agentenberichten zahlreiche Verhaftungen. Sie trafen, wie sich später herausstellte, durchweg Unschuldige und mußten wieder rückgängig gemacht werden. Wo liegt die Grenze, jenseits deren ein mit solchen Mitteln arbeitender Staat aufhört, ein freiheitlicher Rechtsstaat zu sein?

Wie manches hier noch für die Bundesrepublik im argen liegt, hat Hans Ulrich Evers in seiner Studie über „Privatsphäre und Ämter für Verfassungsschutz“[17a]) abgehandelt. Für das Bundes-Verfassungsschutzamt existiert wenigstens eine gesetzliche Grundlage in einem Gesetz von 1950. Nicht einmal in allen Bundesländern ist sie für die Landes-Verfassungsschutzämter vorhanden. Selbst das Gesetz für den Bund aber geht nicht über einige organisatorische Rahmenbestimmungen hinaus. Irgend einen Rechtsschutz des „belauschten Bürgers“ (Adolf Arndt) gegen die ungreifbar geahnte, dafür um so wirksamere Beeinträchtigung seines freiheitlichen Atemraumes scheint es nicht zu geben. Jedenfalls agieren die Verfassungsschutzämter bisher so, als ob es ihn nicht gäbe. Noch ist das BVerfGer. nicht angerufen worden. Daß die Notwehrsituation des Staates nicht alles auf diesem Gebiet a priori rechtfertigt, soll nicht die Kardinalfrage des Rechtsstaates gestellt sein, müßte sich von selbst verstehen. Totalitärer Etatismus kennt nur Ämter für Staatssicherheit. Wenn die in der Bundesrepublik eingerichteten Ämter für Verfassungsschutz schon vom Namen her ihre abgrundtiefe Andersartigkeit bezeugen wollen, dann hat das nur da eine Berechtigung, wo die Verfassung nicht um des Schutzes ihrer selbst willen sozusagen ausgeklammert wird. Tröstlich ist wenigstens, daß auch andere freiheitliche Staaten an der Grenzziehung zwischen grundrechtlicher Sphäre und Staatssicherheit laborieren. Einen bemerkenswerten Fall ihrer Korrektur, und zwar zugunsten der Staatssicherheit, hat Margret Boveri am englischen Beispiel des Command Paper 9715 gezeigt[18]). An anderer Stelle[19]) erwähnt die Verfasserin die totalitäre Unbedenklichkeit, mit der in den USA die oberste Bundeskriminalpolizeibehörde, das Federal Bureau of Investigation, ihre Informanten zu schützen verstehe. Mit welch „robusten Untersuchungsmethoden“ die politischen Untersuchungsausschüsse des Kongresses der USA ihr Material gegen verdächtige Persönlichkeiten gesammelt haben, setzt Evers geradezu als bekannt voraus.

In den Verfassungs- und in den Staatsschutz, wenn man letzteren als Abwehr hoch- und landesverräterischer Bestrebungen versteht, ist am Endpunkt die Strafgerichtsbarkeit eingebaut.

Sie versieht ihre Aufgabe in ungeliebtem Dienst. Der Strafrichter als Schützer der Verfassung ist wohl die quälendste Erscheinung, die die Justizgeschichte kennt. Selten — seltener noch als die Strafjustiz ohnehin — kuriert er etwas anderes als Symptome, meist schafft er Märtyrer. Er selbst wird bis zum Widersinn seines Amtes überfordert. Strafen heißt im Rechtsstaat, fremdes Tun an den Maßstäben streng abgegrenzter strafrechtlicher Tatbestände zu messen. Aber welche Unterwanderung des Rechtsstaates wäre je um immer neue Mittel und Wege verlegen gewesen, abseits normierter „Tatbestände“ zu operieren?

[17a]) Siehe das Literaturverzeichnis.

[18]) „Der Verrat im 20. Jahrhundert“ Bd. III S. 97 (rowohlts deutsche encyklopädie Nr. 58).

[19]) A.a.O. S. 163.

Die Bundesrepublik hat dem schon früh Rechnung zu tragen gesucht. Sie hat im Herbst 1951 ihren strafrechtlichen Staats- und Verfassungsschutz in einem von Anfang an so benannten Blitzgesetz kodifiziert: daß es mit hastigem Perfektionismus auch solche Sanktionen einbezog, die vor dem GG schwerlich Bestand hatten, wurde alsbald und nicht nur von Stimmen aus dem totalitären Lager bemängelt[20]). Tatbestände von kautschukartiger Dehnbarkeit, nur vom verfassungsfeindlichen Zweck her pönalisiert, geben ihm weithin das Gepräge. Man hatte in wohlgemeinter Absicht zwar die äußere rechtsstaatliche Formgebung unterstrichen. Im Gegensatz zu der ominösen Republikschutzgesetzgebung der Weimarer Zeit war das Verfassungsschutz-Strafrecht in das allgemeine StGB eingebaut worden, womit sein rein krimineller Unrechtsgehalt in aller Form betont sein sollte. Aber inhaltlich blieb es dabei, daß oft genug weniger ein Tun als eine bloße „Gefährlichkeit" des Angeklagten im allerweitesten Sinne unter Strafe gestellt war.

Denn wie wenig es mit der gern gebrauchten Formel getan ist, geahndet werde am politischen Delikt nicht die Gesinnung, sondern der tätige Angriff gegen die freiheitliche Ordnung, beweisen erschütternde Fälle von Bestrafungen wegen landesverräterischen Nachrichtendienstes (§ 110 e StGB), in denen harmlose Bürger der DDR vom dortigen Staatssicherheitsdienst zu einer Agententätigkeit gegen die Bundesrepublik gepreßt worden waren. Schon mit der dem Staatssicherheitsdienst abgegebenen Verpflichtungserklärung hat der Gepreßte sich — für die Bundesrepublik — im Sinne des § 110 e StGB strafbar gemacht. Strafbefreiende Notstandsgründe, insbesondere akute Leibes- oder Lebensgefahr, liegen in dieser Eindeutigkeit nicht immer vor. Die bundesdeutsche Strafrechtspraxis verlangte von dem in solche Lage Geratenen vielmehr, daß er sich in die Bundesrepublik absetze. Tat er es nicht[20a]), so wurde er nunmehr vom Staatssicherheitsdienst auf Grund seiner Verpflichtung eingespannt und damit endgültig nach § 100 e straffällig. Tat er es, so verdiente er sich Straffreiheit erst dann, wenn er sich den bundesdeutschen Dienststellen offenbarte. Schwieg er, so blieb er der Strafe aus § 100 e verfallen. Offenbarte er sich, so wagte er zum mindesten erst einmal die Einleitung eines Strafverfahrens und sah seine Seßhaftmachung blockiert; kehrte er dar-

20) So bestraft z. B. § 90 a StGB das Gründen und Fördern von verfassungsverräterischen Vereinigungen. Darunter fielen in der Fassung von 1951 auch politische Parteien, wenn sie demnächst vom BVerfGer. für verfassungswidrig erklärt wurden; einzig die Strafverfolgung sollte ausgesetzt sein, bis die Feststellung der Verfassungswidrigkeit vorlag. Unter dieser Bestimmung sind daher Funktionäre der KPD *nach* deren Verbot auch für ihre *vorher* im Dienste der (noch offiziellen) Partei ausgeübte Tätigkeit verurteilt worden. Das BVerfGer. erklärte den § 90 a im Hinblick auf das verfassungsmäßige Privileg der politischen Parteien insoweit für grundgesetzwidrig (NJW 1961, 723).

20 a) Der Bericht bezieht sich auf die Zeit vor den Ereignissen vom August 1961.

aufhin in die DDR zurück, so hatte er sich, wenn nicht wegen Republikflucht, so jedenfalls durch Bruch seiner Schweigepflicht inzwischen auch dort strafbar gemacht. Der Teufelskreis enthüllt die Tragik der Lage von Menschen im geteilten Deutschland, aber auch die rechtsstaatlichen Bedenken gegen einen Verfassungsschutz, der mit erfassungsfreudig weiten Strafbestimmungen wie der des § 100e eine solche Lage überhaupt erst schafft. Dem Beispiel dieser Bestimmung ließen sich andere anfügen. Der Strafrichter, der sie anzuwenden gezwungen ist, leidet unter ihnen kaum weniger als sein Angeklagter.

6.

„Staatsschutz" spielt im Bereich der Dritten Gewalt auch sonst eine vielfältige Rolle. Schon das Einführungsgesetz zum BGB von 1896 bestimmt, daß die Anwendung eines fremden Gesetzes ausgeschlossen sei, wenn sie gegen den inländischen ordre public verstieße. Damals hieß es: gegen den Zweck eines deutschen Gesetzes; heute würde man sagen: gegen die verfassungsmäßige Ordnung. Die Vorschrift ist in den interzonalen Beziehungen zu ungeahnter Bedeutung gelangt. Das BVerfGer. hat sie über den bürgerlich-rechtlichen Bereich hinaus auf alle Rechtsgebiete ausgedehnt. Scheidungsurteilen und Konfiskationen der DDR kann auf dieser Grundlage die Anerkennungsfähigkeit, Straferkenntnissen die Vollstreckungsfähigkeit für die Bundesrepublik abgesprochen werden. Das ist deshalb wichtig, weil sonst im Grundsatz die „Zone" noch als Inland anerkannt wird, Ausdruck dessen, daß eine Paß- oder Devisengrenze für den Übertritt von der Bundesrepublik nach Mitteldeutschland auf bundesdeutscher Seite nicht existiert.

Eine andere Art von Staatsschutz stellt sich dar im Geheimschutz, und er ist hier mitunter gegenläufig zur Aufgabenstellung der Gerichte. Behördliche Akten können den Strafverfolgungsinstanzen vorenthalten, Aussagegenehmigungen können verweigert werden mit der Begründung, daß die Aussage des Beamten, die Offenlegung der Akten dem Wohl des Bundes oder eines deutschen Landes Nachteil bereiten würde. Hieran kann also unter Umständen eine vom Gericht für notwendig gehaltene Aufklärung scheitern. Früher war irgendwelche Remedur nicht gegeben. Inzwischen beginnt die starre Phalanx des „gerichtsfesten" Geheimschutzes abzubröckeln. Die Beamtengesetze von Bayern und Württemberg-Baden haben dem Gericht die Prüfung und Entscheidung darüber eingeräumt, ob ein Beamter entgegen einer Verweigerung der Aussagegenehmigung dennoch aussagen soll. Berechtigten Geheimhaltungsinteressen läßt sich alsdann dadurch Genüge tun, daß die Öffentlichkeit der Verhandlung wegen Gefährdung der Staatssicherheit ausgeschlossen wird. Auch im Verfahren vor dem Bundesverfassungsgericht kann das Gericht mit einer Mehrheit von zwei Dritteln der Stimmen die Versagung der Aussagegenehmigung für unbegründet erklären. In allen anderen Fällen freilich behält der Dienstvorgesetzte, der die Aussagegenehmigung nicht erteilen will, praktisch auch heute noch das letzte Wort.

Einige Verwaltungsgerichte haben sich die verzweifelte Mühe gemacht, wenigstens offensichtlichen Mißbräuchen zu wehren. Jedesmal ging es um die vertraulichen Quellen behördlicher Information; ihre Stichhaltigkeit spielte in Straf- oder Ermittlungsverfahren hinein. Die Behörde glaubte, sie nicht preisgeben zu können, und versagte daher ihrem Beamten, der die Quelle als Zeuge hätte nennen müssen, die Aussagegenehmigung. Die Versagung wurde als Verwaltungsakt vor den Verwaltungsgerichten angefochten. Alles, was diese haben rügen können, waren formale Fehler. Das Verwaltungsgericht Wiesbaden[21]) bemängelte, der Polizeipräsident habe sich auf die Bitte seines Kriminalsekretärs verlassen, den Informanten nicht nennen zu brauchen, statt die Entscheidung selbst zu treffen. Das Verwaltungsgericht Freiburg i. Br.[22]) hebt auf, weil die Versagung der Aussagegenehmigung nur mit der allgemeinen Erwägung begründet worden sei, daß die Polizeibehörden auf die Mitarbeit von V-Männern nicht verzichten könnten, statt die Frage der „Gefährdung oder Erschwerung öffentlicher Aufgaben" auf den betreffenden Einzelfall abzustellen. Das Oberverwaltungsgericht Berlin[23]) rügt, daß eine Begründung für die Versagung der Aussagegenehmigung überhaupt nicht gegeben worden sei und daher der Verdacht des Obwaltens unsachlicher Gründe naheliegen könne. Eine Verpflichtung, die Aussagegenehmigung daraufhin zu erteilen, hat keines dieser Verwaltungsgerichte aussprechen können. Nur die fehlerhafte Entschließung des Dienstvorgesetzten konnte aufgehoben, d. h. die Sache zur anderweiten Entschließung zurückgegeben werden. Wer zweifelt daran, daß nunmehr die Versagung der Aussagegenehmigung mit „stichhaltiger" Begründung nachgeholt wurde? Was an internen Gründen dahintersteht, ist für das Gericht alsdann tabu: der Dienstvorgesetzte kann sich rechtens darauf berufen, daß jegliche Erörterung *hierüber* gerade die Dinge bloßlegen müsse, die hier geheimzuhalten seien. Nicht einmal die Staatsanwaltschaft hat bisher mit ihren Bemühungen Erfolg gehabt, von der Finanzverwaltung die Namen von suspekten Steuerdenunzianten (oben Seite 126) zu erfahren, wenn diese aktenmäßig nicht in Erscheinung traten und Aktenbeschlagnahme beim Finanzamt deshalb nicht zum Erfolg führte. Zur Zeit läuft eine Verfassungsbeschwerde dieserhalb. Das BVerfGer. wird in der Frage keinen leichten Stand haben, nachdem eine feste Rechtsprechung des RG und des BGH[24]) dem Verfassungsschutz bestätigt hat, daß dessen Arbeit ohne die Mitwirkung von V-Leuten nicht wohl denkbar sei.

---

[21]) NJW 1950, 799.

[22]) MDR 1956, 636.

[23]) DVBl. 1955, 568.

[24]) Die Urteile sind nicht veröffentlicht. Nachweisung bei Evers a.a.O. S. 148 Anm. 9. Siehe auch BGH 3 StR 796/51 vom 10. 7. 1952, zitiert bei Erdsiek NJW 1960, 617.

Was behördliches Akten- und Urkundenmaterial und die Erteilung behördlicher Auskünfte anlangt, so denkt am rechtsstaatlichsten die Verwaltungsgerichtsordnung von 1960. Das Gericht des Verwaltungsstreitverfahrens entscheidet durch Beschluß, ob genügend glaubhaft gemacht ist, daß die gesetzlichen Voraussetzungen für die Verweigerung der Vorlage von Urkunden oder Akten oder der Erteilung der Auskunft vorliegen. Das BVerfGer. ist auch hier wiederum am souveränsten gestellt. Es fordert ohne Einschränkung die Akten ein, die es für notwendig hält. Nur für solche Urkunden, deren Verwendung mit der Staatssicherheit unvereinbar wäre, kann es mit Zweidrittelmehrheit seiner Stimmen von einer Beiziehung absehen. Dann aber — und ein Gleiches gilt für alle Gerichtsverfahren — unterbleibt ihre Verwertung in jeglicher Form. Denn Entscheidungsgrundlage können nur förmlich beigezogene Akten und Urkunden, und sie können es nur dann sein, wenn sie den Verfahrensbeteiligten zugänglich gemacht sind und diese die Gelegenheit zur Stellungnahme gehabt haben. Vertrauliches Material „nur zur Kenntnis des Gerichts" gibt es nicht. Die Feststellung ist so gültig wie zur Zeit der Dreyfus-Affäre, wo sie ihre einmalige Berühmtheit erlangt hat.

IV. Abschnitt

Rechtsstaat als Aufgabe

Rechtsstaat als Aufgabe legt zunächst den Gedanken an die These nahe, daß der Rechtsstaat heute eine weltweite Aufgabe geworden sei. Sie ist aufgestellt worden im Zusammenhang mit der Entwicklungshilfe und besagt etwas elementar Wahres. Das Wahre, daß jede Förderung der unterentwickelten Gebiete auf die Dauer ein fragwürdiger Erfolg bleibt, wenn es nicht gelingt, die Idee einer rechtsstaatlichen Ordnung — und das heißt: einer gerechten Ordnung — in den Geförderten lebendig zu machen. Weniger dankbar erscheint die Aufgabe des Berichterstatters, zu sagen, daß und was am eigenen Rechtsstaat noch gebricht. Manches ist bereits im bisherigen Teil eingeflochten. Anderes wäre nachzutragen. Es beschämt, zu einem jeden der drei Kapitel des ersten Abschnitts Restbestände anzutreffen, die aus früheren Stadien des Polizeistaats, des Legalstaats, ja selbst des Unrechtsstaats zurückgeblieben sind und noch aufgearbeitet werden müssen, um den Rechtsstaat der Gegenwart einer Vollendung näherzubringen.

Da ist der Polizeistaat. Die Polizei und die Forstverwaltung haben ihre ehemaligen Strafbefugnisse abgeben müssen, denn strafen darf nur der Richter; die Finanzverwaltung (§ 447 AO) und die Post (§§ 34, 35 PostGes.) haben sie für ihre administrativen Zwecke behalten. Ein Schönheitsfehler, vielleicht[1]). Schwerer wiegt, wie stark polizeistaatliches Denken

---

[1]) Oder mehr? Man möchte zweifeln, wenn man die Entscheidung des BGH (NJW 1959, 1230) liest, in der die Strafgewalt der Finanzämter als mit dem GG vereinbar erklärt wurde. Der BGH durchlöchert die Strenge des richterlichen Strafmonopols mit pragmatisch gehaltenen Erwägungen wie der, daß die Strafgewalt des Finanzamts herkömmlich und zweckmäßig, daß sie auch unschädlich sei, solange nur (wie allerdings gesetzlich vorgesehen) das Gericht gegen den behördlichen Strafbescheid angerufen werden könne: wenn der vom Finanzamt Bestrafte dies verabsäume, geschehe ihm kein Unrecht. Aber die Verfassung steht nun einmal höher als die Zweckmäßigkeit und auch höher als der Druck des Finanzamts, der mehr Gewicht haben kann als der Wille, an den Richter zu appellieren. Principiis obsta (Wehret den Anfängen)! Eine Entscheidung des BVerfGer. steht noch aus.

immer noch in weiten Teilen der Bevölkerung sich breitmacht. „Soll doch die Behörde sich darum kümmern“: der Kampf ums Recht, den schon Rudolf v. Ihering vor 100 Jahren einer ermüdenden Generation vorhielt, wird zur Unbequemlichkeit, der man je mehr je lieber ausweicht. Wer durch eine Straftat geschädigt ist, schickt erst einmal die Polizei und den Staatsanwalt vor. Die Möglichkeit, sich zwecks Erlangung einer Buße dem Strafverfahren als Nebenkläger anzuschließen, blieb eine Totgeburt des Gesetzgebers. Im Hinblick hierauf bemerkt der führende Kommentar zur Strafprozeßordnung[1a]: „Daß der Rechtsstaatsgedanke die grundsätzliche Bereitschaft der Rechtsgenossen voraussetzt, selbst etwas für die Verwirklichung ihrer Rechte zu tun, nach Beweismitteln zu forschen, ein Kostenrisiko zu übernehmen, für ihr Recht überhaupt Opfer an Geld, Zeit und Arbeitskraft zu bringen, Verständnis für die sachlichen Schwierigkeiten und Hindernisse einer kompromißlosen Durchsetzung subjektiver Rechte zu haben, zwischen dem Kampf um wesentliche Rechte und der Kompromißbereitschaft in weniger wichtigen Dingen unterscheiden zu lernen — das alles ist in der Tat unvolkstümlich.“ Eine solche Einstellung kann sich nicht wundern, wenn auch die Polizei ihrerseits noch gelegentlich das Gefühl für rechtsstaatliche Courtoisie vermissen läßt. Beklagt wurde dies für die Inhaftnahme bis dahin unbescholtener Bürger, denen zum mindesten Maßnahmen zur Unzeit und unnötiges Aufsehen sollten erspart bleiben dürfen. Verdächtig ist noch nicht schuldig.

Da ist der Legalstaat. Längst hat das Gesetz die Würde verloren, die es einst besaß. Der Obrigkeitsstaat hatte für diese Würde ein geschärftes Empfinden gehabt, wenn er den Namen des Gesetzes nur den recht-stiftenden Ordnungen des Gemeinwesens vorbehielt und alles übrige zu regeln der Kabinettsorder überließ. Seitdem wuchert das depravierte Gesetz in mannigfacher Gestalt. Es wurde zum Tendenz- und Maßnahmengesetz, zum Ermächtigungsgesetz, zum unerfüllbaren Gesetz, zum Unrechtsgesetz, neuerdings zum Administrativgesetz, zum Plan- und Zweckgesetz. Der soziale Rechtsstaat arbeitet mit gesetzesförmigen „Aktions- und Verteilungsplänen“ (Werner Weber). Sie werden in Zusammenarbeit zwischen den Spezialisten der Ministerien und der Parlamentsausschüsse erstellt und überbieten ihren ausgehandelten Kompromißcharakter meist nur noch durch ihren Perfektionismus. Sollten nicht andere Gestaltungen sich finden, um derartige sozialstaatliche Steuerungskomplexe in Werdegang und Form von wirklichen Rechtssatzungen abzuheben und dem Gesetz seinen Rang, damit aber auch seine allgemeine Achtung wiederzugeben? Karl Josef Partsch hat auf einer Staatsrechtslehrertagung (Berlin 1957) dargelegt, etwa drei Viertel der im Jahre 1956 verabschiedeten Gesetze hätten auf solche Weise ausgeschieden werden können. Um an ein verordnungsförmi-

---

[1a]) Sarstedt bei Löwe-Rosenberg[20] Vorbem. 3 vor § 403 StPO.

ges Inkraftsetzen etwa durch eine gemischte Kommission aus Parlament und Regierung denken lassen zu können, wäre allerdings eine Änderung des GG erforderlich.

Da ist der Unrechtsstaat. Gewiß, Schauprozesse gibt es nicht mehr, und die im Dritten Reich eingeführte Untersuchungshaft mit dem Haftgrund der sogenannten Erregung der Öffentlichkeit ist abgeschafft. Aber es gibt Sensationsprozesse unter Beteiligung von Rundfunk und Fernsehen — schon wird von „Fernsehhinrichtung" gesprochen. Und wenn eine im öffentlichen Leben stehende Persönlichkeit namentlich aus dem Kreise zentraler Bundesbehörden einer Straftat verdächtigt wird, dann wird „erst einmal in Untersuchungshaft genommen"; geschieht das mit größerer Schärfe als bei Nicht-prominenten — die Vermutung wird offen ausgesprochen —, so zeigt die Öffentlichkeit sich ostentativ befriedigt. Die „kochende Volksseele" und ihre gelenkten Reaktionen waren ein widerwärtiges Requisit Goebbelsscher Propaganda. Aber von höchster Stelle wurde, in unseren Tagen, zum öffentlichen Verprügeln des ertappten Hakenkreuzschmierers aufgefordert. Er mochte die Prügel dreifach verdienen — warum nur und warum gerade er? Warum dann nicht auch jeder auf frischer Tat betroffene Sittenstrolch?

Zum Teil sind dies Randerscheinungen, und sicherlich wäre es unangebracht, mit Kanonen des Purismus auf Spatzen zu schießen. Die eigentliche Not des Rechtsstaats greift tiefer. Sie ist überall eine solche der rechtsprechenden Gewalt. In den ersten zehn Jahren des GG sind nicht weniger als drei Juristentage ihrer Erscheinung und ihren Ursachen nachgegangen.

Rechtsgang gilt als schleppender Gang. Das müßte nicht sein. In der ordentlichen Gerichtsbarkeit ist das Klagelied nahezu schon abstumpfend, von der Verwaltungsgerichtsbarkeit wächst ihm neue Nahrung zu. Hier setzt die Große Justizreform an. Ihr Ziel ist, die Vierstufigkeit des Instanzenaufbaues für die ordentliche Gerichtsbarkeit zu vereinfachen, in der Unterstufe Amts- und Landgericht zusammenzulegen und sie künftig durch den Einzelrichter zu repräsentieren. Damit würde eine erhebliche Verminderung der Richterzahl eintreten und die Qualität der Richterschaft sich heben können. Auf die Verminderung der Rechtsmittel wird an späterer Stelle eingegangen; bei ihr sind Widerstände von seiten der Anwaltschaft zu überwinden. Endlich wird eine großzügigere Ausstattung der Gerichte mit Hilfspersonal und sächlichen Mitteln, vom Sitzungsstenografen bis zur motorisierten Geräteausrüstung für Augenscheinstermine, in diese Pläne einzubeziehen sein. Gute Justiz ist nie billig.

Daß im übrigen das Strafverfahren im Mittelpunkt der Reformwünsche steht, ist nur allzu verständlich. Sie können hier nur gestreift werden, zumal sie nicht die rechtsprechende Gewalt als Ganzes berühren. Der Vollzug der Untersuchungshaft ist verbesserungsbedürftig. Er ist in seiner Tatsächlichkeit immer noch so etwas wie eine Verdachtsstrafe früheren preußischen Rechts. Demgegenüber kann nicht oft genug gesagt werden: Untersuchungshaft bedeutet Einsperrung eines Nichtschuldigen, weil Einsperrung vor gerichtlichem Urteil, der schwerste Eingriff der öffentlichen Gewalt, der in einem freiheitlichen Gemeinwesen gedacht werden kann. An der Stellung des Vorsitzenden im geltenden deutschen Strafprozeß wird seit langem Kritik geübt. Es ist richtig, daß er immer noch obrigkeitsstaatliche Züge trägt. Die Stoßrichtung seiner Verhandlungsführung geht gegen den Angeklagten, dem die Schuld nachgewiesen werden muß; vernimmt der Vorsitzende ihn (und die Zeugen), so entsteht leicht das Bild, daß er nicht Richter, sondern Inquisitor sei; nachdenklich stimmt, daß der unerfahrene Angeklagte ihn gern mit „Herr Staatsanwalt“ anredet. Man brauchte nicht den angelsächsischen Strafprozeß im Ganzen zu übernehmen, um dennoch Wege zum Herauslösen des Vorsitzenden aus seiner zwiegesichtigen Stellung zu suchen, etwa die Vernehmung dem Staatsanwalt und dem Verteidiger zu übertragen. Immer problematischer wird auch die Stellung des Sachverständigen. Er ist vom Gesetz als Gehilfe des Richters gedacht. Er soll dem Richter Fachkenntnisse vermitteln, die der Richter nicht hat und nicht haben kann. Doch ist er dieser Rolle seit langem entwachsen. Die Technifizierung und Psychologisierung des modernen Lebens scheint es nicht mehr zuzulassen, daß der Sachverständige wie ehedem vor Gericht erscheint und in der Verhandlung gutachtliche Darlegungen zu einem straff formulierten Beweisthema abgibt. Er wird zum eigenständigen Organ bei der Untersuchung. Der psychologische Sachverständige, besonders für Kinderaussagen in Sittlichkeitsprozessen, nimmt mit dem zu begutachtenden Kinde seine Tests in seinem Institut vor. Nicht selten bekommt das Gericht in der Hauptverhandlung die Aussage des Kindes nur als Reproduktion jener Tests[2]). Der kriminaltechnische Sachverständige untersucht Substrat und Befunde in seinem Labor, befragt wohl auch selbständig Auskunftspersonen, wie er es für notwendig hält. Alles das wird weithin stillschweigend geduldet, obwohl es der Prozeßordnung mit ihren strikten Geboten der Öffentlichkeit und der Unmittelbarkeit der Beweisaufnahme vor Gericht widerspricht. Das Ergebnis ist die Auslieferung des Richters an den Sachverständigen. Fehlleistungen werden so gefördert; der Schaden für das Ansehen der Justiz ist beträchtlich. Zur Abhilfe ist vorgeschlagen worden, den Sachverständigen künftig in das Gericht einzubauen, um ihn an der vollen richterlichen Verantwortung teilhaben zu lassen und seine Arbeit stärker in das Licht der öffentlichen Verhandlung zu rücken.

Der Prozeß des Neubesinnens auf den Rechtsstaat braucht in der Demokratie seine Zeit. Die Bestrebungen zur Großen Justizreform stehen im

---

[2]) Näheres: Bockelmann, Strafrichter und psychologischer Sachverständiger, GoldtArch. 1955, 331 ff.

sechsten Jahrzehnt; um weniges älter ist die Strafrechtsreform. Das Richtergesetz von 1961 hatte einen Anfang der Justizreform machen sollen. Es ist über eine Sammlung und Bereinigung des geltenden zersplitterten Rechtszustandes nicht viel hinausgediehen. Doch auch darin ist es eine Wegmarke. Den Rechtsstaat zu ungebrochener Kraft zu entbinden bleibt eine Aufgabe, die sich vornehmlich der rechtsprechenden Gewalt zugewandt sieht. Ihrem Status, ihrer Festigung gegenüber den nebenstaatlichen Machtballungen der Zeit, ihrem Wächteramt und seiner Wacherhaltung unter den Bedingungen der integralen Gesellschaft.

1. Kapitel

Die Entfesselung der Dritten Gewalt

Im Jahre 1951 hielt Paulus van Husen, damals Präsident des Oberverwaltungsgerichts Münster, auf einer Tagung hoher Verwaltungsrichter ein Referat, dem er den vorstehenden Titel gab[1]). Die Debatte über seinen Gegenstand ist seitdem nicht mehr verstummt, und der Titel hat an kämpferischer Färbung zugenommen. Dem Referenten ging es um das Ledigwerden der rechtsprechenden Gewalt von der Fessel ihrer Mediatisierung durch die Exekutive. Er sah sie darin, daß die gesamte Gerichtsverwaltung, das Bereitstellen der personellen und sächlichen Bedürfnisse durch Anstellungen, Beförderungen, Etat, die Dienstaufsicht, die Repräsentation der Rechtsprechung gegenüber den anderen Gewalten und im öffentlichen Leben seit alters in einer ministeriellen Spitze zusammenlief. Sei dies nun der Justizminister für die ordentlichen Gerichte, der Ressortminister (Innenminister, Finanzminister, Arbeitsminister, Sozialminister) für die Fachsparten der Verwaltungs-, Disziplinar-, Finanz-, Arbeits- und Sozialgerichtsbarkeit: solange der Minister als Exekutive einen solchen Brückenkopf in den Bezirken der rechtsprechenden Gewalt behielt, schien an deren wirklicher Eigenständigkeit und Unabhängigkeit noch immer ein entscheidendes Stück zu fehlen. Seitdem hat sich eine Reihe weiterer Aspekte dem Thema angefügt. Man kann den Versuch machen, es in vier Richtungen zu gliedern.

1.

Dem Pathos des Rufes nach der Entfesselung möchte eine nüchterne Feststellung entgegengestellt sein. Die ärgste Fessel für die Rechtspflege ist nicht der Minister. Es ist der Rechtsuchende selbst in der Gestalt des Querulanten, des auftrumpfenden Rechthabers.

---

[1]) AöR 78, 49 ff.

Wieviel beste richterliche Kraft durch unsinnige Rechtsmittel verzehrt und dadurch den wesentlichen Anliegen der Rechtsprechung, den Sachen von wirklichem Gewicht[2]) entzogen wird, davon macht der Außenstehende sich schwerlich ein rechtes Bild. Die Gründe des Übels sind bekannt. Es ist die Hypertrophie eines Rechtsmittelsystems und, sie ausnutzend, die unausrottbare Neigung des Deutschen, private Rechthaberei bis zur letzten Instanz durchzupauken, selbst wenn man von dem mangelnden Recht der eigenen Sache überzeugt ist, häufig um belangloser Formalien willen. So unabdingbar jedes Rechtsschutzbegehren seinen Richter muß finden dürfen: dessen Spruch sollte als Regel endgültig sein, und das Rechtsmittel die Ausnahme.

Das englische Gerichtswesen ist darin viel rigoroser. Dies und die vergleichbar hohen Kosten des Verfahrens machen in England den Gang zum Richter zu einer reiflich erwogenen Angelegenheit; der viel geneidete Glanz seines Amtes hängt nicht zuletzt damit zusammen. Hören wir demgegenüber, was ein Kenner des deutschen Revisionsverfahrens in Strafsachen, Werner Sarstedt, an Erfahrungsmaterial ausbreitet[3]). Mehr als drei Viertel aller Revisionen des Angeklagten an den BGH[4]) werden verworfen, davon der größte Teil als von vornherein offensichtlich unbegründet durch Beschluß ohne Verhandlung. Nur ein knappes Viertel hat Erfolg. Selbst dieser „Erfolg" — die Aufhebung des Urteils und die Zurückverweisung der Sache an die Vorinstanz — ist meist noch ein Pyrrhussieg. Der BGH qualifiziert die Tat nur rechtlich anders als der untere Richter, statt Diebstahl etwa Unterschlagung, statt Betrug, Untreue —, die Strafwürdigkeit bleibt die gleiche; in dem zurückverwiesenen Verfahren wird der Angeklagte also abermals verurteilt, in der Mehrzahl der Fälle sogar zur gleichen Strafe. Und wie nun erst, wenn erneut Revision eingelegt, erneut zurückverwiesen wird, hin und her, unter Umständen mehrere Male! Ein Strafverfahren wie der Brettheim-Prozeß[4 a]) kann auf solche Weise zu Tode exerziert werden. Der Präsident eines nordwestdeutschen Landgerichts[4 b]) berichtet von

---

2) Das brauchen durchaus nicht nur die „großen Prozesse" zu sein. Schlüsselposition in dem hier gedachten Sinne kann wegen der Grundsätzlichkeit der zu entscheidenden Fragen die geringste Mietsache beanspruchen.

3) Über offensichtlich unbegründete Revisionen JR 1960, 1.

4) Die Statistik für 1958 weist ihre Zahl mit 2491 aus. Zum Text vgl. auch das noch vernichtendere Bild bei den Verfassungsbeschwerden an das BVerfGer. (oben Seite 143).

4 a) Angeklagt wegen Rechtsbeugung waren der Gerichtsherr und zwei Mitglieder eines Standgerichts der Waffen-SS, das mehrere Bürger des unterfränkischen Dorfes Brettheim im Frühjahr 1945 unter dem Vorwurf des Defatismus vor den herannahenden Feindtruppen zum Strang verurteilt hatte. Dreimal hat der BGH als Revisionsinstanz mit dem Verfahren befaßt werden müssen, ehe es als ganzes rechtskräftig abgeschlossen werden konnte. Ergebnis, nach fünfjähriger Verfahrensdauer: zwei Freisprüche, Urteil auf Freiheitsstrafe gegen den Vorsitzenden des Standgerichts.

4 b) Meyer-Osnabrück (DRiZ 1960, 72).

einem Fall, der beispielhaft für zahlreiche ähnliche Beobachtungen steht. Ein Heranwachsender (das ist ein Strafmündiger zwischen 18 und 21 Jahren) hatte nach einer Festlichkeit ein junges Mädchen angefahren. Gegen ihn wurde Anklage erhoben. Das Verfahren durchlief sämtliche Instanzen; es wurde mehrere Male zurückverwiesen. Auf diese Weise ergingen in drei Rechtszügen nicht weniger als sieben Urteile, an denen vierzehn verschiedene Richter und fünf verschiedene Staatsanwälte beteiligt waren. Nach zweieinhalb Jahren war es rechtskräftig beendet. Ergebnis: statt der im ersten Urteil erkannten drei Monate Gefängnis im letzten, rechtskräftig gewordenen Urteil drei Monate Jugendgefängnis, und dies gegen einen inzwischen erwachsen Gewordenen, der wie zum Hohn nach dem Status zur Zeit seiner Tat beurteilt und verurteilt werden mußte! Macht man sich klar, wie stark allein schon der Tatbestand in der Mühle einer solchen Prozeßdauer sich verflüchtigt? Wie der Angeklagte, auch wenn er schuldig und einsichtig wäre, von Instanz zu Instanz steigernd sich seine Unschuld einredet? Wie entscheidend das Bedürfnis nach der Genugtuung des gekränkten Rechts im Parteiprozeß — bürgerlicher Rechtsstreit, Arbeitsgerichtsprozeß, Verwaltungsstreitverfahren — zermürbt wird, um der Ermattungsstrategie dessen zu weichen, der den längeren finanziellen Atem, die dickeren Nerven, das geringere persönliche Risiko des bloßen Funktionärs auf seiner Seite hat?

Das alles sind ernste Schäden. Ein Weniges kann das Einschränken der Rechtsmittel helfen. Man kann die Zulässigkeit eines Rechtsmittels an die Bewilligung durch die Vorinstanz knüpfen. Diese hätte sie nur in Sachen von grundsätzlicher Bedeutung zu erteilen, sei es mit, sei es ohne Möglichkeit einer Abhilfe durch die obere Instanz, wenn die Zulassung versagt worden ist. Der Gesetzgeber hat hiervon schon mehr oder weniger weiten Gebrauch gemacht. So besonders für die Revision in allen Verfahrensarten (außer in Strafsachen[4c]), gelegentlich bereits für die Berufung (Wohnraumzwangswirtschaftssachen und verwandte Ballungsgebiete des Verwaltungsprozesses). Man kann die vereinfachte Verwerfung einer Revision als offensichtlich unbegründet ohne Urteil in Betracht ziehen, wie sie in Strafsachen bereits besteht. Auch in Strafsachen war sie erst schrittweise und in der Not der ansteigenden Rechtsmittelflut zugestanden worden, 1922 dem Reichsgericht, 1931 den Oberlandesgerichten. Für die Berufungsinstanz werden die Möglichkeiten des Gerichts in der verschärften Siebung

---

[4c]) und in bürgerlichen Rechtsstreitigkeiten, wenn die Beschwerung des Unterlegenen 6000 DM übersteigt: oberhalb dieser Wertstufe wird der Prozeß automatisch revisibel. Der geistloseste Maßstab — der kapitalistische — erbt sich aus der Zeit von 1877 unangefochten weiter, statt daß den Oberlandesgerichten auch hier die Befugnis gegeben würde, die Revision nur in Sachen von grundsätzlicher Bedeutung zulassen zu brauchen. Noch rückständiger wirkt die absolute Revisibilität in den Sachen, an denen der Fiskus aus Amtshaftung beteiligt ist, und weil er es ist. Das Reichsgericht hat auf diese Weise einmal einen Prozeß um wenige Groschen entscheiden müssen.

des Armenrechts, der Fristenkonzentration und der Zurückweisung verspäteten neuen Vorbringens schon nach geltendem Recht durchaus nicht immer ausgeschöpft. Einem Neubesinnen der Rechtsmittelgerichte auf Sinn und Grenzen ihrer Aufgabe hätte die Einsicht bei den Rechtsuchenden zu entsprechen, daß Rechtsmittel nicht Selbstzweck in der Hand eines Prozeßhasardeurs sein sollen, am wenigsten Gelegenheit zur Remedur nachlässiger Prozeßführung, sondern Garantie des besseren Rechtsfriedens. Doch bliebe das ein Programm rechtsstaatlicher Erziehung auf längere Sicht.

2.

Die dem Müller von Sanssouci zugeschriebene Antwort: „Ja, wenn das Kammergericht in Berlin nicht wäre!" konnte, obwohl der historischen Wahrheit entgegen, deshalb so populär werden, weil das Kammergericht im Denken des Volkes seit Generationen seinen festen Platz behauptete. Ein Gleiches wie vom Kammergericht wird ohne Einschränkung von dem ehemaligen Reichsgericht in Leipzig gesagt werden dürfen. Sein Name sprach für sich selbst; der Weimarer Staatsgerichtshof, das Reichsarbeitsgericht und (bis 1937) der Reichsdienststrafhof waren bei ihm errichtet. Kammergericht und Reichsgericht waren für den Bürger Bewußtseinsinhalte von überragender Symbolkraft. Mit ihnen verband sich die Vorstellung des Einmaligen, der Sichtbarkeit einer mit Opfern erkämpften unbedingten Herrschaft des Rechts. Und heute?

Der Bundesgerichtshof betrachtet sich als Nachfolger des Reichsgerichts. Er ist Nachfahre, ungeachtet der Qualität seiner Rechtsprechung: er ist eines von sechs oberen Bundesgerichten. Das Charisma eines höchsten Gerichtshofes eignet ihm nicht. Fragt man in der Bevölkerung, welche höchsten gerichtlichen Instanzen in Karlsruhe ihren Sitz haben, so gehen Bundesgerichtshof und Bundesverfassungsgericht hoffnungslos durcheinander.

Das GG gewährt dem Bürger zwar einen lückenlosen Rechtsschutz, aber eine Vielzahl von zersplitterten Gerichtszweigen. Wird er enteignet, so muß er gegen die Enteignung als solche vor den Verwaltungsgerichten angehen; die Enteignungsentschädigung ist vor den ordentlichen Gerichten zu verfolgen. Beschäftigt er einen Steuerhelfer, der ihm halbtagsweise gegen eine noch zu vereinbarende Vergütung seine Buchführung zu erledigen hat, so schlägt er sich vor dem Arbeitsgericht wegen der Angemessenheit des Honorars, vor dem Finanzgericht wegen der Lohnsteuerpflicht und vor dem Sozialgericht wegen der Heranziehung zu den Sozialversicherungsbeiträgen herum. Mitunter ist sogar zweifelhaft, vor welchen der verschiedenen Rechtswege (Gerichtszweige) eine Sache eigentlich gehöre. Kommen Klagen des Fernsprechkunden gegen die Post aus dem Fernsprechverhältnis vor die ordentlichen oder vor die Verwaltungsgerichte?

Fesseln solcher Art wollen die Befürworter des „Einheitsgerichts" auflösen. Einheitsgerichte kennen die USA. Dort wird (mit wenigen Ausnahmen) für alle Rechtssachen „das" Gericht in sogenannter Allzuständigkeit tätig. Die Debatte ist für die Bundesrepublik müßig, weil das GG die verschiedenen Gerichtszweige durch Art. 96 institutionalisiert hat. Im übrigen wäre das Einheitsgericht für deutsche Verhältnisse auch kaum ein Gewinn. Es würde ein Mammutgericht und alsbald wieder in die Fachabteilungen auseinanderfallen. Das Modell der USA ist schon deshalb nicht übertragbar, weil die Scheidung zwischen öffentlichem und privatem Recht, die die Aufspaltung der Gerichtsbarkeit in Deutschland weitgehend gefördert hat, dem angelsächsischen Rechtskreis fremd ist.

Dennoch kann die Einheit der Gerichtsbarkeit über ihre Zersplitterung hinweg Gestalt und Wirksamkeit gewinnen. Drei Wege bieten sich hierfür an.

Der eine entlastet den Rechtsuchenden von den rechtlichen Risiken der Wahl des zuständigen Gerichtszweiges. Früher trug er in zweifelhaften Fällen die volle Gefahr einer Fehlwahl. Erklärte das angegangene Gericht, nicht selten erst im Laufe der dritten Instanz, den zu ihm beschrittenen Rechtsweg für unzulässig, so mußte im anderen Rechtsweg von Anfang an neu geklagt werden. Hier hilft die Möglichkeit einer Verweisung ab. Sie erlaubt es, die bei Gericht bestehenden Bedenken wegen der Zulässigkeit des beschrittenen Rechtswegs durch einfache Verweisung (Überleitung) des Verfahrens in den Rechtsweg, den das Gericht an seiner Stelle für zulässig hält, zu überbrücken. Dann braucht die Sache dort nicht abermals anhängig gemacht zu werden; durch die ursprüngliche Klageerhebung gewahrte Fristen bleiben gewahrt, Verfahrenskosten werden verrechnet, vor allem aber: der neue Rechtsweg ist an die Verweisung gebunden und darf seine Zuständigkeit nicht mehr selbst in Zweifel ziehen. Im Verhältnis der ordentlichen (Zivil-) Gerichte zu den Arbeitsgerichten bestand diese Möglichkeit schon immer. Für ihr Verhältnis zu den übrigen Gerichtszweigen und für diese untereinander ist sie in den Jahren 1953 bis 1960 schrittweise geschaffen worden. Dieses Anliegen ist damit erfüllt.

Der andere Weg ist die Vereinheitlichung der Verfahrensordnungen. Er ist bisher erst in Anfängen beschritten. Freilich bestehen Schwierigkeiten nicht unbeträchtlicher Art. Der Rechtsgang in Deutschland kennt zwei nicht nur strukturell, sondern auch im ideellen Ausgangspunkt grundverschiedene Verfahrensmodi, die sogenannte Parteimaxime und die Untersuchungsmaxime. Die Parteimaxime beherrscht den Zivil- und den Arbeitsgerichtsprozeß. Grundlage der Entscheidung ist hier der Sachvortrag der Parteien. Von Amts wegen ermittelt wird nichts; das Gesetz geht davon aus, daß die Partei, um deren Interesse es sich handelt, von sich aus alles vortragen werde, was ihrem Begehren, ihrer Verteidigung irgend günstig ist. Der Richter soll zwar auf vollständige Beibringung des Tatsachenstoffes hinwirken; im Grundsatz aber gilt die Maxime als ein echtes Kind liberaler Auffassung vom freien Spiel der Kräfte, heute wie zur Zeit ihrer Schaffung im Jahre 1877. Der Untersuchungsgrundsatz, in dessen Bereich das Gericht die ihm erheblich erscheinenden Tatsachen von Amts wegen ermittelt, gilt im Gegensatz hierzu für das Strafverfahren, ferner für das gesamte Verwaltungsstreitverfahren, für das Sozialgerichtsverfahren und für das Verfahren vor den Finanzgerichten. Die Verfahrensordnungen für den Zivil- und für den Arbeitsgerichtsprozeß stimmen bereits weitgehend überein. Diejenigen für das Verwaltungsstreit-, das Sozialgerichts- und das Finanzgerichtsverfahren ließen sich ebenso weitgehend vereinheitlichen. Sie haben gemeinsam, daß ihnen allen, bevor es zur Klage kommt, ein behördliches Verfahren vorgeschaltet gewesen ist. In ihnen herrscht Untersuchungsgrundsatz und Amtsbetrieb des Verfahrens. Sie haben einen Kläger und einen Beklagten (meist die öffentliche Hand). Carl-Hermann Ule[5]) weist darauf hin, daß die Verwaltungsgerichte ohnehin in Fragen des Lastenausgleichs Materien aus der unmittelbaren Nachbarschaft zur Sozialgerichtsbarkeit, in Fragen des Kommunalsteuerrechts solche aus der unmittelbaren Nachbarschaft zur Finanzgerichtsbarkeit behandeln. Klagefristen, Rechtsmittelfristen, Formen der Prozeßhandlungen, Klagetypen (Anfechtungs-, Leistungs-, Feststellungsklagen), Vollstreckung — alles dies ließe in die Vereinheitlichung sich einbeziehen. Dem Bürger würde das Prozedieren vor den verschiedenen Gerichtszweigen schon dadurch erheblich erleichtert. Der Bundestag hat in einer Entschließung vom 29. 1. 1956 die Bundesregierung aufgefordert, „den Entwurf einer Prozeßordnung vorzulegen, die das Verfahren vor den ordentlichen Gerichten (mit Ausnahme des Strafverfahrens und des Verfahrens in Angelegenheiten der freiwilligen Gerichtsbarkeit), den Arbeitsgerichten, den Verwaltungsgerichten, den Sozialgerichten und den Finanzgerichten unter Wahrung der Besonderheiten der einzelnen Verfahrensarten vereinheitlicht".

Der dritte Weg ist die Zusammenfassung der Gerichtsbarkeit unter einem organisatorischen Dach, mag man es Rechtspflegeministerium heißen oder wie immer. Dieser Weg ist in Schleswig-Holstein und in Hamburg[6]) mit gutem Erfolg begangen worden. Der Deutsche Juristentag 1957 hat ihn mit überwältigender Mehrheit adoptiert. In Schleswig-Holstein wer-

---

[5]) Zur Vereinheitlichung der gerichtlichen Verfahrensordnungen DVBl. 1958, 691 ff. (695).

[6]) Interessant ferner die „Personalunion" in Berlin; dort amtiert das Verwaltungsgericht zugleich als Finanzgericht. Auch an solche Formen der Verzahnung (ordentliche Gerichte und Arbeitsgerichte — wie bis 1945 — einerseits, Verwaltungs-, Finanz- und Sozialgerichte andererseits) ließe sich denken. In der Bundesrepublik stünde das GG entgegen: für die oberen Bundesgerichte ausdrücklich, sinngemäß aber auch für die Instanzenverzweigung nach unten.

den die ordentlichen, die Verwaltungs- und die Sozialgerichte seit 1956 personal-, disziplinar- und haushaltsmäßig gemeinsam vom Justizministerium betreut, das sich damit als Modell eines Ministeriums für den gesamten Bereich der Rechtspflege darbietet. Der Gewinn allein schon für den Austausch der jungen Richter innerhalb der einzelnen Fachsparten ist unverkennbar. Hier kann noch einer einseitigen Verfachlichung der Richterschaft entgegengewirkt werden. Auch kann es unter einem Rechtspflegeministerium nicht mehr so leicht vorkommen, daß das Sozialgericht im Dienstgebäude der Krankenkasse etabliert wird oder daß das Finanzgericht telefonisch nur über einen Nebenanschluß des Finanzamts zu erreichen ist. Solche Dinge des Stils sind nicht ganz unwesentlich.

Daß vornehmlich die Verwaltungsrichter gegen die Entwicklung zum Rechtspflegeministerium Front machen und eifersüchtig ihre Eigenständigkeit, wo nicht mit eigener Gerichtsverwaltung, dann aber jedenfalls Seite an Seite mit der allgemeinen inneren Verwaltung verteidigen, ist nur ein Beweis mehr für die Richtigkeit der eingeschlagenen Marschroute. Denn an der ressortmäßigen Zuordnung der Verwaltungsgerichte zur Verwaltung kann niemand anders ein Interesse haben als die Verwaltungsrichter und die Verwaltung selbst. Am wenigsten der rechtsuchende Bürger, wie denn auch die Anwaltschaft am entschiedensten gegen den Weiterbestand des Alleinganges sich ausgesprochen hat. Man braucht in diesem Zusammenhange nicht einmal das Schlagwort von den „Hausgerichtsbarkeiten" zu bemühen. Es hat eine polemische Schärfe, die die Verwaltungsgerichte (gegen die es sich hauptsächlich kehrt) nicht verdienen; denn das unabhängig hohe Niveau ihrer Rechtsprechung gegenüber der durch sie kontrollierten Exekutive ist unbestritten. Aber es ist nun einmal nicht zu leugnen, daß die Verwaltung von *ihrem* Standpunkt aus die Verwaltungsgerichte als ihre haus-eigene Gerichtsbarkeit ansieht, sie haushaltsmäßig bevorzugt betreut[7]) und vor allem danach trachtet, sie auf weite Sicht mit den ihr genehmen Richtern zu besetzen und damit zu durchsetzen. Das letztere Bestreben wird auch an der Finanzverwaltung im Verhältnis zu den Finanzgerichten beobachtet und beklagt. Begründet wird die „naturgeheiligte Ehe" von Verwaltung und Verwaltungsrichtern damit, daß zur Ausübung des verwaltungsrichterlichen Amtes eine gründ-

---

7) Der Verwaltungsgerichtsrat war lange Zeit und vielerorts besser besoldet als der Landgerichtsrat, der Oberverwaltungsgerichtsrat besser als der Oberlandesgerichtsrat. Bei der geringen Zahl der Richterstellen an den Verwaltungsgerichten schlug das verhältnismäßig nicht zu Buche; und daß der Innenminister in den Länderkabinetten eine unvergleichlich stärkere Stellung hat als der Justizminister, ist eine altbekannte Tatsache. Besagtes Besoldungsgefälle besteht noch heute in Nordrhein-Westfalen. Das BVerfGer. hat es mit dem Gleichheitsgebot innerhalb der rechtsprechenden Gewalt für vereinbar erachtet, wenngleich nicht ohne gewichtige grundsätzliche Bedenken (DVBl. 1961, 730).

liche Erfahrung in der Praxis der vollziehenden Gewalt unerläßlich sei, die Verwaltungsrichter sich also, wenn nicht schon kraft gesetzlichen Gebots[8]), so doch auch ohne ein solches sich aus deren geschultem Beamtenkörper, und zwar ausschließlich, zu rekrutieren hätten. Ob hierbei die Gefahr einer unbewußten Festlegung auf den Routinehorizont der Exekutive richtig gesehen wird? Das ehemalige preußische Oberverwaltungsgericht ergänzte sich zum erheblichen Teil unmittelbar aus Richtern der ordentlichen Gerichtsbarkeit. Ihr fachliches Einfühlungsvermögen und die Qualität ihrer Arbeit hielt anerkanntermaßen jedem Vergleich mit den aus der Verwaltung stammenden Mitgliedern des Gerichtshofs stand. Auch bei ihrem Neuaufbau nach 1945 haben die Verwaltungsgerichte in nicht unbeträchtlichem Umfange auf Richter der ordentlichen Gerichtsbarkeit zurückgegriffen, und gern zurückgegriffen. Richter sein heißt eben nicht, in erster Linie juristischer Fachmann sein. Der Mensch ist um so leichter lenkbar, um so mehr in seiner inneren Unabhängigkeit gefährdet, je mehr er zum Spezialisten wird.

3.

Es wurde oben gesagt, daß das Verwaltungsstreitverfahren, das Finanz- und das Sozialgerichtsverfahren nach dem Modell eines Parteienstreits gebildet sind. Die öffentliche Hand als Partei bewegt sich in ihnen ganz buchstäblich auf derselben Ebene (unterhalb des Richtertisches) wie ihr Gegner, nicht anders als in jedem Zivilprozeß. Die Tatsache ist immerhin bemerkenswert. Nicht so sehr, weil ein Kläger auftreten muß; das Gericht wahrt nur dann Abstand und Unabhängigkeit, wenn es nicht von sich aus, vielmehr erst auf Anrufen tätig wird. Sondern weil ihm ein Beklagter gegenübergestellt wird, auch wo dieser eine in der Sache selbst der Objektivität verpflichtete, „an Gesetz und Recht gebundene" Verwaltung ist: es wären andere Lösungen denkbar. Etwa die, das Verfahren als ein einseitig betriebenes Antragsverfahren zu gestalten, mit Anhörung der auf der Behördenseite vorgesetzten oder aufsichtführenden Dienststelle und mit einem gerichtlichen Ausspruch, der den Antrag ablehnt oder die mit dem Antrag begehrte Rechtsfolge ausspricht. Aber der Rechtsgang[9]) soll, wo immer möglich, als ein echter Zweikampf ausgefochten werden. Man kann es eleganter noch mit dem Bilde von Calamandrei sagen, eine Waage schwinge um so feiner aus, je weiter die Waagschalen vom Drehpunkt des Waagebalkens entfernt sind.

[8]) Dahinzielende Bestrebungen hat die Verwaltungsgerichtsordnung von 1960 abgebogen.

[9]) Die Sprache bildet auch dieses Wort recht treffend. Duell und Mensur haben „Gänge", der Boxkampf nicht. Den Prozeß des Mandanten „über die Runden zu bringen" ist anwaltliche Parodistik.

Nach Ablösung der Blutrache wurde in den germanischen Volksrechten noch bis an die Schwelle des Mittelalters die Ahndung der Missetat durch Klage des Verletzten gegen den Schuldigen eingeleitet, der Ausgang der Sache häufig durch Zweikampf vor Gericht entschieden. Heute ist für Strafe und Sühne an die Stelle des privaten Klägers der öffentliche Kläger getreten. Die Strafprozeßordnung bewahrt noch einen Rest des historischen Ursprungs, wenn sie von „öffentlicher Klage" spricht und darin sowohl die eigentliche Anklage wie den Antrag auf gerichtliche Voruntersuchung einbegreift. Doch der öffentliche Kläger erscheint als Staatsanwalt nunmehr auf der Ebene des Richtertisches. Er erscheint dort nicht, wo er tatsächlich nur Partei ist, als Kläger auf Anfechtung der Ehelichkeit eines Kindes, auf Nichtigerklärung einer Ehe, als Beklagter im Verfahren auf Anfechtung oder Wiederaufhebung einer Entmündigung. Aber im Strafverfahren ist er nicht „Partei". Er vertritt den Strafanspruch des Staates über dem Angeklagten. Der deutsche, überhaupt der kontinentale Strafprozeß ist anders als der angelsächsische kein Zweikampf unter Gleichgestellten. Er ist ein zwar rechtsstaatlich konzipiertes, aber immer noch stark obrigkeitsstaatlich modelliertes Gebilde. Auch die in einigen Bundesländern eingeführte Übung, den Staatsanwalt „unten" gegenüber dem Verteidiger Platz nehmen zu lassen, ändert nichts an der seit Jahrzehnten wiederholten Klage der Anwaltschaft über die mangelnde Waffengleichheit vor den Schranken des Strafrichters.

Erträglich ist dieses System nur, wenn die Gewähr besteht, daß der Staat auf der „Kläger"seite sich dafür um so lauterer in der Gerechtigkeit gegenüber jedermann zur Geltung bringt. Es ist das vielerörterte Problem der Unabhängigkeit des staatsanwaltlichen Amtes.

Der Staatsanwalt steht, seit es ihn gibt, im Prüffeld von Legalität und Opportunität. Das Gesetz verpflichtet ihn grundsätzlich zur Legalität: er ist „verpflichtet, wegen aller gerichtlich strafbaren und verfolgbaren Handlungen einzuschreiten, sofern zureichende tatsächliche Anhaltspunkte vorliegen" (§ 152 StPO). Nur in gewissen Fällen hat er die Möglichkeit, bei fehlendem öffentlichen Interesse und teilweise mit Zustimmung des Gerichts von der Verfolgung abzusehen; vielfach sind es Bagatellfälle. Mit dieser seiner Stellung zur Sache selbst kreuzt sich die Vorschrift des GVG (§ 146), die ihn generell der Weisung seines Dienstvorgesetzten unterwirft. Kann der Dienstvorgesetzte ihn hiernach anweisen, eine bestimmte Straftat unverfolgt zu lassen, auch wenn sie unter legalitären Verfolgungszwang fiele? Kann er ihn anweisen, Anklage zu erheben, auch wenn zureichende tatsächliche Anhaltspunkte nicht vorliegen, etwa um eine Angelegenheit aus politischen Gründen „hochzutreiben"?

Früher und auch vor 1933 wurden solche Weisungsbefugnisse gemeinhin bejaht. Die Verantwortung vor dem Gesetz trug die weisunggebende Stelle. Wer sich nicht glaubte fügen zu können, mochte darauf verzichten, Staatsanwalt zu werden. Mißbräuche sind damals vorgekommen. Aber erst der totale Mißbrauch im Dritten Reich hat dahin geführt, das Problem nach 1945 vom Organisatorischen zu lösen und es rechtsethisch zu fundieren. Ansatzpunkte waren vom Gesetz her zwei Strafvorschriften, die über die Begünstigung im Amt und die über die Strafverfolgung Unschuldiger (§§ 346, 344 StGB). Man folgerte, daß ein Staatsanwalt nicht angewiesen werden könne, gegen Gewissen und bessere Einsicht eine Strafverfolgung zu unterlassen oder aber einzuleiten, weil er durch Befolgen der Weisung sich selbst strafbar machen würde. Die Gefahr, daß mit der Weisung auf Unterlassen einer gebotenen Strafverfolgung Mißbrauch getrieben werde, ist bei allem die durchaus größere. Eine zu Unrecht erhobene Anklage verfällt der Ablehnung der Eröffnung des Hauptverfahrens, äußerstenfalls dem Freispruch. Eine nicht erhobene Anklage ist als Schaden an der Gerechtigkeit vielfach unwiderbringlich. Es ist ohnehin mehr als eine läßliche Sünde, wenn, wie Hans v. Hentig in seinen Untersuchungen zur Soziologie des Verbrechens berichtet[10]), im Bereich des öffentlichen Dienstes manifeste Straftaten gar nicht zur Kenntnis des Staatsanwalts gelangen, sondern schon vorher „arrangiert" werden.

Die Staatsanwälte haben hieraus die Forderung abgeleitet, ihnen die gleiche Unabhängigkeit zu geben wie den Richtern. Daran scheint soviel berechtigt, daß der Staatsanwalt in seiner Aufgabe, strafbare Sachverhalte zu erforschen und sie bei hinreichendem Tatverdacht der richterlichen Klärung durch die gesetzlich geforderte Anklage zuzuführen, Teil der rechtsprechenden Gewalt ist. Wo diese Aufgabe durch Weisungen der politischen Zentralinstanz behindert wird, um zu vertuschen, da wird durch ihn hindurch die Rechtsprechung abgeschnürt — eine so „gefesselte Justiz" (um einen rechtsradikalen Streitruf aus den zwanziger Jahren richtigzustellen) bedürfte der Entfesselung nicht anders als die mißbräuchlich in Bewegung gesetzte, wenn Tendenz-Anklagen befohlen und erhoben werden. Wieviel Mut auf seiten der Staatsanwälte dazu gehört, gesetzwidrigen Weisungen zu widerstehen, hat die Berliner Justizkrise[10a]) des Jahres 1960 in ein scharfes Licht gerückt. Weisungsfreiheit in der Führung der Ermittlungen und in der Verantwortlichkeit der Entschließung, ob anzuklagen oder einzustellen sei, wird unter solchen Umständen zu einem

---

10) Das Verbrechen, Teil I (Springer 1961), S. 85.

10a) Einige jüngere Dezernenten der Westberliner Staatsanwaltschaft glaubten sich durch den Justizsenator angewiesen, bestimmte Bestechungsfälle bei den anderen Senatsverwaltungen ununtersucht zu lassen. Der jüngste von ihnen war Assessor; er nahm die Vorgänge zum Anlaß eines Gesuchs, von seiner heranstehenden Anstellung zum Staatsanwalt abzusehen. Ein darüber hinaus unternommener gemeinsamer Protestschritt führte zur Amtsenthebung des vorgesetzten Generalstaatsanwalts (der diesen Schritt gedeckt hatte) und zu ausgedehnten parlamentarischen Erörterungen.

dringlichen Gegenstand rechtsstaatlicher Grundlegung des staatsanwaltlichen Dienstes. Ein uneingeschränkter richterlicher Status im Bezug auf persönliche Unabhängigkeit braucht damit nicht notwendig verbunden zu sein. Staatsanwaltliche Arbeit ist weit stärker an Akten gebunden als richterliche Arbeit in Verhandlung und Urteil; die Versetzung eines Staatsanwalts schadet nicht, solange der Nachfolger in der Weiterführung der Ermittlungen und in der das Vorverfahren beendenden Entschließung genau so weisungsfrei ist wie sein Vorgänger. Andererseits gibt es nicht wenige Materien, in denen die Weisung sich nach wie vor betätigen darf: in Rechtsfragen, die zweifelhaft sind und von den Gerichten unterschiedlich beurteilt werden, in reinen Zweckmäßigkeitsfragen (Abgabe, Verbindung, Trennung von Ermittlungsverfahren, Wahl zwischen mehreren Gerichtsständen, zwischen Anklage und Strafbefehl), in Fragen des von politischen Wertvorstellungen bestimmten Ermessens, wie der, ob ein öffentliches Interesse anzunehmen sei oder nicht (Anklage oder Verweisung des Geschädigten auf den Privatklageweg; Richtlinien über Schwerpunkte bei der Strafantragspraxis), in Fragen der Vollstreckung, der Gnadenpraxis und anderen mehr. Nicht zur weisungsgebundenen Ermessenssphäre aber gehört der Antrag des Staatsanwalts in der Hauptverhandlung. Das ist der Sinn des bekannten Wortes: la parole est libre, la plume est serve. Die Feder (des Staatsanwalts) mag unter Umständen gehorchen müssen. Aber das Wort, d.h. sein mündlicher Antrag in der Hauptverhandlung ist frei. Denn nur er, nicht sein Vorgesetzter hat die Hauptverhandlung miterlebt, und nur er kann daher die Gerechtigkeit im Spruch so fördern helfen, wie es der rechtsstaatliche Auftrag an die Staatsanwaltschaft zeit ihres Bestehens gewesen ist.

4.

Daß der Ruf nach der Entfesselung der Dritten Gewalt von einem Vertreter der Verwaltungsgerichtsbarkeit ausging, war nicht überraschend. Denn hier stoßen die Dinge sich am härtesten. Hie Kontrolle der Exekutive durch Gerichte, dort ein administrativer Überbau über eben diese Gerichte durch eben dieselbe Exekutive, die sie zu kontrollieren haben. Wer über die Subsistenzmittel verfügt, verfügt letzten Endes in der Sache selbst. Wer über Anstellung, Beförderung und Disziplinierung der Richter bestimmt, bestimmt den Grad der richterlichen Unabhängigkeit. So wurde von den Verwaltungsgerichten befürchtet. Verfügung und Bestimmung aber liegen in Händen der Exekutive. Die gleichen Befürchtungen müßten für die Finanzgerichte, und in ähnlichem, wenngleich abgeschwächtem Maße auch für die Arbeits-, Sozial- und ordentlichen Gerichte gelten. Sie alle unterstehen in Etat- und Personalfragen einer Ministerialbürokratie mit einem politischen Ressortminister an der Spitze. Wenn die Verwaltungsgerichte in einer Reihe von Bundesländern es erreicht haben, nicht mehr dem Innenminister, sondern dem Ministerpräsidenten unmittelbar zu unterstehen, so ändert das an dem Problem selbst wenig oder nichts. Zwar ist dadurch die als lästig empfundene Abhängigkeit von einem Ressortminister abgeschafft und andererseits die zäh verteidigte esoterische Position bewahrt. Aber was ist der Ministerpräsident anderes als Exekutive, nur auf höherer Ebene?

Auch die rechtsprechende Gewalt wird „verwaltet". Interne Verwaltungsaufgaben fallen bei ihr an wie bei jeder Wahrnehmung organschaftlicher Funktionen des Staatslebens. Man könnte sie als Intendanturgeschäfte bezeichnen. Daß die Gerichtsverwaltung in der Breite von anfangs Sache der Einzelstaaten im deutschen föderalen System gewesen ist, hat dem Leben der Gerichte den oft bemitleideten provinziellen Zug verliehen, den es bis heute nicht hat ablegen können. Würde es das Übel bessern, die sachlichen Notwendigkeiten wahren, die Unabhängigkeit der Rechtspflege stärken, wenn man den Gerichten die Verwaltung ihrer eigenen Angelegenheiten in autonomer Regie überließe?

Das wird immer wieder gefordert. Nichtsdestoweniger wäre es eine Utopie. Es wäre gewiß die idealste Gewaltenteilung, wenn die Gerichte ihren eigenen Etat in den Landtagen einbringen und vertreten könnten, ohne hierbei durch den Ressortminister sich vertreten lassen zu müssen. Aber Etatkämpfe sind nun einmal politische Machtkämpfe, und auf diesem Felde wären Richter von Anfang an hoffnungslos unterlegen. Sie würden vom Finanzminister einfach überspielt. Hier braucht es schon der ebenbürtigen und sachkundigen Treuhänderschaft des zuständigen Fachministers — im allgemeinen wird man nicht sagen können, sie habe sich nicht bewährt. Unterhalb der Ebene der Ministerien liegt die Verwaltung der internen Angelegenheiten der Gerichte ohnedies in deren eigener Hand. Solche Aufgaben der Gerichtsverwaltung wahrzunehmen hat deshalb auch das Richtergesetz den Richtern ausdrücklich gestattet.

Der Gerichtspräsident, von dem wiederholt die Rede war, ist ein Doppelwesen. Er ist Richter seines Gerichts; als solcher bestimmt er die Kammer (den Senat), der er sich anschließt; keine noch so große Belastung mit Präsidialgeschäften entbindet ihn von der Pflicht[10b]), an der Rechtsprechung seiner Kammer (seines Senats) den richtunggebenden Anteil zu behalten. Auf der anderen Seite ist er Organ der Gerichtsverwaltung: Disziplinarvorgesetzter, Träger des Hausrechts für das Dienstgebäude, Verfügender über die seiner Bewirtschaftung unterstellten Etatsmittel, Einstellungsbehörde für das Unterpersonal u. a. m. In dieser Eigenschaft steht er in einer weisungsgebundenen Hierarchie bis hinauf zum Minister. Gehilfen in seiner Verwaltungstätigkeit kann er sich unter seinen Richtern auswählen; er hat hierbei das Recht des ersten Zugriffs, noch vor dem Prä-

[10b]) RG in RG 130, 154 und JW 1932, 2874; BGH in NJW 1959, 101.

sidium. Übrigens übt auch dieses durch die Geschäftsverteilung Aufgaben der Gerichtsverwaltung aus.

Für das Eigenbestimmungsrecht der Gerichte in Fragen der Ergänzung ihres Richterkörpers ist schon in anderem Zusammenhang (oben Seite 135) die Alternative zur ministeriellen Anstellungspraxis und zur Richterwahl erörtert. Ideallösungen gibt es auch da nicht; es geht wie so oft nur um die Wahl des geringsten Übels. Nachzuholen bleibt, wie es bei der Handhabung der Beförderungen aussehe. Sie ist eine unbestrittene Domäne der Ministerien, auch da, wo für die Ersteinstellung Richterwahl herrscht. Daß von hier aus der Unabhängigkeit des Richters beträchtliche Gefahren drohen, springt in die Augen. „Nicht jeder ist zum Märtyrer für eine Idee geboren; aber jedermann hat die Pflicht, für sein Fortkommen und für seine Familie zu sorgen" lautet es in der lebensnahen Formulierung von Paulus van Husen. Hält man das zynische Wort des preußischen Justizministers Leonhardt aus den siebziger Jahren dagegen: „Solange ich über die Beförderungen bestimme, bin ich gern bereit, den Richtern ihre sogenannte Unabhängigkeit zu konzedieren", so wird das bis heute beibehaltene System in seiner Brüchigkeit fast schon überdeutlich. Manche sehen die Wurzel des Übels in dem beamtenförmigen Qualifikationsturnus. Es ist vorgeschlagen worden, die Präsidenten der Gerichte, die die Qualifikationen über die Richter zu erstellen und dem Minister einzureichen haben, in ihrer Funktion auf Zeit bestellen und sie nach Ablauf der Amtsperiode in das Gericht zurücktreten zu lassen. Man kann ferner die Beförderungen an ein Vorschlagsrecht der Richterschaft des nächsthöheren Gerichts (die den zu Befördernden in seinen Leistungen aus eigener Sachkunde am besten kennt) knüpfen, unter Umständen unter Mitwirkung der Anwaltschaft. Diese wird zum Teil schon jetzt in das Beförderungsverfahren eingeschaltet. Das Richtergesetz hätte hier eine hervorragende Aufgabe gehabt. Es ist auf halbem Wege stehen geblieben, da es die bloße Anhörung eines richterlichen Gremiums, des sogenannten Präsidialrats[11]) vorsieht. „Anhörung" ist unverbindlich, solange der zu Hörende nicht wenigstens ein Vetorecht hat. Ob der Präsidialrat wirkliches Gewicht gewinnt, wird damit zur Frage seines guten Kontaktes mit dem Ministerium — aber das ist eine Eigenschaft, die den Taktiker, nicht immer den Richter von Charakter auszeichnet. — Die Handhabung der Disziplinargewalt durch die Exekutive bleibt daneben die geringste Sorge, nachdem das Richtergesetz als Disziplinarverfügung in der Macht des Vorgesetzten

[11]) Er ist (in den Ländern) für jeden Gerichtszweig zu errichten und besteht aus einem Gerichtspräsidenten als Vorsitzenden und aus Richtern, von denen mindestens die Hälfte durch die Richter zu wählen sind. Wie hat man sich die Stellung des Gerichtspräsidenten zu denken, der doch in der Regel den Beförderungsvorschlag als Organ der Gerichtsverwaltung bereits eingereicht hat und ihn nunmehr im Präsidialrat erneut und verantwortlich zur Erörterung stellen soll?

nur die leichtesten (Warnung, Verweis) belassen hat und dieser Vorgesetzte zunächst der Gerichtspräsident, also immerhin eine richterliche Persönlichkeit ist. Gegen ihn ist zudem der Appell an das Dienstgericht offen.

Eines allerdings könnte und sollte von Grund auf gebessert werden. Die Gängelung des Richters durch ein System schablonenhafter Kontrolle seiner Leistungen schleppt sich vielerorts noch fort als ein Zopf aus der Zeit des Obrigkeitsstaates, der die ihm höchst suspekte Hoheit des richterlichen Amtes durch inferiorisierende Züge geglaubt hatte abschwächen zu müssen. Noch heute existieren die sogenannten Pensenzahlen, Schlüsselzahlen für die Menge an Urteilen, die ein Richter „machen" muß, um „ausgelastet" zu sein. Die Zahlen sind von Kalkulatoren im Ministerium errechnet und streng geheim; sie dienen als Grundlage für Stellenbewilligungen und Beförderungen. Keinem Regierungsrat würde man einen derartigen Pensenschlüssel auch nur anzusinnen wagen. Der Rechtsstaat sollte es nachgerade unter seiner Würde finden, die Arbeit seiner Richter weiterhin in der Art eines Plansolls nach Zahl, Pfund und Elle zu messen. Ein Richter„potential", das administriert wird, kann keine zukunftsträchtige Richtergesinnung aufkommen lassen.

2. Kapitel

Wider das Kollektiv

1.

Die Würde des Menschen zu achten und zu schützen ist Verpflichtung aller staatlichen Gewalt. Der Befehl des Art. 1 GG, der dies ausspricht, weiß um die Verletzlichkeit der Menschenwürde, ihr Ausgeliefertsein in einer Zeit der elementaren Berührung mit dem Unmenschlichen. Er zielt auf die Macht, die das Menschentum im Raum des Mitmenschlichen — denn im innersten Bezirk ist es „unantastbar" — übermächtig bedroht. Diese Macht ist zunächst der Staat selbst. Er hat die Menschenwürde zu achten. Nächst ihm ist Macht das Kollektiv; vor kollektivem Zugriff hat der Staat die Menschenwürde vornehmlich zu schützen.

Das Kollektiv tritt in vielfacher Gestalt auf. Es äußert sich als Verbandsmacht, organisierte Wirtschaftsmacht, publizistische Macht, politische Macht oder einfach als gesellschaftliche Macht. Staatliche Macht ist vorwiegend statisch, in sich ruhend; Macht des Kollektivs ist vorwiegend dynamisch. Seine Dynamik richtet sich gegen den, dem die Überlegenheit der Gruppe gilt: gegen das Mitglied bei der Verbandsmacht, gegen den Partner der Wirtschaftsordnung bei der organisierten wirtschaftlichen Macht, gegen den Unliebsamen bei der publizistischen Macht, gegen den

Außenstehenden bei der gesellschaftlichen Macht, gegen die reine Sachbezogenheit behördlicher Willensbildung bei der politischen Macht. Zum Wesen des Kollektivs gehört es, Widerstand zu brechen oder in Schach zu halten, im Idealfalle ihn gar nicht erst aufkommen zu lassen. Das Kollektiv will die Ordnung, eine Teilordnung, nach seinem Bilde.

So wenig Macht an sich böse ist, so wenig kann der Rechtsstaat das Kollektiv als solches mißbilligen, geschweige denn bekämpfen wollen. Bekämpfen könnte er es nur um den Preis neuer Kollektive. Mißbilligen überstiege seine Legitimation, da er selbst als Staat ein Kollektiv eigener Art darstellt. Aber Macht ist die stete Verführung zum Mißbrauch der Macht. Die Macht in die Macht zu bekommen ist das Wesensgesetz des Rechtsstaates. In dieser Wesensgesetzlichkeit muß er danach streben, die Kontrolle über das Kollektiv zu gewinnen, um dem Mißbrauch des Kollektivzwanges zu wehren. Die Aufgabe ist weit schwieriger als das Aufrichten von Kontrollen im Bereich der reinen Staatlichkeit. Hier liegt offensichtlich seine Achillesferse, heute und künftig.

2.

Macht des Kollektivs äußert sich zunächst als Sog. Geschieht das auf geistigem oder politischem Felde, dann läßt sich dem mit den Mitteln des Rechts so gut wie nicht entgegentreten, solange das Menschenbild der Verfassung (vielleicht zu optimistisch?) von der freien Einzelpersönlichkeit ausgeht, die sich entscheiden kann, einer Verlockung zu folgen oder nicht. Nur verfassungsfeindliche Bestrebungen machen hier eine Ausnahme. Ein Entstehen von radikalisierten Massenbewegungen ist, unter den Sicherungen des GG, nicht möglich. Auffälligerweise wird auf wirtschaftlichem Gebiet der Schutz des einzelnen gegen den hidden persuader angelegentlich gepflegt. Die Gerichte schützen ihn förmlich gegen sich selbst, wo auch nur die Gefahr besteht, er könne den Einflüsterungen anonymer Kräfte in der Wirtschaftswerbung blindlings unterliegen. Beklagen würde er sich in aller Regel erst, wenn er sich betrogen fühlt. Aber er soll von vornherein zwischen den verschiedenen Angeboten auf dem Markt zuverlässig vergleichen können. Dem dient eine immer strengere und differenziertere Rechtsprechung in Fragen des unlauteren Wettbewerbs. Sie stellt es konzentrisch darauf ab, daß der „flüchtig Betrachtende“, ja gerade der nachlässige, der arglose, der unorientierte Durchschnittskäufer durch die Art der Werbung nicht dürfe irregeführt werden. Das ist zwar nicht ohne einen Anflug von Armutszeugnis für das (deutsche?) Käuferpublikum, aber immerhin zugleich ein guter Gradmesser für die steigende Undurchsichtigkeit der Produktionsvorgänge und für die steigende Massenförmigkeit des Absatzes.

Dem Sog benachbart ist die unerkannte, im besonderen die geheime Kollektivmacht. Sie zu demaskieren gelingt nicht ohne den Gesetzgeber.

Der Wähler hat Anspruch darauf, zu erfahren, welche Geldgeber hinter einer politischen Partei stehen. Hier läßt das durch Art. 21 GG geforderte Parteiengesetz noch immer auf sich warten. Im Pressewesen soll eine verbreitete Übung bestehen, wonach Tageszeitungen sich „unabhängig" nennen, auch wenn sie einer bestimmten politischen Richtung oder Partei nahestehen, sofern sie nicht gerade als das offizielle Parteiorgan herausgegeben werden. Das führt zu Mißdeutungen, dringt aber nach außen und vor die Gerichte meist nur im Konkurrenzkampf um die Anzeigenaufträge der Werbeagenturen. Die Bezeichnung „demokratisch" ist nicht geschützt; mit Vorliebe haben östlich gesteuerte Organisationen sich hinter dieser Tarnbezeichnung verborgen; das hat zu der Groteske geführt, daß andere, verfassungstreue Organisationen sich darauf berufen mußten, sie seien „wirklich" demokratisch. Wiederum haben wirtschaftliche Interessen am ehesten ihren Schutz erfahren. Das Aktiengesetz schreibt vor, daß die Aktiengesellschaft alljährlich einen detaillierten Geschäftsbericht zum Handelsregister einzureichen habe. Die Einsicht in die Registerunterlagen ist öffentlich. Wer sich für den Aktienmarkt interessiert, kann aus ihnen über konzernmäßige und sonstige Verflechtungen wenigstens annähernd sich ein Bild machen. Freilich besteht ein gleicher Publizitätszwang für die GmbH nicht (obwohl oft gefordert), ein Grund, warum auf diese Organisationsform vorzugsweise ausgewichen wird. Ein Gesetzgeber, der konsequent genug ist, in verborgene kollektive Einflußzentren hineinzustoßen, kann im übrigen immer auf die Zustimmung der Bevölkerung rechnen. Wie erinnerlich, hatte die Kennzeichnungspflicht des neuen Lebensmittelgesetzes eine Woge der Zustimmung aus den Verbraucherkreisen gebracht. Nur setzte alsbald die Reaktion der organisierten Interessen von Import und Industrie ein, die zugunsten der Fremdstoffe, aber gegen ihre Kennzeichnung Ausnahmen über Ausnahmen in verwirrender Undurchschaubarkeit durchsetzten. Der Vorgang beleuchtet die Schwäche der Position, in die eine Ministerialbürokratie gerät, wenn sie sich durch kollektive Interessentenwünsche ausmanövrieren läßt.

3.

Kollektive an der offenen Ausübung ihrer Macht zu hindern, sobald sie gegen das Recht geschieht, stellt sich als Aufgabe ungleich lohnender.

Eine frühere Gesellschaftsauffassung, die den Sozialkörper in seine Individuen auflöste und die Individuen im freien Spiel der Kräfte gebunden sah, hatte für die Konkurrenz aller gegen alle keine andere rechtliche Schranke als die des Verstoßes gegen die guten Sitten setzen können. Sittenverstöße müssen einsichtig sein und sind fast so schwer festzustellen wie strafbares Verhalten. An diesem, für den einzelnen geltenden Maß wurden auch die aufkommenden Kollektive gemessen. Das bedeutete, daß ihnen bis an die Grenze des Boykotts oder des Strafgesetzbuches so ziemlich jede Pression freigestellt war. Noch heute wird der alte Maßstab angewendet auf Gebieten wie namentlich dem Verbandswesen außerhalb der freien Wirtschaft, aber auch in der Wirtschaft jenseits der Reichweite des Kartellgesetzes: der Druck zur Unternehmenskonzentration hat sich nicht zuletzt deshalb noch so gut wie ungehindert auswirken können. Der Rechtsanwendung durch die Gerichte bietet sich einstweilen nichts als die hochliberalistischen Kategorien.

Allmählich erst beginnt das Rechtsdenken einer gewandelten Zeit die Stellung des einzelnen gegenüber der offenen Kollektivmacht zu verstärken. Das Problem Einzelaktionär gegen Depotstimmrecht der Großbanken ist durch die hartnäckigen Prozesse des Kleinaktionärs Nold in das Bewußtsein der Öffentlichkeit gedrungen und aus der Aktienrechtsreform nicht mehr wegzudenken. Vor allem der Grundrechtsteil des GG kann erfolgreich als Hebel gegen kollektive Anmaßungen angesetzt werden. Denn auch das Kollektiv ist nie autonom, sondern an die Wertordnung des GG gebunden. Dafür gibt es instruktive Beispiele aus der Rechtsprechung:

Im Jahre 1951 hatte der Direktor des städtischen Mädchengymnasiums zu Minden einer Reihe von Kindern, nachdem sie das übliche Ausleseverfahren erfolgreich durchlaufen hatten, die Aufnahme in die Sexta versagt und als Begründung Überfüllung angegeben. Unter den abgewiesenen Kindern befanden sich vier Töchter von Beamten des damaligen Eisenbahnzentralamts für die britische Zone[1]), das in Minden residierte. Diese vier Mädchen wurden nachträglich doch noch aufgenommen. Wie sich herausstellte, hatte das Eisenbahnzentralamt seine frühere Übersiedlung nach Minden von der Zusage der Stadtverwaltung abhängig gemacht, daß die Kinder der Dienststellenangehörigen des Amtes bei Bestehen des Aufnahmeexamens vorrangig in die städtischen höheren Schulen einzuschulen seien. Der Vater eines der anderen abgewiesenen Kinder klagte daraufhin im Verwaltungsstreitverfahren gegen die Schule. Er hatte Erfolg[2]); der Ausschluß von der Aufnahme in die Sexta mußte rückgängig gemacht werden. Der Grundsatz der Gleichheit im Zugang zu den öffentlichen Bildungswegen duldet keine durch Druck erzwungene und im übrigen jeden sachlichen Maßstabes bare Bevorzugung.

Den Gleichheitsgrundsatz gegenüber der kollektiven Tarifsatzung hat das Bundesarbeitsgericht in einer grundlegenden Entscheidung vom 15. 1.

---

1) Die Bundesbahn weist in dem hier gebrauchten Sinne Züge des Kollektivs auf. Das betont Scheuner in „Der Staat und die Verbände“, hrsg. von Beutler u. a. (Heidelberg 1957), S. 12. Der Linienbus-Unternehmer Rammelmann hat die Selbständigkeit seines Unternehmens gegenüber der Bundesbahn, die er in seinen Tarifen unterbot und die ihn deshalb durch Konzessionsentziehung lahmzulegen strebte, in jahrelangen Verwaltungsgerichtsprozessen erfolgreich verteidigt.

2) LVG Minden JZ 1952, 490.

1955[3]) verfochten. Ein Tarifvertrag sah für Frauen bei sonst gleicher Leistung niedrigere Löhne vor. Die Bestimmung wurde auf Klage einer benachteiligten Arbeitnehmerin für nichtig erklärt.
Züge des Kollektivs nimmt nachgerade auch der neuzeitliche Straßenverkehr an. Nach einem Unfall auf der Autobahn — ein Fahrer war nachts nicht auf Sicht gefahren und gegen ein unbeleuchtetes Hindernis auf der Fahrbahn geprallt — wurde geltend gemacht, der moderne Schnellverkehr sei ohne Blutopfer nicht denkbar, und Verluste an Menschenleben und Gesundheit müßten in Kauf genommen werden, wo deren Verhütung eine Drosselung der Geschwindigkeit erfordern würde. Die Vereinigten Großen Senate des BGH[4]) haben diese Auffassung zurückgewiesen. Das Menschenleben sei unantastbar; sein Schutz sei die wichtigste Aufgabe der Rechtsgemeinschaft. Es beanspruche daher auch im Verkehr auf der Autobahn den Vorrang vor dem Wunsch des einzelnen, rasch vorwärts zu kommen[5]).

Streik und Aussperrung sind seit dem Ende des ersten Weltkriegs als legale Mittel des Arbeitskampfes anerkannt. Das Bundesarbeitsgericht sieht die Legalität in der Waffengleichheit der Partner gesichert, wenn die Waffe des Streiks und der Aussperrung unter Wahrung der rechtsförmlichen Voraussetzungen eingesetzt wird, die der für die Partner verbindliche Tarifvertrag hierfür bestimmt. Wilde Streiks dagegen, namentlich politische Streiks, sind und bleiben rechtswidriger Bruch des Arbeitsverhältnisses und dürfen mit fristloser Kündigung beantwortet werden. Auf dem Gebiet des kollektiven Ausgleichs hat die Sozialordnung sich bisher am deutlichsten verfestigt. Doch sind auch da die Schranken des GG unübersteigbar. Die generelle Anerkennung der negativen Koalitionsfreiheit — als der Freiheit, kollektiven Zusammenschlüssen des Arbeitslebens fernbleiben zu dürfen — hat beispielsweise zur Folge, daß die gelegentlich versuchten sogenannten Absperrklauseln in Tarifverträgen, die die Beschäftigung von Nichtorganisierten verbieten, als nichtig angesehen werden[6]). Interessant wurde das Gegenstück hierzu, als vor einiger Zeit der

---

[3]) AP Art. 3 GG Nr. 4.

[4]) NJW 1961, 1588.

[5]) Man halte diesen Entscheidungen gegenüber ein bei Mallmann JZ 1951, 27 zitiertes Urteil des Landesarbeitsgerichts Stuttgart aus dem Jahre 1951: Der Betriebsrat eines Unternehmens hatte durch Betriebsvereinbarung eine Torkontrolle durch Leibesvisitation eingeführt. Ein einzelnes Belegschaftsmitglied weigerte sich, die Prozedur zu dulden; es wurde daraufhin entlassen. Seine Klage vor den Arbeitsgerichten hatte keinen Erfolg. Das Landesarbeitsgericht bescheinigte ihm, solange die angeordnete Kontrolle nicht gegen die guten Sitten verstoße, sei sie nicht zu beanstanden. Das war noch ganz im alten Geiste gedacht und ließ von der Achtung vor dem Gebot der Menschenwürde des GG wenig verspüren.

[6]) Das Kammergericht hatte noch 1922 sie unter die alleinige Schranke des sittenwidrigen Boykotts gestellt (ZSchlichtW 1925, 152).

Gedanke eines Zwangsbeitrages der Unorganisierten ins Spiel gebracht wurde. Das GG garantiert in Art. 9 die Koalitionsfreiheit, die positive ausdrücklich und die negative als deren Gegenstück sinngemäß; der „Solidaritätsbeitrag“ wäre in der vorgesehenen Form wahrscheinlich verfassungswidrig gewesen. Probeprozesse waren bereits angedroht.

In den Zusammenhang dieses Abschnitts gehört nochmals die Presse. Sie ist auch offen kollektive Macht. Der einzelne kann durch ihre Veröffentlichungen in mannigfacher Weise getroffen werden. Der Berichtigungszwang nach § 11 des Pressegesetzes von 1874 ist längst als völlig untaugliche Gegenwehr gegen geschehene Übergriffe erwiesen. Hier hatte der Entwurf des Bundesjustizministeriums zu einem Persönlichkeits- und Ehrenschutzentwurf ansetzen wollen, dessen Schwergewicht auf dem Felde der Pressereklame, der Presseberichterstattung und Pressekritik versammelt war. Er scheint einstweilen an den Schwierigkeiten der gesetzgeberischen Abgrenzung zwischen Persönlichkeitsrecht und Pressefreiheit gescheitert. Die Presse hat den Entwurf leidenschaftlich bekämpft. Aber sie konnte nicht mit Unrecht darauf hinweisen, daß eben jene Aufgabe der Grenzziehung nur von Fall zu Fall unter einfühlendem Nachgehen gelöst werden könne, daß hierfür der gegenwärtige Rechtszustand des bürgerlichen und des Strafrechts ausreiche, und daß die Rechtsprechung unserer höchsten Gerichte den an sie herangetragenen Streitfällen bisher mit allem nur wünschbaren Verständnis gerecht geworden sei. Das Persönlichkeits- und Ehrenschutzgesetz hatte denn auch im wesentlichen eine Kodifizierung der Leitgedanken dieser Rechtsprechung sein sollen. Der Stichhaltigkeit des Einwandes ist schwer etwas entgegenzusetzen: Warum Gesetze machen, wo die sich stellende Aufgabe, der Schutz des einzelnen gegen das (Presse-) Kollektiv, vom Kollektiv selbst als eigenste Aufgabe der Gerichte anerkannt wird und ihre Lösung durch die Rechtsprechung vor der Objektivität des Gesetzgebers sich überzeugend ausweist?

4.

Der Mindener Fall gibt Ausblicke auf zwielichtige Zonen, in denen auch sonst die Abgrenzung der staatlichen Sphäre gegenüber scheinlegalen kollektiven Interessen nicht immer gelingt. Rücksichtnahmen auf klerikale Belange hatten in einem von der CDU regierten Bundesland dazu geführt, daß in den pädagogischen Akademien des betreffenden Landes Bewerber, die nicht der katholischen oder der evangelischen Kirche angehörten, grundsätzlich keine Aufnahme fanden. Das Bundesverwaltungsgericht[7]) mußte angerufen werden, um derartige Praktiken der Unterrichtsverwaltung unterbinden zu lassen. Hier war wenigstens noch eine nachträgliche Korrektur möglich. Anderen Fällen aber kann gerichtliche Hilfe inkongruent

---

[7]) BVerwGE 10, 336.

sein. Besonders unerfreulich war die Wehrlosigkeit eines einzelnen bei der seinerzeit vielerörterten „Hüttener Eselshochzeit“[7a]).

In dem Eifeldorf Hütten bestand ein alter Volksbrauch, wonach ein Ortsfremder, der ein ortsansässiges Mädchen heiratete, den jungen Männern des Dorfes eine Art Lösegeld zu zahlen hatte. Der Brauch sah vor, den Einheiratenden, der bis zur Hochzeit mit der Zahlung säumig geblieben war, durch eine unmittelbar anschließende lärmvolle Katzenmusik, genannt Charivari, während dreier Tage an seine Lösegeldpflicht zu erinnern und ihm Gelegenheit zur Nachholung zu geben. Blieb auch dies erfolglos, so setzte das Charivari sich durch weitere sechs Wochen allabendlich fort und endete schließlich in der „Eselshochzeit“, einer öffentlichen Parodie auf das junge Ehepaar, dessen Eheschließung durch ein mit Eselsmasken verkleidetes Paar und unter eselhaften Zeremonien dem allgemeinen Gespött preisgegeben wurde. Ein Fall des Lösegeldes trat im Sommer 1958 ein. Persönliche Differenzen zwischen dem Bräutigam und den Dörflern verhinderten zunächst eine gütliche Zahlung. Bei der Hochzeit und tags darauf boten Bruder und Schwiegervater des Bräutigams eine an sich ausreichende Summe; doch lehnten die Dörfler, wie sie sagten, eine Zahlung durch Dritte ab. Sie wünschten ihr Brauchtum zu demonstrieren, schon um es lebendig zu erhalten. Charivari und Eselshochzeit nahmen ihren Gang. Das verzweifelte junge Ehepaar und die im gleichen Hause wohnenden Brauteltern, seelisch und (durch Lärm mit modernen Mitteln) auch körperlich mitgenommen, suchten Schutz bei den Gerichten. Der Ehemann erwirkte eine einstweilige Verfügung sowohl auf Unterlassen des Charivari als auch auf Einstellen der Vorarbeiten zu der bereits anberaumten Eselshochzeit, und zwar gegen die zwölf Akteure, die bis dahin in Erscheinung getreten waren. Die Folge war nur, daß an deren Stelle nunmehr wechselnd andere traten, gegen die das ergangene gerichtliche Verbot sich nicht vollstrecken ließ. Daraufhin wurde die Polizei um Schutz angegangen. Sie beschränkte sich darauf, die Innehaltung der einstweiligen Verfügung durch diejenigen, gegen die sie formell erlassen war, zu überwachen. Im übrigen hielt sie den Fall eines polizeilichen Einschreitens für nicht gegeben. Vergeblich bemühte der Rechtsvertreter des Ehepaares sich, wenigstens die Eselshochzeit durch Polizeiexekution unterbinden zu lassen, nachdem die einstweilige Verfügung inzwischen durch Urteil des Gerichts gegen die Zwölf bestätigt worden war, dennoch aber deutlich wurde, daß das Vorhaben der im Hintergrund wirkenden Veranstalter nicht nur bestehen bleiben, sondern sogar in aufwendigem Rahmen durchgeführt werden sollte. Die Behörden lehnten ein Eingreifen ab: öffentliche Belange seien nicht berührt; der Volksbrauch habe sein eigenes Gewicht, dem man Rechnung tragen müsse. Die Eselshochzeit wurde dank des inzwischen auf die Vorgänge gelenkten Interesses von Presse, Rundfunk und Fernsehen zu einer karnevalistischen Veranstaltung größten Ausmaßes. In zahl-

---

[7a]) Für liebenswürdige Unterstützung bei der Beschaffung des Tatsachenmaterials ist der Verfasser der Staatsanwaltschaft und der Justizpressestelle bei dem Landgericht Trier zu Dank verbunden.

reichen Autobussen kamen auswärtige Neugierige — man sprach von 15 000 Besuchern —; die Gendarmerie stellte ein Kommando zur Gewährleistung des reibungslosen Ablaufs. Die Mutter der jungen Ehefrau war inzwischen nervlich zusammengebrochen.

Den Geschundenen blieb nur noch, ihre Genugtuung durch ein Strafverfahren zu suchen. Ehe es zur Anklage kam, wurde die Angelegenheit durch Einschalten staatlicher und kirchlicher Stellen vergleichsweise bereinigt; die gestellten Strafanträge wegen Beleidigung und Körperverletzung wurden zurückgezogen. Was offen blieb, war die Frage, wie es zu diesem Versagen des Rechts des einzelnen gegenüber der Macht des Kollektivs hatte kommen können. Die ordentlichen Gerichte waren, um dies zu verhindern, allerdings nicht die gewiesenen Stellen, solange vorbeugende Maßnahmen sich gegen kollektive Elemente unter immer wieder ausgetauschter Gestalt richten mußten. Hier konnte nur ein der Lage anzupassender vorbeugender Polizeischutz helfen. Nur: hätten das Ehepaar und die Brauteltern auch gegen die Weigerung der Behörden erzwingen können, daß ihnen ein solcher Polizeischutz gewährt wurde — etwa durch Anrufen des Verwaltungsgerichts? Die Frage war nach damals (und wohl auch heute noch) herrschender Rechtsansicht zu verneinen. Ein subjektiv-öffentliches, durch Klage und Urteil erzwingbares Recht des Bürgers, im Falle von Bedrohung polizeilichen Schutz gestellt zu erhalten, wurde und wird in dieser Allgemeinheit abgelehnt. Erst in allerjüngster Zeit scheint sich mit einem Urteil des Bundesverwaltungsgerichts vom 18. 8. 1960 eine Wende anzubahnen[7 b]). Otto Bachof hat in einer Besprechung dieses Urteils die These vom rechtsstaatlichen Anspruch des bedrohten Bürgers auf polizeilichen Schutz in aller Form aufgestellt[7 c]), wenngleich mit der Einschränkung, es werde „die Schwere der (drohenden) Verletzung und das Gewicht der Interessen des Verletzten zu erwägen sein, auch möge eine Rolle spielen, ob der Verletzte sich ohne Inanspruchnahme der Polizei, etwa durch Geltendmachung eines privatrechtlichen Abwehranspruchs gegen den Störer, zu helfen vermöchte oder nicht". Genau das war die Problematik des Hüttener Falles. Was das Gewicht der Interessen des Verletzten anlangt, so konnte es hier kaum schwerer gedacht werden als die Verletzung der Menschenwürde in der abstoßendsten Form, nämlich zu kommerziellen Zwecken. Für solche Fälle drängt die Entwicklung dahin, die Polizei zum Einschreiten zwingen lassen zu können. Daß das jedenfalls im Jahre 1958 noch nicht möglich war, hat damals dem Kollektiv das Feld behaupten helfen[7 d]).

[7 b]) DVBl. 1961, 125.

[7 c]) a.a.O. S. 130. Ernst Forsthoff hatte schon 1952 in dieser Richtung plädiert (Betr.Ber. 1952, 931). Die Dinge liegen ganz gleich dem Fall der Fürsorgeunterstützung; vgl. oben Seite 8.

[7 d]) Wobei freilich dahinsteht, ob überhaupt — bei der Kürze der Zeit — das Verwaltungsgericht die Polizei durch einstweilige Anordnung zum Einschreiten hätte verpflichten können (und dürfen). Das ist rechtlich überaus zweifelhaft. Rechtsstaatliche Betrachtungsweise wird auf die Dauer auch diesem Problem sich zu stellen haben und es in bejahendem Sinne lösen müssen.

5.

Am fragwürdigsten ist das Eingrenzen kollektiver Macht da, wo sie sich in der Sphäre selektiver Entscheidungsfreiheit betätigt. Als Ausgangsfall diene Art. 33 GG. „Jeder Mensch hat nach seiner Eignung, Befähigung und fachlichen Leistung gleichen Zugang zu jedem öffentlichen Amt. Die Zulassung zu öffentlichen Ämtern ist unabhängig von dem religiösen Bekenntnis." Aber über die Vergabe des einzelnen Amtes bestimmt herkömmlich der Chef der Anstellungsbehörde und seine Personalabteilung. Wer will kontrollieren, wieviel kollektive Bindungen an Konfession, politische Partei, gesellschaftliche Gruppe, studentische Korporation die Auswahl beeinflussen? In einigen Bundesländern hat man Landespersonalämter eingerichtet, die sachlich unabhängig sind und wenigstens die Besetzung der Eingangsstellen von Einflüssen solcher Art neutralisieren sollen. — Gegen kollektive Vorurteile in mannigfacher Form hat das uneheliche Kind anzukämpfen. Das GG verheißt ihm die gleichen gesetzlichen Startbedingungen wie dem ehelichen.Doch der Programmsatz kämpft mit unendlichen Mühen um seine Erfüllung. Schon wird er aufs neue belastet mit dem Problem der Mischlingskinder aus der Besatzungszeit. Rechtliche Gleichheit der Chancen nützt wenig, wenn sie von der Gesellschaft nicht honoriert wird. Hier stoßen Gesetzgeber und Gerichte sehr bald an ihre Grenzen.

Was solche Grenzen bedeuten, darüber gibt die Rechtsprechung zur sogenannten Druckkündigung einiges zu denken. Die Belegschaft eines Betriebes kann den Betriebsinhaber durch Pressionen aller Art, äußerstenfalls durch Drohung mit Streik zu bestimmen suchen, einen ihr nicht genehmen Mitarbeiter zu kündigen. Es erhebt sich die Frage, wie weit der Betriebsinhaber nachgeben darf. Der, den die Belegschaft entlassen sehen will, kann völlig ohne Verschulden sein. Quertreibereien, politische, persönliche Reibungen, mißliebige Anordnungen (wenn es sich um einen Betriebsmeister handelt) können hinter dem Verlangen stehen. Eine frühere Rechtsprechung war geneigt, den ausgeübten Druck anzuerkennen. Man half sich mit der Erwägung, daß selbst der „wichtige Grund" bei der fristlosen Kündigung ein Verschulden des zu Kündigenden nicht voraussetze, wenn er nur objektiv so gewichtig sei, daß dem Arbeitgeber eine Fortsetzung des Arbeitsverhältnisses nicht zugemutet werden könne. Kündigung unter Druck der Belegschaft war danach rechtens. Das „innere Unbehagen" über diese Rechtsprechung faßte 1956 Wilhelm Herschel[7e]) dahin zusammen: „Einerseits sträubt sich unser sittliches Empfinden dagegen, daß hier Gewalt vor Recht gehen soll, daß der brutale Druck imstande ist, ein möglicherweise von der Rechtsordnung nicht gebilligtes Ziel zu erreichen, ohne eine adäquate Reaktion auszulösen. Als besonders peinlich muß man es empfinden, daß die Gerichte sich insoweit mit den gegebe-

[7e]) Druckkündigung und Schadensausgleich; Festschrift für Heinrich Lehmann (Berlin 1956), Bd. II S. 662.

nen, oft höchst unerfreulichen Tatsachen abzufinden pflegen und durch ihren Urteilsspruch das Unrecht sanktionieren. Andererseits gebietet uns praktischer Sinn, einzuräumen, daß sich die Gerichte angesichts dieser Situation überhaupt nicht anders verhalten können. Wollten sie im gegenteiligen Sinne entscheiden, würden sie nicht nur der Lage des Arbeitgebers und vielleicht des Unternehmens im ganzen nicht gerecht; sie würden auch vom Arbeitgeber etwas Unmögliches, mindestens aber etwas Unzumutbares verlangen."
Eine vom Bundesarbeitsgericht im Jahre 1957 gegebene Korrektur[7f]) blieb matt. Es verlangt in derartigen Situationen vom Arbeitgeber, dem Druck „nachhaltig entgegenzutreten" — wie es in einem anderen Urteil[7g]) hieß: „sich schützend vor den Arbeitnehmer zu stellen" — und Wege eines für alle Teile tragbaren Ausgleichs zu suchen. Wenn freilich Bemühungen dieser Art versagten, dann dürfe er dem Druck sich fügen und eine Kündigung, selbst eine fristlose, aussprechen, falls dies der einzige Ausweg sei, „um unzumutbaren eigenen Schaden abzuwenden". Es mag sein, daß man, mit Herschel zu sprechen, „dieser inneren Zwiespältigkeit zwischen dem sittlichen Postulat und dem praktischen Erfordernis beherzt ins Auge sehen sollte". Aber wo sie schon unausweichlich wäre: es wirkt noch viel peinlicher, einen Unterschied gemacht zu sehen zwischen dem Belegschaftsmitglied und dem Vorstandsmitglied, und dort die Druckkündigung (nach Erschöpfen des Versuchs eines Ausgleichs) zuzulassen, hier jedoch[7h]), beim Vorstandsmitglied, jede Nachgiebigkeit dem ausgeübten Druck gegenüber zu verbieten — mögen formale Unterschiede noch so sehr einer Differenzierung das Wort reden.

6.

Auf dem Gebiet des Kartellwesens hat die Gesetzgebung erstmals einen großangelegten Versuch unternommen, kollektive Macht unter Kontrolle zu bekommen. Die Entwicklung hat auch hier von der ursprünglich ungehinderten Freigabe der Kartelle[8]) ihren Ausgang genommen. Erlaubt war auf diesem Gebiet alles, was nicht gerade wegen monopolistischer Ausbeutung gegen die guten Sitten verstieß (alle sogenannten „guten" Kartelle). Noch die für den einzelnen wichtigen, ihm überall im täglichen Leben aufgedrängten Allgemeinen Geschäfts- und Lieferungsbedingungen der gewerblichen Wirtschaft mit ihren höchst einseitig zugunsten des Lieferanten ausgeklügelten Klauseln wurden von den Gerichten lediglich daraufhin geprüft, ob der eine oder andere Passus wegen Monopolmißbrauchs sittenwidrig sei — eine Frage, die im Zweifel verneint wurde. Die Vertrags-

---

[7f]) AP § 626 BGB (Druckkündigung) Nr. 1.

[7g]) AP § 1 KSchG Nr. 22.

[7h]) BAG Betr.Ber. 1961, 547.

[8]) in einer grundlegenden Entscheidung des Reichsgerichts aus dem Jahre 1897 (RG 38, 155).

freiheit des BGB und dessen vernünftig gedachte Modellvorschriften standen weitgehend auf dem Papier. Eine Verordnung gegen den Mißbrauch wirtschaftlicher Machtstellung aus dem Jahre 1923 erwies sich als stumpfe Waffe. Gegen die übermächtigen Interessenverbände war rein repressiv, noch dazu mit einem bloßen Referat im Reichswirtschaftsministerium und dem Fragment eines Reichskartellgerichts, nicht anzukommen.

Das Gesetz gegen Wettbewerbsbeschränkungen von 1957, das sogenannte Kartellgesetz, geht organisatorisch und sachlich neue Wege. Zwar verzichtet es auf eine Monopolkontrolle nach dem Muster des amerikanischen Antitrustrechts. Die „marktbeherrschenden Unternehmen" leitet es mehr am langen Zügel. Dafür bringt es die zwischen selbständigen Unternehmern getroffenen Kartellabsprachen horizontaler und vertikaler Art unter eine scharfe Aufsicht. Teils sind sie überhaupt nichtig (Preisbindung, ausgenommen Markenartikel), teils verboten mit Erlaubnisvorbehalt (Produktions-, Absatzkartelle), teils gestattet, aber verbietbar (Konditionen-, Rabatt-, Rationalisierungs-, Export- und Importkartelle). In jedem Falle müssen sie durch Veröffentlichung und Eintragung in ein beim Bundeskartellamt geführtes Register publik gemacht werden. Hier ist aus dem demokratisch-rechtsstaatlichen Grundgedanken, daß Macht vor allem sichtbar sein muß, eine richtungweisende Folgerung gezogen worden. Diskriminierendes Verhalten im Wettbewerb ist verboten. Über die Durchführung des Gesetzes wachen neben den Gerichten eigens eingerichtete Kartellbehörden; sie führen ihre Tätigkeit unter gesamtwirtschaftlichen Gesichtspunkten des gemeinen Wohles.

Bundesregierung und Bundestag haben dem Gesetz die Begründung gegeben, es diene durch Leistungswettbewerb der Leistungssteigerung, damit aber der bestmöglichen Versorgung der Verbraucher, und fördere so den allgemeinen Wohlstand. Der Blick auf die wirtschaftliche Opportunität steht indessen zu Unrecht im Vordergrund. Wenn je es richtig ist, daß ein Gesetz seine Sinngebung aus sich selbst heraus, seiner Transzendenz, seinem Standort in der Gesamt-Rechtsordnung, nicht aber nur aus dem sogenannten Willen des Gesetzgebers erfährt, so darf das Kartellgesetz eine solche Warte beanspruchen. Was es anstrebt, ist die sittlich-gerechte Ordnung des Wirtschaftslebens. Die Freiheit des Sich-Betätigens und des Sich-Entschließens war für den wirtschaftenden Menschen angesichts der Übermacht des Kollektivs in der Wirtschaft zum bloßen Schein geworden. Die nur noch formale Freiheit wieder seinskräftig zu machen und *da*zu die Freiheit des Kartells zu beschränken, also eine materiale Gleichheit durch gerechte Neuordnung der Stärkeverhältnisse herbeizuführen war in einem Verfassungssystem dringendes Gebot, das die Menschenwürde zum obersten Wert erhebt. In dieser seiner Werthaftigkeit begegnet das Kartellgesetz sich mit Gedanken, deren Heimat die Freiburger nationalökonomische Schule von Eucken und Böhm geworden war.

4. Kapitel

Qui custodit custodem?

1.

Am Ende aller Betrachtungen über den Rechtsstaat steht die Frage: Wer wacht über den Wächter? Sie ist im logischen Sinne nicht lösbar. Man könnte meinen, die Gewaltenteilung löse sie im praktischen Ergebnis: Verzicht auf „den" Wächter, Schaffung eines politischen Systems von Gewichten und Gegengewichten, von Kontrollen und Gegenkontrollen, Garantie des Rechtsstaats in der Verzahnung der ihn formierenden Kräfte.

Verfassung und Verfassungswirklichkeit setzen die Akzente anders. Nach dem Willen des GG ist Garant des Rechtsstaats die rechtsprechende Gewalt. Sie kontrolliert im Verwaltungsgericht die Exekutive, im BVerfGer. die Legislative und — durch die Präsidentenanklage — den Bundespräsidenten. Mißgriffe und Versehen in der richterlichen Sphäre enden in der Kontrolle wiederum bei den Richtern: bei den Disziplinargerichten oder, auf Richteranklage, beim Verfassungsgericht. Gegen unrichtige Urteilssprüche gibt es als Abhilfe nur Rechtsmittel, Wiederaufnahme oder Verfassungsbeschwerde: jedesmal liegt die Entscheidung bei richterlichen Instanzen. Daß der Richter das letzte Wort habe, macht ein gut Teil der vielgebrauchten Formel vom „Richterstaat" aus.

Die Formel ist nichtsdestoweniger einseitig. Nur da, wo der Richter zur Kontrolle berufen ist, ist er letzte Instanz; aber er ist nicht überall berufen. Ermessensfragen, Richtlinien und Aufgabenstellungen der Politik, Organisationsakte und Kommandogewalt, Feststellung des Haushalts, innerparlamentarischer Bereich, alles dies ist nicht justiziabel. Dennoch, es sind Ausnahmen, die da vorbehalten werden müssen. Die Vermutung streitet sozusagen für die richterliche Kompetenz; und wenn auch der „Richterstaat" eine Übertreibung ist, so bleibt doch die rechtsprechende Gewalt der legitime Wächter des Bonner Rechtsstaats.

Ein Wächter, den kontrolliert zu sehen das Verfassungsleben schon deshalb nicht missen kann, weil die Gefahr eines Abirrens durch die Unabhängigkeit im Amt und die Endgültigkeit des rechtskräftigen Spruchs ins Übergroße gesteigert wird. Das gleichgewicht-haltende Mitspracherecht der beiden anderen Gewalten wirkt nur vorbeugend. Stellenbewilligung und Entscheidung darüber, wer Richter werden soll, Etatvorbehalt und Dienstaufsicht verhindern eine Selbstherrlichkeit der rechtsprechenden Gewalt, eine Entwicklung zum freischwebenden Element innerhalb der staatlichen Gesamtordnung. Gegen Mißgriffe der Rechtsprechung im Einzelfall müssen andere Gegenkräfte bereitstehen.

2.

Solche Gegenkräfte bleiben daran gebunden, daß das custodire custodem vor dem Wächteramt als solchem halt zu machen hat. Wohin es führt, wenn diese Schranke berührt wird, wird manchmal blitzartig sichtbar. Der Bundesregierung mißfiel das Urteil des BVerfGer. im Fernsehstreit. Alsbald wurden ihr Pläne unterstellt, sie erwäge, das gesetzliche Fundament des BVerfGer. durch „geeignete" legislatorische Maßnahmen umzubauen. Ein Dementi ließ nicht auf sich warten. Das Urteil im Prozeß gegen den früheren Generalfeldmarschall Schörner führte im Bundestag zu Erörterungen darüber, belastete Richter aus der nationalsozialistischen Zeit aus ihrem Amt ausscheiden zu lassen. Das Ergebnis waren die Entschließungen des Bundestages und des Bundesrats bei der Verabschiedung des Richtergesetzes, die betroffenen Richter, wenn sie von der ihnen gebotenen Möglichkeit einer freiwilligen Pensionierung keinen Gebrauch machen würden, unter Aberkennung ihrer richterlichen Unabhängigkeit durch Sondergesetz aus dem Amt zu entfernen — schon das Drohen hiermit löste Befremden aus.

Das GG kennt nur eine einzige „gezielte" Abhilfe gegenüber rechtskräftigen gerichtlichen Entscheidungen, den Gnadenerweis in Straf-, Disziplinar- und Bußgeldsachen. Die Gnadeninstanz ist jenseits der Gewaltenteilung. Von da läßt sich aber auch ein Ausgangspunkt für die Antwort auf die gestellte Frage gewinnen. Denn den gleichen Ort mit der Gnadeninstanz teilt eine andere Macht, die Öffentlichkeit, insoweit sie für das Volk steht, von dem alle Staatsgewalt ausgeht. Auch sie ist ein Korrektiv gegen Unzulänglichkeiten im Wächteramt der rechtsprechenden Gewalt, und nicht das unwichtigste.

Die Öffentlichkeit hat Möglichkeiten, die dem Parlament und der Regierung nicht zu Gebote sind. Das Parlament kann nicht durch förmlichen Beschluß ein gerichtliches Urteil mißbilligen, das wäre außerhalb seiner Kompetenz. Die Regierung kann nicht durch amtliche Verlautbarung feststellen, ein Urteil verstoße gegen das Recht; der amtierende Präsident des BVerfGer. hat das anläßlich der Debatten um die Entscheidung im Fernsehstreit zu betonen Veranlassung gesehen. Aber die Öffentlichkeit kann ein Urteil diskutieren und es — sehr kräftig sogar — verwerfen. Man wende nicht ein, damit bleibe sein Bestand ja unberührt. Selbst wenn es bei dieser Spannung zwischen gerichtlichem Spruch und öffentlicher Meinung bliebe: sie allein schon wäre für den freiheitlichen Rechtsstaat von zeugender Kraft[1]). Der Rechtsstaat lebt im Bewußtsein seiner Bürger, und

[1]) Friedrich Sieburg („Die Entrüstung im Rechtsstaat", Frankfurter Allgemeine Zeitung vom 14.5.1958) hat das einmal sehr einprägsam formuliert: „Wir müssen die Richter amten lassen, wenn uns unser Rechtsstaat lieb ist — und wir müssen uns über ihre Freisprüche aufregen, wenn uns unsere Freiheit lieb ist."

die Entscheidungen seiner Gerichte hängen nicht im luftleeren Raum abstrakter Geltung, sondern bedürfen im Letzten und Tiefsten der sittlichen Resonanz aus dem Kreise der Rechtsgenossen. Das geht durchaus bis in die praktischen Auswirkungen. Gerhart Hermann Mostar hat auf der oben (Seite 82) erwähnten Arbeitstagung „Justiz und Presse“ darauf hingewiesen, wie stark die Öffentlichkeit den Spruch etwa des Strafrichters auf ihre Weise mitvollzieht, wie sie hier mildern, dort verschärfen kann, hier einen nach ihrer Auffassung zu Unrecht Freigesprochenen boykottierend, dort einem ohne moralische Schuld Verurteilten mit tausend Armen helfend[2]) — auch wenn die vox populi nicht die vox Dei ist, kann sie, ähnlich der Gnade, zum Anwalt einer höheren Gerechtigkeit werden. Bei allem darf der heilsame Einfluß nicht vergessen werden, der von der Anteilnahme der Öffentlichkeit unter Umständen schon während des Rechtsganges ausgeht. Geschworene und Schöffen, Laienbeisitzer im Gericht überhaupt, sind nicht immer innerlich frei genug, um vor und während des Prozesses sich von Einflüssen oder gar Einflüsterungen ihres engeren familiären oder beruflichen Milieus lösen zu können. Solche Einflüsse sind, je unkontrollierter, um so gefährlicher. Hier kann der frische Wind der öffentlichen Diskussion manches schon zurechtrücken und Fehlerquellen bei der Stimmabgabe ausschalten. Wäre das in einigen Einzelstaaten der USA bestehende Verbot an die Geschworenen, während der Tagungsperiode des Schwurgerichts eine Zeitung zu lesen, wirklich nachahmenswert?

3.

Die Organe der Öffentlichkeit, mit denen sie sich zu Gehör bringt, sind Parlament und Presse.

Das Parlament beschließt zwar nicht als Richter über gerichtliche Entscheidungen. Aber es kann sie zur plenaren Erörterung stellen. Bei gewichtigen Anlässen macht es hiervon mit Nachdruck Gebrauch; im übrigen bietet die Lesung des Justizetats Gelegenheit, Einzelfälle aus der Sicht der Öffentlichkeit zu debattieren. Der durchweg hohe Rang dieser Justizdebatten im Bundestag und in den Länderparlamenten spiegelt das staatspolitische Verantwortungsbewußtsein wider, von dem sie getragen sind. Dem entspricht ihre aufmerksame Beachtung gerade bei den Gerichten. Sachlicher Kritik gegenüber ist der Richter nichts weniger als empfindlich. Wen das Ethos des Berufs zur strengsten Selbstkritik erzogen hat, der wird

---

[2]) Natürlich darf die Öffentlichkeit nicht in den Urteilsvollzug unmittelbar eingreifen. Als der Verfassungsstreit um die Volksbefragungen gegen die atomare Bewaffnung der Bundeswehr schwebte, drohte ein örtlicher Gewerkschaftsführer für den Fall, daß der Spruch des BVerfGer. nicht zugunsten der Volksbefragung ausfalle, mit „direkten Aktionen“. Das war schlechterdings ungesetzlich — wenn nicht Schlimmeres.

die freimütige Aussprache über Fehler und Schwächen kaum je scheuen. Seien selbst die Vorwürfe unbegründet: auch Ventile müssen sein, und der Richter pflegt sie gelassen hinzunehmen.

Um das Verhältnis von Gericht und Presse ist es nicht immer gleich gut bestellt. Das hat mancherlei Ursachen. Beide Institutionen sind unabhängig, beider Unabhängigkeit ist schwer erkämpft, sie sind eifersüchtig gegen jeden Verdacht von Bevormundung. Die Rechtsprechung trägt das Siegel der Zurückgezogenheit, wie denn die reine Gerechtigkeit in der Stille gesucht wird; die Presse ist ständige Wendung nach außen, Öffentlichkeit, die sich selbst abspiegelt. Die Rechtsprechung weiß sich stets auf das Ganze ihres Amtes bezogen. Die Presse beleuchtet und kritisiert nur einen schmalen Ausschnitt, im wesentlichen die Strafgerichtsbarkeit; nur allzuleicht unterliegt sie der Gefahr, dort gewonnene Einblicke zu verallgemeinern. Der Stil der Rechtsprechung ist nüchtern bis zur Kargheit. Die Presse wiederum kann nicht darauf verzichten, dem Stoff, den die Rechtsprechung bietet, gewisse publikumswirksame Lichter aufzusetzen; das fließt aus ihrem Wesen, geht aber notwendig mit subjektiven Färbungen einher und führt dann zur öffentlichen Wiedergabe von Verfahrensabläufen und Urteilsbegründungen, die das Gericht als nicht korrekt empfindet. Vor allem aber ist das gegenseitige Verhältnis durch eine wenig glückliche Vergangenheit belastet. Vom Obrigkeitsstaat her hatten die Gerichte, die darin konservativsten, ein tiefes Mißtrauen gegen die Presse bewahrt. Die Folge war ein gänzlich mangelnder Kontakt und eine gespannte Atmosphäre, ein Ausweichen der Presse auf Unterrichtung aus zweifelhaftesten Quellen, eine Art der Gerichtsberichterstattung, für die der dilettantischste und nach kümmerlichem Zeilenhonorar bezahlte Anfänger gerade gut genug schien. Eine Wandlung hatte sich hier seit den zwanziger Jahren angebahnt. Damals half Sling (Schlesinger) — er schrieb für die Vossische Zeitung in Berlin — mit meisterhafter Gabe des Eindringens in Psyche und Fakten einen neuen Stil des journalistischen Berichts aus dem Gerichtssaal begründen. Aber erst der Zusammenbruch von 1945 hat beide Teile, Gericht und Presse, im langsamen Verstehen der Unterschiede ihres Auftrages einander näherkommen lassen. Denn beide sind derselben freiheitlichen Ordnung verpflichtet. Der ständigen Fühlung dient seither ein dicht gespanntes Netz von Pressestellen der Gerichte. Ihnen erwächst nicht zuletzt die Aufgabe, das Grundrecht der Freiheit der Berichterstattung mit dem Grundrecht der Wahrung der Persönlichkeit, insoweit ihre Intimsphäre durch eine Berichterstattung über gerichtliche Verfahren berührt wird, in Einklang zu bringen. Das Bemühen der seriösen Presse, dem Wesen und den Bedingtheiten der Rechtsfindung publizistisch gerecht zu werden, kommt der Arbeit der Gerichtspressestellen entgegen. Wenn nicht alle Zeichen trügen, ist die fruchtbare Wechselwirkung zwischen Rechtspflege und Öffentlichkeitsarbeit im Steigen.

4.

Dennoch bleibt das Verhältnis von Gericht und Presse auf zwei Gebieten anfällig gegen immer wiederkehrende Störungen.

Einen Angeklagten im voraus moralisch oder politisch zu „verurteilen" steht der Presse frei. Aber ihn als der Anklage bereits überführt auszugeben und seine Verurteilung nach dem Recht zu fordern, noch ehe das Recht gesprochen hat, ist der Versuch einer Beeinflussung des Richterspruchs durch die öffentliche Meinung. Von da bis zur offenen Pression ist nur ein Schritt. Niemand ist im Rechtsstaat schuldig, ehe er durch das Gericht für schuldig befunden worden ist[3]), auch für Presse und Öffentlichkeit. Am feinsten ausgeprägt ist das Gefühl für die in dieser Frage zu achtenden Schranken in den angelsächsischen Ländern. Dort wird jede Äußerung, die auch nur dahin gedeutet werden könnte, eine bestimmte, erst ausstehende Entscheidung werde erwartet oder für richtig gehalten, als contempt of court (Mißachtung des Gerichts) gebrandmarkt und mit aller Schärfe bestraft. Das deutsche Recht kennt eine entsprechende Rechtseinrichtung nicht. Die Richterschaft hat hierzulande nicht Richter in eigener Sache sein wollen. Erst langsam beginnt der Ehrenkodex der verantwortungsbewußten Presse diese Lücke auszufüllen. Wie behutsam daher bei den Justizpressestellen mit der Mitteilung von Material der Staatsanwaltschaft, etwa der Anklageschrift, umgegangen werden sollte, liegt auf der Hand. — Selbstverständlich bleibt bei alledem, daß contempt of court im vorstehenden Sinne *nicht* die Kritik am gehandhabten Verfahren bedeutet. Hier ist die Presse frei, auch schon während des Verfahrensablaufs. Der Unterschied zwischen Urteilsmaßstab und Handelnsmaßstab (oben Seite 55) sei ins Gedächtnis zurückgerufen: der Handelnsmaßstab der norm- und sachgerechten Prozedur ist der Presse zugänglich. Ihre Kontrollfunktion ist auf diesem Gebiet legitim und auch in der praktischen Wirksamkeit nicht zu bestreiten.

Kritik am ergangenen Urteil darf bis zur völligen Ablehnung, bis zur „Urteilsschelte"[4]) gehen. Aber eines darf sie nicht: sie darf nicht deshalb, weil der Kritiker mit dem Urteil nicht zufrieden ist, zur „Richterschelte" werden. Die Presse — und das gleiche gilt für jeden Träger öffentlicher Meinung — darf den Spruch als in seinen politischen Auswirkungen beklagenswert, als fortschrittsfeindlich, als sozial unbefriedigend, als wirklichkeitsfremd bezeichnen. Das alles steht ihr frei. Solange sie nur das eine weiß und achtet: der Richter kann das Gesetz nicht ändern, nach dem er

[3]) Denn dem Angeklagten muß die Schuld lückenlos nachgewiesen sein, nicht umgekehrt hätte er sich (bei Gefahr der Verurteilung) zu entlasten, auch unter stärkstem Verdacht nicht. Der Satz in dubio pro reo ist ungeschriebenes Verfassungsrecht, er gehört zum rechtsstaatlichen Urbestand.

[4]) Das Wort stammt aus der altdeutschen Rechtssprache.

Recht zu sprechen hat; er muß es in sein richterliches Gewissen hineinnehmen, daß entgegenstehende Gesichtspunkte politischer oder sozialer Wünschbarkeit, selbst wo alle Wohlmeinenden sich hierüber einig wären, bei seinem Spruch durchaus außer Betracht zu bleiben haben. Um so weniger dürfen Presse und Öffentlichkeit ihren Unmut auf den Richter entladen. Es ist unfair, ihm bedenkenlos vorzuwerfen, er habe parteiisch geurteilt, das Gesetz gebeugt, Politik vor Recht gehen lassen („ein politisches Urteil im Gewande juristischer Auslegung gesprochen“), diesem oder jenem massiven Wink sich gefügig gezeigt, er sei gar „immer noch ein typischer Nazirichter“. Dem Richter ist das Sichwehren in der Sprache der Presse verschlossen. Das gleiche fair trial, das man von ihm erwartet, sollte man auch seiner Person gegenüber üben. Es liegt nun einmal im Pluralismus der bundesdeutschen Gesellschaft begründet, daß Prozesse weit eher und weit mehr als früher unter politischen Aspekten geführt und beurteilt werden. Der Richter ist exponierter geworden. Wer seine Rechtlichkeit nur seines Spruches wegen öffentlich anzweifelt, setzt ihn, den Rechtsmittelrichter, einen jeden, der über die weitere Laufbahn des Richters zu entscheiden hat, unter verschärften Druck. Die Auswirkungen auf die innere Unabhängigkeit des Richters sind unabsehbar. Jede öffentliche Kritik an den Gerichten muß endlich achten können, daß Irren auch beim Richter menschlich ist, und daß, wer die Unabhängigkeit des Richters will, auch die Gefahr des richterlichen Irrtums in Kauf nehmen muß, ohne daß deshalb sogleich von Parteilichkeit und Rechtsbeugung gesprochen werden dürfte.

5.

„Öffentlichkeit“ hat, in Beziehung zur Rechtspflege gesetzt, aber noch eine andere, sozusagen passive Seite. Sie ist ein rechtsstaatliches Attribut der Verhandlung vor Gericht, eine Garantie der Sichtbarkeit unbeeinflußter Rechtsfindung. Kabinettsjustiz tagt hinter verschlossenen Türen. Totalitäre Regime müssen von Zeit zu Zeit die Konzession „öffentlicher“ Schauprozesse machen. Die schlichte Bereitschaft allein, daß zu allen Gerichtssitzungen, wenn nicht die Öffentlichkeit aus Gründen der Sittlichkeit oder der Staatssicherheit ausgeschlossen ist, jedermann (im Rahmen der verfügbaren Plätze) Zutritt hat, ist der Wahrhaftigkeit des Richtens angemessen; denn Wahrheit, Gerechtigkeit sind der Offenheit wesensverwandt und abhold dem Heimlichen.

Öffentlichkeit in dem hier verstandenen Sinne heißt, daß „die Tür zum Sitzungssaal offenstehe“; mehr nicht. Ob das Publikum von der ihm gebotenen Möglichkeit Gebrauch macht, ist nicht entscheidend; entscheidend ist, daß es von ihr Gebrauch machen kann. Die Ziviljustiz pflegt vor leeren Tribünen zu verhandeln. Nicht anders geht es den Verwaltungsgerichten, den Revisionsgerichten in Strafsachen, den Arbeitsgerichten. Interesse finden fast nur die Tagungen der Strafjustiz bis hinauf zum Schwurgericht. Doch was hier auf den Zuhörerbänken sitzt, ist nicht das, was man als Verkörperung rechtsstaatlicher Anteilnahme würde sehen wollen. Meist sind es „Kriminalstudenten" oder Arbeitslose, bestenfalls Angehörige der Angeklagten. Dem nichtbeteiligten arbeitenden Bürger fehlt die Zeit. Eben er wird repräsentiert durch die Presse, die als Brücke zum Leser eine recht effektive, wenngleich mittelbare Öffentlichkeit herstellt.

Die Presse tut damit, was jeder tun darf: dabei sein, mitschreiben, skizzieren, berichten. Doch das ist bereits alles. Schon beim Fotografieren wird es bedenklich. Der Angeklagte, aber auch der Zeuge, nicht weniger der Verteidiger und der Staatsanwalt, erst recht das Gericht brauchen es nicht zu dulden, daß sie während der Verhandlung zum Objekt fotografischer Aufnahmen gemacht werden. Der Zeuge erfüllt mit dem Erscheinen vor Gericht seine staatsbürgerliche Pflicht. Verteidiger, Staatsanwalt, Gericht stehen in amtlicher Funktion; sie haben die Würde der Verhandlung zu wahren. Der Angeklagte hat seinem Richter sich zu stellen, nicht der Linse des Reporters. Wer vor Gericht aussagt, hat an fremder Neugier nicht mehr über sich ergehen zu lassen als die Zuhörerbank in seinem Rücken. Jedes Mehr kann den Aussagenden noch befangener machen als er es meist ohnehin ist. Eine Aufnahme vom Angeklagten im Augenblick der Urteilsverkündung, einem Augenblick also, der für ihn sich mit der ganzen Qual und Schwere eines schicksalhaften Geschehens füllt, ist eine Verletzung des einfachsten Gebots der Menschenwürde. Daß der Vorsitzende schon kraft seiner sitzungspolizeilichen Gewalt ein Umherlaufen im Gerichtssaal zur Gewinnung einer besten Schnappschußoptik nicht zu gestatten braucht, sollte einer Hervorhebung nicht bedürfen. Er wird das Fotografieren nur erlauben dürfen, wenn sämtliche an der Verhandlung Beteiligte ausdrücklich einverstanden sind — genötigt, die Erlaubnis zu erteilen, ist er auch dann nicht. Wer mehr als den Pressebericht lesen, wer sehen will, wie es bei Gericht zugeht, mag sich die Mühe machen und kommen: die Verhandlung ist öffentlich.

Doch rührt dies bereits an die Wurzel einer bedenklichen Verwirrung, der die Gegenwart für den Begriff des Öffentlichen zu unterliegen beginnt. Ganz generell wird ihm die Bedeutung von publicity unterschoben. Publizität, aktive Teilhabe am reflektierten Ausstrahlen von Vorgängen des öffentlichen Lebens, ist ein Merkmal aller auf die Willensbildung in der Demokratie abzielenden integrativen Akte. Bei ihnen kann die Zahl der miterlebenden Staatsbürger nicht groß genug, die Qualität des Miterlebens nicht umfassend genug sein. Rundfunk- und Fernsehübertragungen von Sitzungen des Parlaments sind in solcher Sicht Inbegriff des Demokratischen auf der Höhe der Zeit. Die Öffentlichkeit im Gericht dagegen ist das genaue Gegenteil von publicity. Bei ihr geht es nicht um ein aktives Mitspielen des Publikums, sondern um nichts anderes als um die Bezeugung, daß Recht gesprochen werde, sichtbar für jeden, der sich hiervon zu überzeugen wünscht[5]).

Diese Überzeugung kann aber nur der gewinnen, der der Verhandlung von Anfang bis Ende als Hörender und Sehender beigewohnt hat. Damit spricht sich das Urteil über Rundfunk und Fernsehen im Gerichtssaal von selbst. Sie sind unzulässig — mit Ausnahme vielleicht der Funkübertragung von der Verkündung des Urteils (wenn der Vorsitzende sie zuläßt).

Die Gründe sind oft diskutiert. Rundfunk und Fernsehen lassen von der Verhandlung nur das miterleben, was der Programmgestalter für wichtig erachtet. Beide geben Ausschnitte; mehr wollen, mehr können sie auch gar nicht geben. Sie sind auf Effekt zurechtgeschnitten. Damit soll nicht bestritten werden, daß es auch „gute" Sendungen dieser Art gibt. Aber das Bedrohliche ist, daß die Technizität des Aufnahme- und des Wiedergabevorgangs den Anschein des völlig Objektiven erweckt, ein Anschein, der allermaßen trügt. Denn subjektiv ist nicht nur die Auswahl der dargebotenen Situationen. Selbst in sich sind sie noch von Objektivität weit entfernt.

Ein Zeuge wird vernommen, seine Sprache vibriert kaum hörbar, er errötet, der Angeklagte macht eine bezeichnende Geste, die Zuhörerbank gibt sich nicht unbeteiligt — alles dies wird in der Rundfunkwiedergabe abgefiltert. Sie vergröbert, läßt an dem plastischen Eindruck der Vernehmung nicht mehr teilhaben und führt zu Verzerrungen. Das Fernsehen vermeidet manche dieser Einseitigkeiten, tauscht dafür aber neue ein; es ist optisch auf einen bestimmten Ausschnitt der Szenerie beschränkt. Überall geht „Atmosphäre" verloren. Der Hörer am Rundfunk- oder Fernsehgerät aber wird zu der Annahme verführt, er könne sich ohne alles Weitere ein Urteil über den Hergang und die Entscheidung erlauben, denn er sei ja sozusagen dabeigewesen[6]).

Nun mag man einwenden, die Justiz dürfe sich dem technischen Fortschritt nicht verschließen; Rundfunk und Fernsehen hätten letzten Endes eine staatserzieherische Aufgabe. Was das letzte Argument anlangt, so tut jeder gute Film über eine Gerichtsverhandlung den gleichen oder besseren Dienst. Solche Filme in Deutschland mit einem Niveau herauszubringen wie etwa Vorbilder französischer Herkunft („Schwurgericht"!) wäre eine hochverdienstliche Aufgabe; einstweilen dominiert die billige Manier, auf Kosten eines mittelmäßigen Gerichts und eines bornierten Staatsanwalts den heldenhaften Verteidiger in der Glanzrolle zu zeigen. Der

---

[5]) Es ist das Verdienst von Paul Bockelmann, die vorstehenden Unterschiede im Begriff der Öffentlichkeit eindringlich dargelegt zu haben („Öffentlichkeit und Strafrechtspflege" NJW 1960, 217).

[6]) Treffend: Sarstedt in „Rundfunkaufnahmen im Gerichtssaal" JR 1956, 121 ff. (einem zu diesem Fragenkreis auch sonst höchst lesenswerten Aufsatz), 124.

technische Fortschritt andererseits ließe sich eines Tages vielleicht soweit steigern, daß wirklich ein gerundeter Eindruck von der Verhandlung in allen Details sich erzielen ließe. Dennoch bliebe das rechtsstaatliche Hauptbedenken bestehen:

Die Öffentlichkeit im Gericht ist für die Allgemeinheit ein hohes Gut, für den konkret Beteiligten eine drückende Last. Nicht umsonst beschließt nach erhobener Anklage das Gericht zunächst über die Eröffnung des Hauptverfahrens und prüft, ob der Angeschuldigte wirklich so hinreichend verdächtig ist, daß es gerechtfertigt wäre, ihn der öffentlichen Verhandlung in der demütigenden Rolle des Angeklagten auszusetzen. Privateste Angelegenheiten vor aller Augen und Ohren ausgebreitet zu sehen geht aber auch für Parteien und Zeugen von der Unannehmlichkeit bis zur peinlichsten Bloßstellung. Die Flucht in die Schiedsgerichtsbarkeit, ja mancher Verzicht auf das Ausfechten des eigenen guten Rechts haben hierin eine ihrer Ursachen[7]). Der Rechtsstaat nimmt diese für alle Beteiligten widrige Position in Kauf und mutet sie ihnen zu. Sie darf deshalb um keinen Preis schwerer gemacht werden, als der Zweck der Öffentlichkeit der Verhandlung es erfordert. Vor Gericht muß der Bürger erscheinen und sich vernehmen lassen. Er kann sich Gewißheit verschaffen, wer zuhört, und die Zuhörer unterstehen, wie er selbst, der sitzungspolizeilichen Gewalt des Vorsitzenden. Nicht aber ist der Bürger verpflichtet, in einer fernsehgesendeten Verhandlung „for show" zu erscheinen (Paul Bockelmann). Er ist nicht verpflichtet, vor einer anonymen Unzahl räumlich und zeitlich entrückter Rundfunk- und Fernsehteilnehmer aussagen zu müssen. Dort ist auch niemand mehr, der ihn vor Ungebühr schützt: nicht davor, daß seine Aussage mitgeschnitten oder auf Tonband festgehalten wird — im Gerichtssaal wäre dergleichen zu verbieten —, nicht davor, daß seine Aussage willkürlich gestückelt wird, nicht davor, daß von seinem Gebaren nur das gezeigt wird, was beim Publikum „ankommen" soll. Seine Befangenheit würde vollkommen, die Pose zu einem Gebot der Selbsterhaltung. Was das für die Wahrheitsfindung bedeutet, bedarf keiner Worte.

Rundfunk und Fernsehen sind mehr als bloß räumliche Erstreckung der Öffentlichkeit im Gerichtssaal. Sie sind ein Schritt zur Demagogisierung der Rechtspflege. Am Anfang dieses Weges hat einmal die erste Rundfunkübertragung einer deutschen Gerichtsverhandlung im Reichstagsbrandprozeß gestanden. Das gefällte Urteil unterliegt der Kritik der breiten Öffentlichkeit, je wachsamer ihre Kritik, um so besser. Aber der Pro-

---

[7]) Auf verwandtem Gebiet liegt, daß die öffentliche Hand vor der allumfassenden Kontrolle durch die Verwaltungsgerichte wo immer möglich in bürgerlich-rechtliche Gestaltungen ausweicht. Bei der Besiedlung städtischen Grundbesitzes z. B. ist es unauffälliger, den Käufer durch vertragliche Auflagen im Kaufkontrakt an eine bestimmte Bebauungsweise zu binden, als ein Ortsstatut durchzubringen oder baupolizeiliche Auflagen zu machen.

zeß der Findung des Rechts ist eine zu ernste Sache, um ihrem Sensationsbedürfnis dienen zu dürfen. Hier hat sie mit ihren technischen Fangarmen „draußen zu bleiben". Der BGH hat in dieser Frage unüberhörbar deutlich gesprochen. Er hat es mißbilligt, daß ein Vorsitzender über den Protest des Verteidigers gegen die Zulassung des Rundfunks hinwegging; er hat Urteile aufgehoben, bei denen auch nur die Möglichkeit einer Verfälschung des Verhandlungsergebnisses durch die geschehene Zulassung des Fernsehens bestand[8]).

Wer wacht über den Wächter? In der Weimarer Demokratie war Hüter der Verfassung der Reichspräsident. Sie erlag dem totalitären Druck, als der Hüter in der entscheidenden Stunde nachgab. Das Bonner GG hat die rechtsprechende Gewalt zum Wächter bestellt. Ihre Integrität ist so groß wie ihre politische Macht gering. Versagen kann sie aus Schwäche, wenn das Gewissen ihrer Richter versagt. Versagen kann sie aus Ohnmacht, wenn ihr die Autorität vorenthalten wird, deren sie zu ihrem Wächteramt bedarf. Autorität fußt in der Demokratie auf dem freien Widerhall aus der Öffentlichkeit. Der Rechtsstaat ist die Sache des Menschen, nicht die Sache der Gewalten.

[8]) BGHSt. 10, 202 ff. (Rundfunk; entgegen früherer Rechtsprechung des Bayerischen Obersten Landesgerichts); NJW 1961, 1781 (Fernsehen).

Sach- und Namensregister

(A. = Anmerkung)

A

B

G

H

I

J

K

L

M

N

O

P

Q

R

S

T

U

V

VERÖFFENTLICHUNGEN DER VEREINIGUNG DER DEUTSCHEN STAATSRECHTSLEHRER

Parlament und Regierung im modernen Staat. Die Organisationsgewalt

Berichte von *Ernst Friesenhahn, Karl Josef Partsch, Arnold Köttgen, Felix Ermacora* und Aussprache zu den Berichten in den Verhandlungen der Tagung der deutschen Staatsrechtslehrer zu Berlin am 10. und 11. Oktober 1957

Oktav. 283 Seiten. 1958. DM 24,— (Heft 16)

Die verfassungsrechtliche Stellung der politischen Parteien im modernen Staat. Die Verfassungsverfahren

Berichte von *Konrad Hesse, Gustav E. Kafka, Karl August Bettermann, Erwin Melichar* und Aussprache zu den Berichten in den Verhandlungen der Tagung der deutschen Staatsrechtslehrer zu Wien am 9. und 10. Oktober 1958

Oktav. 255 Seiten. 1959. DM 24,— *(Heft 17)*

Das Grundgesetz und die öffentliche Gewalt internationaler Staatengemeinschaften. Der Plan als verwaltungsrechtliches Institut

Berichte von *Georg Erler, Werner Thieme, Max Imboden, Klaus Obermayer* und Aussprache zu den Berichten in den Verhandlungen der Tagung der deutschen Staatsrechtslehrer zu Erlangen vom 8. und 9. Oktober 1959

Oktav. 255 Seiten. 1960. DM 21,50 *(Heft 18)*

Verträge zwischen Gliedstaaten im Bundesstaat. Schranken nichthoheitlicher Verwaltung

Berichte von *Hans Schneider, Wilfried Schaumann, Walter Mallmann, Karl Zeidler* und Aussprache zu den Berichten in den Verhandlungen der Tagung der deutschen Staatsrechtslehrer zu Köln vom 12. bis 15. Oktober 1960

Oktav. IV, 291 Seiten. 1961. DM 30,— *(Heft 19)*

FSC
www.fsc.org
MIX
Papier | Fördert gute Waldnutzung
FSC® C083411

Kolibri 360 GmbH
Ferdinand-Jühlke-Straße 7
99095 Erfurt, Deutschland
produktsicherheit@kolibri360.de